Werner · Werner | Fälle für Anfänger im Bürgerlichen Recht

Fälle für Anfänger im Bürgerlichen Recht

Von

Dr. Olaf Werner

em. Professor an der Friedrich-Schiller-Universität Jena

Richter am Thüringer Oberlandesgericht a.D.

Dr. Almuth Werner

Rechtsanwältin

13., neu bearbeitete Auflage 2018

Verlag Franz Vahlen

Zitiervorschlag: *Werner/Werner* Fälle für Anfänger BürgerlR

www.vahlen.de

ISBN 978 3 8006 4596 1

Wilhelmstraße 9, 80801 München
Druck: Nomos Verlagsgesellschaft mbH & Co. KG / Druckhaus Nomos
In den Lissen 12, 76547 Sinzheim

Satz: R. John + W. John GbR, Köln
Umschlaggestaltung: Martina Busch Grafikdesign, Homburg Saar

Gedruckt auf säurefreiem, alterungsbeständigem Papier
(hergestellt aus chlorfrei gebleichtem Zellstoff)

Vorwort

Mit den im vorliegenden Band dargestellten Fällen mit Lösungen für Anfänger soll den Erstsemestern der Juristischen Fakultäten, den Studierenden der Wirtschafts- und Sozialwissenschaften sowie den Studierenden an Fachhochschulen und Verwaltungs- und Wirtschaftsakademien die Möglichkeit eröffnet werden, sich gezielt auf die Lösung von Fällen und damit auf die Zwischenprüfungen, vorlesungsintegrierten Übungen und Übungen im Bürgerlichen Recht vorzubereiten, und die Anforderungen zu erkennen, die an sie in diesen Veranstaltungen gestellt werden. Zumeist sind in den juristischen Fakultäten getrennte Übungen im Bürgerlichen Recht für Anfänger und Fortgeschrittene zugunsten der Zwischenprüfung umorganisiert worden. Da die Zwischenprüfungen in der Regel nach dem 3. Semester absolviert werden, konzentrierten sich die Übungen im Bürgerlichen Recht mit zwei Bänden, zunächst in Band 1 auf die Grundlagen und in Band 2 auf die Vertiefungen. So können im Anschluss an die Anfangssemester auch die Voraussetzungen für die Zwischenprüfung voll abgedeckt werden. Der vorliegende Band »Fälle für Anfänger« bildet damit den Ausgangspunkt um den Einstieg in die juristische Falllösung, die dann mit dem Band »Fälle für Fortgeschrittene« weitergehend für das erfolgreiche Bestehen der Zwischenprüfung vorbereiten soll.

Angesprochen werden mit diesem Band Studierende im 2. oder 3. Semester, dh ein Teilnehmerkreis, der die Vorlesungen im Allgemeinen Teil des BGB und des allgemeinen Schuldrechts gehört, die Vorlesungen im Besonderen Teil des Schuldrechts und im Sachenrecht gleichzeitig mit dem Einstieg in die Zwischenprüfung belegt hat. Der Schwerpunkt dieses Bandes liegt damit naturgemäß im ersten Buch des BGB und im Allgemeinen Teil des Schuldrechts. Der Besondere Teil des Schuldrechts und das Sachenrecht finden hier zunächst nur in den Grundzügen Berücksichtigung, sie werden in den »Übungen im Bürgerlichen Recht für Fortgeschrittene« den Schwerpunkt bilden. Aus diesem Grunde können die vielen wohlmeinenden Vorschläge, weitere Fälle mit Schwerpunkten im Schuldrecht einzubringen, keine Berücksichtigung finden. Der Grundlagenband soll neben den vorgenannten Bereichen die Grundprobleme vertiefen und den Einstieg in das juristische Gutachten überhaupt erleichtern. Über den angebotenen Rahmen hinausgehende erschwerende Probleme und Rechtsfragen würden diesem Ziel nicht dienlich sein und werden daher in dem Vertiefungsband berücksichtigt. Die Auswahl der Fälle und der zu behandelnden Bereiche muss damit zumindest teilweise subjektiv bleiben.

Alle hier dargestellten Fälle dienten in den Veranstaltungen für den angesprochenen Interessenkreis als Besprechungsfälle oder wurden als Klausuren bzw. Hausarbeiten zur Bearbeitung gestellt. Die Erfahrungen aus diesen Veranstaltungen konnten bei der Darstellung berücksichtigt werden. Den bei den Hörern erkannten Schwierigkeiten wurde durch eine ausführliche Darstellung des jeweiligen Stoffes zu begegnen versucht. Dies bedingt an vielen Stellen eine verbreiternde Darstellung, die über die Erfordernisse einer stringenten Lösung einer Klausur bzw. Hausarbeit hinausgeht. Diese Ausführlichkeit beruht auf den von den Hörern aufgezeigten und geäußerten Verständnis- und Darstellungsproblemen. Um die Konzeption eines Übungsfalles nicht zu sprengen, haben wir versucht, die ergänzenden Hinweise und Klausurtipps in den Fußnoten zu tätigen.

Leipzig, im November 2017

Almuth Werner/
Olaf Werner

Inhaltsverzeichnis

Abkürzungsverzeichnis

aA	anderer Ansicht
Abs.	Absatz
AcP	Archiv für die civilistische Praxis (Zeitschrift zit. nach Band, Seite)
aE	am Ende
AGB	Allgemeine Geschäftsbedingungen
Alt.	Alternative
Anh.	Anhang
Aufl.	Auflage
AT	Allgemeiner Teil
BAG	Bundesarbeitsgericht
BayObLG	Bayerisches Oberstes Landgericht
BB	Betriebsberater (Zeitschrift)
Bd.	Band
BGB	Bürgerliches Gesetzbuch
BGH	Bundesgerichtshof
BGHZ	Entscheidungen des BGH in Zivilsachen (Band, Seite)
BJagdG	Bundesjagdgesetz
BNotO	Bundesnotarordnung
bspw.	beispielsweise
BürgerlR	Bürgerliches Recht
c.i.c.	culpa in contrahendo
DAR	Deutsches Autorecht (Zeitschrift)
DB	Der Betrieb (Zeitschrift)
dh	das heißt
diff.	differenzierend
Ed.	Edition
Einf.	Einführung
Einl.	Einleitung
EUR	Euro
f.	folgende
ff.	fortfolgende
Fn.	Fußnote
gem.	gemäß
GoA	Geschäftsführung ohne Auftrag
Halbbd.	Halbband
HGB	Handelsgesetzbuch
hM	herrschende Meinung
HpflG	Haftpflichtgesetz
Hs.	Halbsatz
iHv	in Höhe von
insbes.	insbesondere
iSd	im Sinne der(s)
iSv	im Sinne von
iVm	in Verbindung mit

JA	Juristische Arbeitsblätter (Zeitschrift)
JR	Juristische Rundschau (Zeitschrift)
JURA	Juristische Ausbildung (Zeitschrift)
JuS	Juristische Schulung (Zeitschrift)
JZ	Juristenzeitung (Zeitschrift)
K & R	Kommunikation und Recht (Zeitschrift)
Kfz	Kraftfahrzeug
KGSG	Gesetz zum Schutz von Kulturgut (Kulturgutschutzgesetz)
LM	Nachschlagewerk des BGH von *Lindemeyer-Möhring*
mAnm	mit Anmerkung
MDR	Monatsschrift für Deutsches Recht (Zeitschrift)
Mio.	Millionen
MMR	MultiMedia und Recht (Zeitschrift)
mN	mit Nachweisen
MüKo	Münchener Kommentar
mwN	mit weiteren Nachweisen
NJW	Neue Juristische Wochenschrift (Zeitschrift)
OLG	Oberlandesgericht
Pkw	Personenkraftwagen
ProdhaftG	Gesetz über die Haftung für fehlerhafte Produkte (Produkthaftungsgesetz)
pFV	positive Forderungsverletzung
pVV	positive Vertragsverletzung
RG	Reichsgericht
RGRK-BGB	Reichsgerichtsräte-Kommentar zum Bürgerlichen Gesetzbuch
RGZ	Entscheidungen des RG in Zivilsachen (Band, Seite)
Rn.	Randnummer
Rspr.	Rechtsprechung
S.	Seite, Satz
SachenR	Sachenrecht
SchuldR	Schuldrecht
sog.	sogenannte(r, n)
stRspr	ständige Rechtsprechung
StGB	Strafgesetzbuch
StVG	Straßenverkehrsgesetz
StVO	Straßenverkehrs-Ordnung
unstr.	unstreitig
usw	und so weiter
uU	unter Umständen
va	vor allem
VersR	Versicherungsrecht (Zeitschrift)
vgl.	vergleiche
Vorbem.	Vorbemerkung
VVG	Gesetz über den Versicherungsvertrag (Versicherungsvertragsgesetz)
WM	Wertpapiermitteilungen (Zeitschrift)
zB	zum Beispiel
ZPO	Zivilprozessordnung
zZt	zur Zeit

Literaturverzeichnis

Bähr, P., Grundzüge des Bürgerlichen Rechts, 12. Aufl. 2013 (zit.: *Bähr* Grundzüge BürgerlR)

Brox, H./Walker, W.-D., Allgemeiner Teil des Bürgerlichen Gesetzbuchs, 40. Aufl. 2016 (zit.: *Brox/Walker* BGB AT)

Brox, H./Walker, W.-D., Allgemeines Schuldrecht, 41. Aufl. 2017 (zit.: *Brox/Walker* SchuldR AT)

Brox, H./Walker, W.-D., Besonderes Schuldrecht, 41. Aufl. 2017 (zit.: *Brox/Walker* SchuldR BT)

Dauner-Lieb, B./Heidel, T./Ring, G., Nomoskommentar, BGB, 2. Aufl. 2016 (zit.: NK-BGB/*Bearbeiter*)

Diederichsen, U., Der Allgemeine Teil des Bürgerlichen Gesetzbuches für Studienanfänger, 5. Aufl. 1984 (zit.: *Diederichsen* BGB AT)

Emmerich, V., Das Recht der Leistungsstörungen, 6. Aufl. 2005 (zit.: *Emmerich* LeistungsstörungsR)

Enneccerus, L./Lehmann, H., Schuldrecht, 15. Bearb. 1958 (zit.: *Enneccerus/Lehmann* SchuldR)

Enneccerus, L./Nipperdey, H. C., Allgemeiner Teil des bürgerlichen Rechts, 15. Aufl. 1959, 1960 (zit.: *Enneccerus/Nipperdey* BGB AT)

Erman, W., Kommentar zum BGB, 14. Aufl. 2014 (zit.: Erman/*Bearbeiter*)

Fikentscher, W./Heinemann, A., Schuldrecht, 10. Aufl. 2006 (zit.: *Fikentscher/Heinemann* SchuldR)

Flume, W., Allgemeiner Teil des Bürgerlichen Rechts, Zweiter Band: Das Rechtsgeschäft, 4. Aufl. 1992 (zit.: *Flume* BGB AT II)

Hübner, H., Allgemeiner Teil des Bürgerlichen Gesetzbuches, 2. Aufl. 1996 (zit.: *Hübner* BGB AT)

Jacoby, F./v. Hinden, M., Bürgerliches Gesetzbuch: BGB, 15. Aufl. 2015 (zit.: *Jacoby/v. Hinden*)

Jauernig, O., Bürgerliches Gesetzbuch, 16. Aufl. 2015 (zit.: Jauernig/*Bearbeiter*)

Larenz, K., Lehrbuch des Schuldrechts, Bd. 1, Allgemeiner Teil, 14. Aufl. 1987 (zit.: *Larenz* SchuldR AT I)

Looschelders, D., Schuldrecht AT, 15. Aufl. 2017 (zit.: *Looschelders* SchuldR AT)

Medicus, D./Petersen, J., Allgemeiner Teil des BGB, 11. Aufl. 2016 (zit.: *Medicus/Petersen* BGB AT)

Medicus, D./Lorenz, S., Schuldrecht I – Allgemeiner Teil, 21. Aufl. 2015 (zit.: *Medicus/Lorenz* SchuldR AT)

Medicus, D./Petersen, J., Bürgerliches Recht, 25. Aufl. 2015 (zit.: *Medicus/Petersen* BürgerlR)

Münchener Kommentar zum Bürgerlichen Gesetzbuch, Bd. 1 Allgemeiner Teil, 4. Aufl. 2001; Bd. 2 Schuldrecht – Allgemeiner Teil, 4. Aufl. 2003 (zit.: MüKoBGB/*Bearbeiter*)

Musielak, H.-J./Hau, W., Grundkurs im BGB, 14. Aufl. 2015 (zit.: *Musielak/Hau* GK BGB)

Palandt, O., Kommentar zum Bürgerlichen Gesetzbuch, 76. Aufl. 2017 (zit.: Palandt/*Bearbeiter*)

Reinicke, D./Tiedtke, K., Kaufrecht, 8. Aufl. 2009 (zit.: *Reinicke/Tiedtke* KaufR)

Rüthers, B./Stadler, A., Allgemeiner Teil des BGB, 18. Aufl. 2014 (zit.: *Rüthers/Stadler* BGB AT)

Soergel, T., Kommentar zum Bürgerlichen Gesetzbuch, 12. Aufl. 1987 ff., 13. Aufl. 1999 ff. (zit.: Soergel/*Bearbeiter*)

Staudinger, J. v., Kommentar zum Bürgerlichen Gesetzbuch, 13. Aufl. 1993 ff. (zit.: Staudinger/*Bearbeiter*)

Vieweg, K./Werner, A., Sachenrecht, 7. Aufl. 2015 (zit.: *Vieweg/Werner* SachenR)

Werner, O./Neureither, G., 22 Probleme aus dem BGB, Allgemeiner Teil, 7. Aufl. 2005 (zit.: *Werner/Neureither* 22 Probleme BGB AT)

Wolf, M./Neuner, J., Allgemeiner Teil des Bürgerlichen Rechts, 11. Aufl. 2016 (zit.: *Wolf/Neuner* BGB AT)

Einleitung

In den ersten Semestern und ebenso in den Zwischenprüfungsklausuren und vorlesungsintegrierten Übungen sieht sich die junge Juristin und der junge Jurist[1] erstmals vor die Aufgabe gestellt, einen Sachverhalt juristisch unter allen Gesichtspunkten zu untersuchen, ein juristisches Gutachten zu erstellen. Hatten sie in den vorangegangenen Vorlesungen oder Arbeitsgemeinschaften bei der theoretischen Darstellung eines bestimmten Rechtsgebietes lediglich kurze Sachverhalte als Beispiele für spezielle Subsumtionen einbezogen, müssen sie nunmehr umgekehrt von einem gegebenen Sachverhalt ausgehend die einschlägigen juristischen Fragen erörtern. Dabei ergibt sich insbesondere für den Anfänger die Schwierigkeit, den rechtlichen Ansatzpunkt für die Fallbearbeitung zu finden. Die Besonderheit des vom Fall ausgehenden juristischen Gutachtens besteht darin, dass nun nicht mehr wie bei der Vorlesung ein angegebenes Rechtsgebiet allein abzuhandeln ist. Der Teilnehmer der juristischen Übung und Zwischenprüfung muss vielmehr den Fall im Hinblick auf alle in Betracht kommenden Rechtsfragen und Rechtsgebiete begutachten. Keine Falllösung beschränkt sich auf eine einzige Rechtsnorm, auf ein einziges Teilgebiet des Zivilrechts. In den Übungen sollen die Studierenden daher erlernen, den Zusammenhang verschiedener Rechtsvorschriften und Rechtsgebiete zu erfassen und darzustellen. Das Ineinandergreifen verschiedener Vorschriften und Rechtsnormen soll damit auch dem Leser dieser Fallsammlung nahe gebracht werden. Eine Fallsammlung kann nicht erst den Stoff vermitteln, der zur Falllösung präsent sein muss. Ebenso wenig kann allein anhand einer Falllösung der Aufbau des juristischen Gutachtens erlernt werden. Eine Fallsammlung kann und will das Lehr- und Anleitungsbuch nicht ersetzen. Sie dient dem Benutzer lediglich zur Anwendung, Überprüfung, Wiederholung und Vertiefung des Erlernten und gibt Beispiele für die Erstellung des juristischen Gutachtens.

Die Teilnehmer der vorgenannten Veranstaltungen sollten ebenso wie der Leser dieses Buches bereits den Rechtsstoff der ersten drei Bücher des BGB anhand von Grundrissen[2] durchgearbeitet und sich über den Aufbau eines zivilrechtlichen Gutachtens, vornehmlich über den Gutachtenstil, anhand von Aufbauanleitungen informiert haben.[3]

---

1 Alle Personenbezeichnungen gelten im Folgenden gleichermaßen für Juristinnen und Juristen.

2 Den allgemeinen Teil des BGB und das allgemeine Schuldrecht erarbeiten Sie möglichst anhand von Lehrbüchern.

3 Zunächst sollte sich der Anfänger auf kurze Aufbauanleitungen beschränken, zB *Braun*, der Zivilrechtsfall: Klausurenlehre für Anfänger und Fortgeschrittene, 5. Aufl. 2015; *Diederichsen*, Die Anfängerübung im Bürgerlichen Recht, 23. Aufl. 1996; *Fahse/Hansen*, Übungen für Anfänger im Zivil- und Strafrecht, 9. Aufl. 2001; *Mann*, Einführung in die juristische Arbeitstechnik, 5. Aufl. 2015 und erst im fortgeschrittenen Stadium, während und nach der Anfängerübung auch ausführlichere Darstellungen zur Hand nehmen. Lehrreich sind in diesem Zusammenhang auch die Ausführungen von *Meurer* und *Rennig* im JuS-Lernbogen 1990, L 1 ff. und L 17 ff., die in dem dortigen Beitrag »Lernen lernen« Strategien für erfolgreiches juristisches Lernen darstellen und erklären, sowie *Jochum*, Wie man sich Recht zu eigen macht, JuS 2013, 586; *Körber*, Zivilrechtliche Fallbearbeitung in Klausur und Praxis, JuS 2008, 289; *Lammers*, Lernen im Jurastudium und in der Examensvorbereitung, JuS 2015, 298 sowie *Martinek/Omlor*, Grundlagenfälle zum BGB für Anfänger, 3. Aufl. 2017; *Eltzschig/Wenzel*, Die Anfängerklausur im BGB, 2007.

A. Die Arbeit mit einer Fallsammlung

Die Anfänger im juristischen Studium müssen sehr früh ihre erste Klausur schreiben, auch die erste Hausarbeit wird teilweise schon in den ersten vorlesungsfreien Monaten, spätestens aber in der 2. oder 3. Übungsstunde des neuen Semesters ausgegeben. Der junge Jurist sieht sich damit vor die Aufgabe gestellt, für die Erlangung eines Leistungsnachweises und für das Bestehen der Zwischenprüfung Klausuren zu schreiben, bevor in den Übungs-Veranstaltungen selbst hinreichend Beispielsfälle gelöst und der Aufbau des Gutachtens geübt werden konnte. Anhand einer Fallsammlung für Anfänger kann sich der Leser vor Beginn der Veranstaltung die für die Bewältigung der Klausuren und Hausarbeiten notwendige Übung verschaffen.

Eine Fallsammlung, die sich wie die vorliegende aus Preis- und Raumgründen auf 26 Fälle beschränkt, kann nicht das gesamte BGB erfassen und beispielhaft erörtern. Der Leser sollte daher bei der Durcharbeitung immer ein Lehrbuch oder einen Kommentar zur Hand haben, um das Gelesene zu vertiefen und um die sich bei der kritischen Durcharbeit ergebenden Fragen beantworten zu können. Ebenso sollte er in die Gesetzesbegründungen hineinlesen, die einen Gesamtüberblick verschaffen. Diesem Zweck dienen die auf das Notwendigste beschränkten Fußnoten. Der Leser sollte sie möglichst nachschlagen und die angegebenen Fundstellen im Ganzen lesen, dh den gesamten angeführten Absatz bzw. die ganze zitierte Seite. Soweit auf Gerichtsentscheidungen verwiesen wird, sollte das Urteil ganz gelesen werden, auch wenn dessen Verständnis zunächst schwer fällt. Der Leser erhält auf diese Weise einen weiteren Beispielsfall, Aufbau- und Formulierungsbeispiele und kann sich anhand der Unterschiede zu dem in der Fallsammlung abgedruckten Fall die Materie verdeutlichen, Zusammenhänge erkennen, Argumente hinzu gewinnen und sein Wissensgebiet erweitern. Diesem Zweck dienen auch die jeweils am Ende eines Falles zur Vertiefung angegebenen Darstellungen. Es hat sich als wirkungsvoll erwiesen, wenn der Lernende vom Fall, von einer Einzelfrage ausgehend theoretische und vertiefende Erörterungen durcharbeitet. Durch einen Beispielsfall plastisch in die Materie eingeführt, wird dem Lernenden eine theoretische Erörterung verständlicher.

Als effektivste Art der Vorbereitung empfiehlt sich die Arbeit in einer Arbeitsgemeinschaft von zwei bis drei Teilnehmern gleichen Semesters und Wissensstandes. Die Diskussion juristischer Einzelfragen, die sich aus der Arbeit ergeben, schärft die Kritik- und Argumentationsfähigkeit. In den Arbeitsgemeinschaften sollte jeweils ein Fall den Ausgangspunkt der Arbeit bilden. Ein Kommilitone stellt ihn den anderen, er hat die Lösung vorbereitet und in der Fallsammlung gelesen. Den anderen sollte er fremd sein.[4] Sie lösen den Fall ausführlich, dh die Lösung soll vollständig durchformuliert und durchdiskutiert werden. Der Vorstellende leitet die Fallbearbeitung, wenn diese stockt. Dafür muss er selbst die Lösung durchdrungen haben. Fallabwandlungen[5] führen zu einer umfassenden Durcharbeitung des Rechtsgebietes und zum Verständnis der erarbeiteten Ergebnisse. Ist der Fall in der Arbeitsgemeinschaft abgeschlossen, sollen sich alle Teilnehmer im Nachgang die veröffentlichte Lösung allein durchlesen, um das Erlernte zu vertiefen und die Formulierung eines Gutachtens zu erlernen.

4 Allenfalls kann das Rechtsgebiet vorher abgegrenzt werden.
5 Anregungen hierzu geben die in den Fußnoten angezeigten Literaturstellen und Urteile.

Eine Kontrolle und damit eine richtige Arbeit ist nur möglich, wenn zusätzlich zu den zur Bearbeitung gestellten Fällen eine vollständige und ausführliche Musterlösung vorhanden ist. Stichwortartige Lösungsskizzen führen zu Unklarheiten und machen Formfehler (die zumeist auf Denkfehlern beruhen) nicht transparent.

Wer sich nicht in einer Arbeitsgemeinschaft, sondern allein auf die Übungen vorbereitet, soll sich – das gleiche gilt für den Teilnehmer einer Arbeitsgemeinschaft, der den Fall vorbereitet – zunächst den Sachverhalt verdeutlichen und dann das Gutachten selbstständig ohne Zuhilfenahme der abgedruckten Lösung zumindest skizzenhaft schriftlich erstellen. Dafür sollte er etwa 30 bis 60 Minuten ansetzen. Den größten Lerngewinn bringt die vollständige Ausformulierung des Gutachtens. Anschließend erst, nachdem die eigene Lösung präsent ist, sollen als Kontrolle und Vertiefung die Musterlösung durchgelesen und die weiterführenden Hinweise nachgeschlagen werden. Weicht die eigene Lösung von der abgedruckten ab, muss der Grund der Abweichung herausgefunden werden. Sie kann auf einem Fehler in der eigenen Lösung beruhen, aber auch auf einem anderen vertretbaren Lösungsweg.

Bei – was zu empfehlen ist – wiederholter Durcharbeitung einer Fallsammlung kann der Bearbeiter auf eine schriftliche Formulierung der Lösung verzichten. Nach dem Lesen des Sachverhaltes sollte er sich in etwa 10 bis 15 Minuten den Lösungsweg überlegen und dann die Musterlösung lesen.

B. Einige Arbeitshinweise

Es wurde bereits darauf hingewiesen, dass eine Fallsammlung keine Aufbauanleitung ersetzen, sondern nur Beispiele für Falllösungen geben kann. Insoweit wurde vorstehend bereits auf die einschlägigen Anleitungsbücher hingewiesen.

Bevor der Leser mit dem Durcharbeiten der folgenden Fälle beginnt, sind einige Regeln aufzuführen, gegen die der junge Jurist immer wieder verstößt und daher nicht eine seinem Leistungsstand entsprechende Benotung der Arbeiten erreicht.

I. Fallfrage beachten

Mit der Fallfrage wird der Themenkreis des zu erstellenden Gutachtens festgelegt. Allein die Fallfrage soll und darf beantwortet werden. Der Bearbeiter eines Falles muss sich genau darüber im Klaren sein, welche Frage gestellt ist, damit welche Ansprüche zu prüfen sind. Steht ein Fall zur Bearbeitung, schließt der Sachverhalt mit der zu beantwortenden Frage. Durch die Fallfrage werden die Art der zu erörternden Ansprüche und die zu prüfende Beziehung festgelegt.

Ist die Fallfrage auf das Verhältnis zwischen bestimmten Personen gerichtet (zB »Welche Ansprüche hat A gegen B?«), sind alle in Betracht kommenden Ansprüche zwischen diesen Personen zu prüfen. Eine Einengung bietet eine Fallfrage, die sich auf bestimmte Ansprüche zwischen bestimmten Personen beschränkt (zB Herausgabeansprüche, Zahlungsansprüche, Leistungsansprüche usw). Lautet aber die Fallfrage einfach: »Wie ist die Rechtslage?«, sind alle möglichen Ansprüche unter allen Beteiligten zu erörtern. Aber auch eine solche Fallfrage ist im Zusammenhang mit dem vorangegangenen Sachverhalt zu verstehen. Sind dort bereits bestimmte Ansprüche erwähnt, das Begehren einer oder mehrerer Personen aufgeführt (zB »Als A von B Zahlung verlangt, weigert dieser sich mit der Begründung …«) oder gar ein anhängiger Rechtsstreit erwähnt, beschränkt sich die Fallfrage auf diese angedeuteten Rechtsverhältnisse.[6] Da ausschließlich der in der Fallfrage gestellte Bereich dem Kenntnisstand des Bearbeiters und der zur Verfügung stehenden Zeit gerecht wird, muss der Bearbeiter sich unbedingt an die Fallfrage halten. Durch anderweitige Erörterungen würde er wertvolle Zeit verlieren und überfordert sein.

II. Die Lösung eines jeden Falles und Anspruches beginnt mit einer Anspruchsgrundlage[7]

Das Gutachten darf keine allgemeinen einleitenden Erörterungen enthalten. Am Anfang einer jeden Prüfung steht die Anspruchsgrundlage. Bei jeder Anspruchsgrundlage (aufgrund welcher Bestimmung) ist zu untersuchen: **wer verlangt was von wem?** Die in der Anspruchsgrundlage ausgesprochene Rechtsfolge muss dem mit der Fallfrage aufgeworfenen Begehren entsprechen. Der Bearbeiter hat die Voraussetzungen der Anspruchsgrundlage zu prüfen. Bejaht er alle Voraussetzungen, ist der Anspruch zuzusprechen. Führt eine Anspruchsgrundlage zu mehreren Rechtsfolgen, sind diese alle aufzuführen.

Das Ausgehen von einer Anspruchsgrundlage und die Prüfung der dort genannten Voraussetzungen garantieren einen sauberen und klaren Aufbau, geben der Arbeit die verständliche Linie und verhindern überflüssige Erörterungen. Auch bei der weiteren Erörterung ist im Text von dem Gesetz auszugehen (sog. »Aufhänger«), dh der Bearbeiter muss immer verdeutlichen, welche Norm und warum er sie prüft. Dies ist durch Benennung der entsprechenden Norm deutlich zu machen. So ist zB nach Darstellung des tatsächlichen Inhalts einer Willenserklärung im Hinblick auf ihre rechtliche Wirksamkeit von der jeweils die Nichtigkeit aussprechenden Norm auszugehen (zB »Die Willenserklärung könnte wegen § 138 BGB nichtig sein«).

Die einem jeweiligen Prüfungskomplex vorangestellte Norm spricht die relevante Rechtsfolge (zB Nichtigkeit, Rechtmäßigkeit usw) aus. Damit erfolgt die Prüfung ausgehend von der Rechtsfolge zur Voraussetzung. Die im BGB enthaltenen Anspruchsgrundlagen lassen sich systematisieren. Ein allgemeines Schema der zivilrechtlichen Anspruchsgrundlagen ist im Folgenden dargestellt.

Nach Nennung der Norm mit ihrer Rechtsfolge werden die in dieser Norm enthaltenen Voraussetzungen, ihre einzelnen Merkmale geprüft, zB Rechtsfolge des § 142 BGB ist die Nichtigkeit einer Willenserklärung, ihre Voraussetzungen (1.) Anfechtungserklärung, (2.) Anfechtungsgrund, (3.) Wahrung der Anfechtungsfrist (vgl. 3. Fall A. I. 2.). Ist eine der Voraussetzungen nicht erfüllt, kann die Rechtsfolge nicht eintreten.

III. Keine Sachverhaltswiederholungen

Der Sachverhalt ist ebenso wie der Gesetzestext dem Leser des Gutachtens bekannt. Die Nacherzählung des Sachverhalts ersetzt keine Begründung für ein Ergebnis. Sie

6 Vgl. zB Fall 4.
7 Definition des Anspruchs in § 194 I BGB.

ersetzt nicht die Subsumtion einer Norm. Ein Hinweis auf den Sachverhalt soll daher nur erfolgen, wenn dies notwendig ist, um bestimmte Prüfungen zu begründen, eine bestimmte Subsumtion zu rechtfertigen. Jede Sachverhaltswiedergabe sollte daher im Gutachten nur und erst dann erfolgen, nachdem sich der Bearbeiter über die Notwendigkeit im Klaren ist.

IV. Keine abstrakten, sondern nur fallbezogene Erörterungen

Jeder Satz des Gutachtens muss die Lösung des Falles einen Schritt voranbringen. Jede Erörterung darf nur fallbezogen erfolgen. Eine abstrakte und lehrbuchhafte Darstellung bestimmter Rechtsinstitute ist überflüssig und daher falsch. Der Bearbeiter hat sich bei jedem Satz zu fragen, dient er der Beantwortung der Fallfrage oder zeigt er lediglich Wissen um eine Rechtsmaterie.

Zulässig ist es, ein Ergebnis mehrfach abzusichern, insbesondere durch den Nachweis, dass mehrere Voraussetzungen einer Norm nicht erfüllt sind und ihre Rechtsfolge daher auf jeden Fall auszuschließen ist. Dies erfolgt durch einen entsprechenden Hinweis, zB »Darüber hinaus ist auch ...« (vgl. 4. Fall I. 2c cc; 7. Fall A. II. 4.).

Allgemeines Schema zivilrechtlicher Anspruchsgrundlagen

I. Ansprüche aus Vertrag

1. Ansprüche auf die vertraglich geschuldete Leistung
   a) Spezielle (zB §§ 433 I, 433 II, 516, 535 I 1, 535 II, 662, 339 BGB)
   b) Generelle (§§ 241 I, 311 I BGB)
2. Rückgewähr erbrachter vertraglich geschuldeter Leistungen
   a) Vereinbarter Rücktritt, § 346 BGB
   b) Rücktritt wegen nicht oder nicht vertragsgemäß erbrachter Leistung, §§ 323, 346 BGB
   c) Rücktritt wegen Verletzung einer Pflicht nach § 241 II, §§ 324, 346 BGB
   d) Rücktritt beim Ausschluss der Leistungspflicht, §§ 326 V, 346 BGB
3. Schadensersatzansprüche
   a) Schadensersatz wegen Pflichtverletzung, § 280 I BGB
   b) Schadensersatz statt der Leistung wegen nicht oder nicht wie geschuldet erbrachter Leistung, §§ 280 I, 280 III, 281 BGB
   c) Schadensersatz statt der Leistung wegen Verletzung einer Pflicht nach § 241 II, §§ 280 I, 280 III, 282 BGB
   d) Schadensersatz statt der Leistung bei Ausschluss der Leistungspflicht, §§ 280 I, 280 III, 283 BGB
   e) Schadensersatz wegen Verzögerung der Leistung, §§ 280 I, 280 II, 286 BGB
   f) Schadensersatz statt der Leistung bei vor Vertragsschluss bestehendem Leistungshindernis, § 311a II BGB

II. Vertragsähnliche Ansprüche

1. Geschäftsführung ohne Auftrag (§§ 677 ff. BGB, berechtigte und unberechtigte GoA), Anspruch auf Geschäftsführung gibt es nicht, dann Auftrag, vgl. I. 1.
   a) Aufwendungsersatz, §§ 670, 683 BGB
   b) Bereicherungsherausgabe, §§ 812 ff., 684 BGB
   c) Sonstige: § 681 BGB führt zu §§ 666 (Auskunft) – 668 BGB
2. §§ 280 I, 311 II, 241 II BGB (Verschulden bei Vertragsschluss)
3. § 122 BGB, Anfechtungsschaden
4. § 179 II BGB, falsus procurator

III. Sachenrechtliche Ansprüche

1. Aus Besitz
   a) Herausgabe, §§ 861, 1007 BGB
   b) Anspruch wegen Besitzstörung, § 862 BGB
2. Aus Eigentum
   a) Herausgabe, §§ 985, 986 BGB
   b) Bei Eigentumsstörung, §§ 1004, 984, 906 BGB

- c) Schadensersatz, §§ 989 ff. BGB
- d) Nutzungen, §§ 987 ff. BGB

3. Aus sonstigen dinglichen Rechten, zB:
   - a) Aus Pfand
     - aa) § 1247 BGB (Erlösanspruch)
     - bb) Herausgabe, §§ 1231 BGB zum Verkauf; §§ 1227, 985 BGB gegen Dritte
     - cc) Störung, §§ 1227, 1004 BGB
   - b) Aus Hypothek
     - aa) Befriedigung, § 1147 BGB
     - bb) Grundbuchberichtigung, § 894 BGB
     - cc) Störung, § 1134 BGB
   - c) Nießbrauch, §§ 1065 ff. BGB

IV. Ansprüche aus Aufopferung
§§ 904 S. 2, 228 S. 2 BGB, §§ 717 II 1, 945 ZPO

1. Eigentum: §§ 904 S. 2, 912, 915, 917, 228 S. 2 BGB
   - a) Schadensersatz, §§ 904 S. 2, 228 S. 2 BGB
   - b) Sonstige, §§ 912, 915, 917 BGB
2. Voreilige Zwangsvollstreckung, § 717 II ZPO

V. Ansprüche aus ungerechtfertigter Bereicherung

1. Erwerb ohne rechtlichen Grund, § 812 I 1 BGB
   (Leistung vor Eingriff)
2. Wegfall des rechtlichen Grundes, § 812 I 2 BGB
3. Bei Verfügung eines Nichtberechtigten
   - a) Entgeltlich, § 816 I BGB
   - b) Unentgeltlich, § 816 I 2 BGB
4. Leistung an einen Nichtberechtigten, § 816 II BGB
5. Herausgabepflicht Dritter, § 822 BGB

VI. Ansprüche aus unerlaubter Handlung

1. Verletzung eines absoluten Rechtes, § 823 I BGB
2. Verstoß gegen ein Schutzgesetz, § 823 II BGB
3. Bestimmung zu sexuellen Handlungen, § 825 BGB
4. Vorsätzliche sittenwidrige Schädigung, § 826 BGB
5. Haftung für Verrichtungsgehilfen, §§ 831, 832 BGB
6. Amtshaftung, § 839 BGB, § 19 BNotO
7. Sonstige, §§ 832, 834, 836 BGB (mangelnde Aufsicht)

VII. Ansprüche aus Gefährdungshaftung

1. Gastwirtshaftung, § 701 BGB
2. Tierhalterhaftung, § 833 I 1 BGB
3. Eisenbahn, § 1 HpflG
4. Kfz-Halter, § 7 I StVG
5. Wildschaden (BJagdG)
6. Produkthaftung (ProdhaftG)

VIII. Spezielle Anspruchsgrundlagen

1. Familienrechtliche Sonderbeziehungen
2. Erbrechtliche Sonderbeziehungen

1. Fall: Der schweigende Junggeselle

Sachverhalt

Der Versandbuchhändler V übersendet dem Junggesellen J einen ausführlichen Prospekt über ein zehnbändiges Kochbuch. Im Begleitschreiben weist er auf ein bereits vor einem Jahr mit J getätigtes Geschäft über ein mehrbändiges Lexikon hin, woraus er entnehme, dass J an den Erzeugnissen des Verlages interessiert sei. Sofern sich J nicht innerhalb der nächsten zwei Wochen gegenteilig äußere, gehe er davon aus, J wolle die angebotenen Kochbücher zum Preis von 480 EUR erwerben.

Nach vier Wochen sendet J ein Schreiben an V, in dem er erklärt, er habe als Junggeselle für Kochbücher keine Verwendung und nehme deshalb von einem Vertragsschluss Abstand. V meint, diese Ablehnung hätte J innerhalb der von ihm gesetzten Zwei-Wochen-Frist erklären müssen. Da dies nicht geschehen sei, verlange er von J Abnahme und Bezahlung der Bücher.

Ist das Verlangen des V gerechtfertigt?

Lösungsvorschlag

I. Anspruchsgrundlage für das Zahlungs- und Abnahmeverlangen des V ist **§ 433 II BGB**

1. Voraussetzung für den Anspruch des V gegen J ist ein zwischen ihnen abgeschlossener Kaufvertrag iSd § 433 BGB, worin sich J verpflichtet haben müsste, die von V angebotenen Kochbücher abzunehmen und dafür 480 EUR an V zu bezahlen. Ein Kaufvertrag wird wie jeder Vertrag nach den allgemeinen Vorschriften der §§ 145 ff. BGB durch Angebot eines der Partner und Annahme dieses Angebotes durch den anderen geschlossen.

a) Das **Angebot** (auch Offerte oder Antrag) zu einem Vertrag ist eine empfangsbedürftige Willenserklärung, durch die sich eine Person gegenüber einer anderen zum Abschluss eines bestimmten Vertrages bereit erklärt und er an diese Erklärung gebunden ist, sobald dieses Angebot dem Adressaten als gewolltem Vertragspartner zugeht (rechtliche Bindung).[1] Sie erklärt verbindlich, eine bestimmte Leistung erbringen zu wollen, sofern der Adressat dieses Angebot annimmt. Das Zustandekommen des Vertrages soll allein von der Zustimmung des Adressaten abhängen.

aa) Soll der Vertrag lediglich durch eine bloße Zustimmungserklärung des anderen Teils geschlossen werden, muss das Angebot so bestimmt abgegeben werden, dass die Annahme durch ein schlichtes »Ja« möglich ist, dh es hat alle wesentlichen Teile des gewollten Vertrages (essentialia negotii) zu enthalten.[2] Dies sind bei einem Kaufvertrag neben dem Vertragspartner der Kaufgegenstand und der dafür zu zahlende Kaufpreis.

bb) V hat J im Begleitschreiben verbindlich die Zusendung (Übergabe) und Übereignung der Kochbücher (Kaufgegenstand) gegen Zahlung von 480 EUR (Kaufpreis) angeboten und den Abschluss des Vertrages in das Belieben des J gestellt. Dieses Schreiben enthält damit ein wirksames Angebot des V zum Abschluss eines Kaufvertrages mit J.

b) Die **Annahme** des Angebotes ist ebenfalls eine empfangsbedürftige Willenserklärung,[3] mit welcher der Angebotsempfänger seine uneingeschränkte Zustimmung zu dem vorgeschlagenen Vertragsschluss zu erkennen gibt. Der Wille zur rechtlichen Bindung muss aus der Erklärung des Annehmenden erkennbar sein.

aa) Ausdrücklich hat J die Annahme des von V gemachten Angebotes nicht erklärt. Da die Annahmeerklärung hinsichtlich eines auf den Verkauf von Büchern gerichteten Vertrages formlos erfolgen kann, ist zu prüfen, ob J die Vertragsannahme konkludent, dh durch schlüssiges Handeln, erklärt hat. Bei dieser Prüfung des tatsächlichen Verhaltens des J ist § 133 BGB heranzuziehen. Es ist festzustellen, ob J irgendwie erkennbar zum Ausdruck gebracht hat, die von V angebotenen Bücher gegen Zahlung von 480 EUR erwerben zu wollen. Das ist nicht der Fall. Auf das Schreiben des V hat J nicht reagiert. J hat geschwiegen. Die gewünschte korrespondierende Äußerung hat er nicht abgegeben. Sein Schweigen (Nichtstun) stellt keine Erklärung dar. Nun hat V lediglich dann eine Reaktion verlangt und erwartet, wenn J das Angebot nicht annehmen wolle. Vielmehr wollte V dessen Schweigen als Annahmeerklärung gewertet

1 *Jacoby/v. Hinden* § 145 Rn. 1 (zur Abgrenzung von der invitatio ad offerendum; zur Realofferte *Jakoby/v. Hinden* Vor § 145 Rn. 2); Staudinger/*Bork*, 2015, § 145 Rn. 1.

2 *Diederichsen* BGB AT Rn. 237; Jauernig/*Mansel* § 145 Rn. 2; Staudinger/*Bork*, 2015, § 145 Rn. 17; *Köhler*, BGB AT, 40. Aufl. 2016, § 8 Rn. 8.

3 **Klausurhinweis:** Auf den Zugang (Empfang) kann lediglich unter den Voraussetzungen des § 151 BGB verzichtet werden.

wissen. Das Schweigen auf ein Vertragsangebot ist grundsätzlich nicht als Willenserklärung, dh als Annahme zu werten. Das Gesetz hat lediglich in einigen hier nicht einschlägigen Ausnahmebestimmungen (§§ 455 S. 2, 516 II 2 BGB, § 362 HGB, § 5 VVG) das Schweigen als rechtlich relevant anerkannt. Damit wird der Grundsatz verdeutlicht, dass Schweigen im Rechtsverkehr in der Regel ohne Bedeutung ist. Dies gilt für den gesamten Privatrechtsverkehr einschließlich des Handelsverkehrs.[4]

Das Schweigen des Adressaten auf ein ihm zugegangenes Vertragsangebot ist grundsätzlich keine Willenserklärung. Der Schweigende bringt durch sein Schweigen grundsätzlich weder Zustimmung noch Ablehnung zum Ausdruck. Das Schweigen auf ein Vertragsangebot ist damit nicht als Annahme, sondern als Ablehnung des Angebots zu werten,[5] §§ 146 Alt. 2, 147 II 2 BGB – das nicht rechtzeitig angenommene Angebot gilt als erloschen.

Etwas anderes gilt nur dann, wenn das Schweigen unter Berücksichtigung aller erkennbaren Umstände für den anderen Teil (Anbieter) als Annahme des Angebotes verstanden werden muss. Dies ist der Fall, wenn nach den Grundsätzen von Treu und Glauben eine ausdrückliche Ablehnung seines Angebotes erwartet werden durfte, weil der Schweigende nach dem Grundsatz des § 242 BGB unter Berücksichtigung der Verkehrssitte[6] verpflichtet gewesen wäre, seinen ablehnenden Willen zu äußern.[7] Das Unterlassen des gebotenen Widerspruchs wird dem Schweigenden wie eine Erklärung zugerechnet (sog. Schweigen an Erklärungs statt, normiertes Schweigen). So ist eine Reaktion des Adressaten auf ein Angebot hin zu erwarten – und hat das Schweigen Erklärungsgehalt, wenn zwischen den Parteien bereits eine Geschäftsverbindung besteht, Geschäfte dieser Art bereits mehrfach geschlossen wurden[8], oder zwischen ihnen vereinbart worden ist, das Schweigen als Annahmeerklärung anzusehen.[9] Eine derartige Vereinbarung liegt jedoch nicht vor. Zwischen V und J ist bisher ein einziger Kaufvertrag geschlossen worden, eine ständige Geschäftsbeziehung war damit noch nicht begründet. Ebenso wenig bestand hinsichtlich der Kochbücher bereits eine Geschäftsverbindung, aus der sich nach Treu und Glauben eine Antwortpflicht des J herleiten ließe.

Der Absender eines Angebotes kann allein durch den Hinweis, ein Schweigen werde als Annahme verstanden, dem Adressaten nicht die Pflicht zur Antwort auferlegen. Ebenso wenig kann hierdurch das Erfordernis der Annahmeerklärung einseitig ausgeschlossen werden.[10] J hatte somit nicht die Pflicht, dem V eine Ablehnung des An-

4 *Enneccerus/Nipperdey* BGB AT § 153 III; *Fezer,* Klausurenkurs zum Allgemeinen Teil des BGB, 9. Aufl. 2013, 24 ff.; *Hübner* BGB AT Rn. 687; *Löwisch/Neumann*, Allgemeiner Teil des BGB, 7. Aufl. 2004, 30; *Medicus/Petersen* BGB AT Rn. 345 ff.

5 Erman/*Arnold* Vor § 116 Rn. 8; Erman/*Armbrüster* § 147 Rn. 3; *Enneccerus/Nipperdey* BGB AT § 153 III; *Bähr* Grundzüge BürgerlR § 5 III 1d; Staudinger/*Bork*, 2015, § 146 Rn. 9; *Giesen*, BGB Allgemeiner Teil: Rechtsgeschäftslehre, 2. Aufl. 1995, Rn. 62; *Brehm*, Allgemeiner Teil des BGB, 6. Aufl. 2008, Rn. 139 f.

6 **Hinweis:** Hier ist insbesondere der Handelsbrauch zu berücksichtigen (§ 346 HGB), wenn der Vertrag zwischen Kaufleuten geschlossen werden soll. Dazu eingehend Erman/*Armbrüster* § 147 Rn. 5 ff.

7 BGHZ 1, 353 (355) = NJW 1951, 714; Staudinger/*Bork*, 2015, § 146 Rn. 10; *Enneccerus/Nipperdey* BGB AT § 153 III.

8 Erman/*Arnold* Vor § 116 Rn. 8; Erman/*Armbrüster* § 147 Rn. 3. In diesen Fällen darf der Antragende eine ablehnende Reaktion erwarten.

9 *Bähr* Grundzüge BürgerlR § 5 III 1d; *Medicus/Petersen* BGB AT Rn. 346; *Rüthers/Stadler* BGB AT § 17 Rn. 27, 28.

10 *Bähr* Grundzüge BürgerlR § 5 III 1d; *Medicus/Petersen* BGB AT Rn. 346; *Rüthers/Stadler* BGB AT § 17 Rn. 27, 28.

gebotes mitzuteilen. V durfte eine ausdrückliche Ablehnung nicht erwarten und das Schweigen des J nicht als Annahme seines Angebotes verstehen.

Über § 151 BGB kann ein Vertragsschluss ebenfalls nicht herbeigeführt werden. Diese Norm erübrigt allein den *Zugang* der Annahmeerklärung, die Erklärung selbst ist jedoch erforderlich.[11] Bei dem Schweigen auf ein Vertragsangebot liegt eine solche Erklärung bereits nicht vor. Im Übrigen sollte das Schweigen des J innerhalb der Fristsetzung für den V eben jenen Erklärungswert haben, dass der J das Angebot annimmt. Der V hat damit nicht auf den Zugang der »Annahmeerklärung« verzichten, sondern sich diesen gerade durch die Fristsetzung verdeutlichen wollen. Ein Verzicht auf den Zugang der »Annahmeerklärung« durch Schweigen liegt damit nicht vor.

bb) J hat das Angebot des V nicht angenommen.[12]

c) Mangels einer Annahme seitens des J ist ein Kaufvertrag zwischen J und V nicht zustande gekommen. Ein vertraglicher Anspruch des V gegen J ist nicht entstanden.[13]

2. Ergebnis: V kann nicht gem. § 433 II BGB von J Zahlung der 480 EUR und Abnahme der Kochbücher verlangen.

II. Ansprüche aus §§ 280 I, 311 II, 241 II BGB (culpa in contrahendo) zugunsten des V sind nicht gegeben. Zwar war ein geschäftlicher Kontakt zwischen ihm und J bereits zustande gekommen. Jedoch hatte J, wie unter I. ausgeführt, keine Antwortpflicht gegenüber V. Eine zum Schadensersatz führende Pflichtverletzung liegt nicht vor.

Zur Vertiefung: *Berger,* Der Ausschluss gesetzlicher Rückgewähransprüche bei der Erbringung unbestellter Leistungen nach § 241a BGB, JuS 2001, 649; *Brehmer,* Die Annahme nach § 151 BGB, JuS 1994, 386; *Bydlinski,* Probleme des Vertragsabschlusses ohne Annahmeerklärung, JuS 1988, 36; *Diederichsen,* Wandlungen der Rechtsgeschäftslehre, JURA 1969, 71; *Ebert,* Schweigen im Vertrags- und Deliktsrecht, JuS 1999, 754; *Fabricius,* Stillschweigen als Willenserklärung, JuS 1966, 1 (50); *Finkenauer,* Zur Bestimmung der gesetzlichen Annahmefrist in § 147 II BGB, JuS 2000, 118; *Fischinger,* Grundfälle zum Schweigen im Rechtsverkehr, JuS 2015, 294; *Hanau,* Objektive Elemente im Tatbestand der Willenserklärung, AcP 165 (1965), 220; *Hilger,* Die verspätete Annahme, AcP 185 (1985), 559; *Honsell/Holz-Dahrenstedt,* Grundprobleme des Vertragsschlusses, JuS 1986, 969; *Kellmann,* Grundprobleme der Willenserklärung, JuS 1971, 609; *Köhler,* Unbestellte Leistungen – Die richtlinienkonforme Auslegung am Beispiel des neugefassten § 241a BGB, JuS 2014, 865; *Kramer,* Schweigen als Annahme eines Antrages, JURA 1984, 235; *Leßmann,* Die willentliche Gestaltung von Rechtsverhältnissen im BGB, JA 1983, 341 (403); *Lettl,* Das kaufmännische Bestätigungsschreiben, JuS 2008, 849; *Neuner,* Was ist eine Willenserklärung, JuS 2007, 881; *Petersen,* Schweigen im Rechtsverkehr, JURA 2003, 687; *Schwarz,* Kein Zugang bei Annahmeverweigerung des Empfangsboten, NJW 1994, 891; *Schwarze,* Die Annahmehandlung in § 151 BGB als Problem der prozessualen Feststellbarkeit des Annahmewillens, AcP 202 (2002), 607; *Schwerdtner,* Schweigen im Rechtsverkehr, JURA 1988, 443; *Ripgen,* Abschied von der Willensbetätigung, AcP 200 (2000), 533.

11 Vgl. 4. Fall dort Fn. 5.

12 **Klausurhinweis:** Mangels einer Vertragsannahme könnte J sich auch später nicht mehr auf das Angebot des V berufen, wenn er nach etwa vier Wochen nun doch die Bücher behalten will. J hätte die Annahme allein in der Frist des § 147 II BGB erklären können. Eine spätere Erklärung gilt gem. § 150 I BGB als neues Angebot.

13 **Klausurtipp:** Der Ausschluss von Vertragsansprüchen ergibt sich bei unbestellt zugesandter Ware jetzt auch aus § 241a I BGB. Dieser ist hier aber nicht einschlägig, da es zu einer Übersendung der Kochbücher noch nicht gekommen ist.

2. Fall: Die Mitfahrgelegenheit

Sachverhalt

Während des Essens in der Mensa in Göttingen kommen die Studenten A und B ins Gespräch, wobei sie feststellen, dass sie beide in Bremen beheimatet sind. A, der an jedem Wochenende mit seinem Pkw von Göttingen nach Bremen fährt, bietet daraufhin dem B an, ihn jeweils mitzunehmen. Eine Kostenbeteiligung soll nicht erfolgen.

A und B verabreden sich für den kommenden Freitagabend auf 18 Uhr. A lernt noch am gleichen Tag eine ebenfalls in Bremen wohnende Kommilitonin kennen, die bereit ist, mit ihm am Wochenende in ihre Heimatstadt zu fahren. A möchte mit K alleine fahren und nicht von B gestört werden. Er ruft B deshalb am Freitagvormittag an und sagt ihm, dass er ihn nicht mitnehmen wolle. B besteht jedoch auf seiner Mitfahrt und droht A rechtliche Konsequenzen an, falls er seine Zusage nicht einhalte.

A möchte wissen, ob er verpflichtet ist, B mit nach Bremen zu nehmen.

Lösungsvorschlag

I. Eine Verpflichtung des A zur Mitnahme des B kann sich aus einem **Beförderungsvertrag** ergeben. Inwieweit sich ein solcher Vertrag als Auftrag (§ 662 BGB), Werkvertrag (§ 631 BGB) oder Vertrag eigener Art (§§ 305, 241 BGB) darstellt, darf unerörtert bleiben, da es allein um das Bestehen eines vertraglich vereinbarten Anspruchs, nicht um die in den einzelnen Vertragsarten speziell geregelten Folge- und Nebenansprüche geht. Es ist somit festzustellen, ob zwischen A und B ein Vertrag geschlossen worden ist, aus dem sich die Mitnahmeverpflichtung des A ergibt.

1. Ein Vertragsangebot kann in dem Anerbieten des A liegen, B jeweils an den Wochenenden mit seinem Pkw mitzunehmen, sowie in der Konkretisierung dieses Versprechens durch Verabredung des gemeinsamen Fahrtbeginns auf Freitag 18 Uhr. Der Inhalt des Vertrages wäre durch ein solches Anerbieten voll ausgefüllt, nämlich den B unentgeltlich nach Bremen zu befördern.

a) Fraglich ist allerdings, ob A dieses Anerbieten mit Rechtsbindungswillen (= Verpflichtungswillen) erklärt hat, denn ein wirksames Vertragsangebot erfordert den erkennbaren Willen des Erklärenden, eine vertragliche Verpflichtung begründen zu wollen. Von dem verbindlichen Angebot abzugrenzen ist die sog. invitatio ad offerendum. Diese ist eine Erklärung der generellen Vertragsbereitschaft in Form einer unverbindlichen Äußerung im vorvertraglichen Bereich, gerichtet an einen potenziellen Vertragspartner auf die Abgabe eines bindenden Angebotes zum Abschluss eines verpflichtenden Vertrages.[1] Der Anbietende muss also den Willen bekunden, sich an dem Angebot festhalten zu lassen und durch die Annahme seines Angebotes einen gültigen, ihn bindenden Vertrag schließen zu wollen. Diese Gebundenheit ist gem. § 145 BGB die rechtliche Folge seiner Erklärung.

Will der Erklärende diese Bindung nicht, muss er sie ausdrücklich oder konkludent ausschließen. Entscheidend ist also, ob er die Erklärung mit oder ohne Rechtsbindungswillen abgegeben hat. Zur Auslegung seines Verhaltens ist § 133 BGB heranzuziehen, dh es ist zu prüfen, wie sich aus der Sicht eines vernünftigen Empfängers unter Berücksichtigung der gegebenen Umstände der Erklärungssachverhalt darstellt (objektiver Empfängerhorizont).

b) Entscheidend ist damit, wie ein objektiv urteilender Empfänger die Erklärung – hier das Versprechen des A – verstehen muss, ob daraus der Wille ersichtlich wird, über den Rahmen einer bloßen unverbindlichen Gefälligkeit hinaus eine rechtliche Bindung einzugehen, einen Gefälligkeits*vertrag*[2] und nicht nur ein Gefälligkeits*verhältnis* zu begründen.

Das Interesse und der Wille des A werden, wie die einer jeden Person, darauf gerichtet gewesen sein, möglichst keine Verpflichtung zu übernehmen. Da die Beförderung unentgeltlich erfolgen sollte, würde ihn ein Vertragsabschluss nur belasten, aber keine Vorteile bringen. Für die Auslegung seines Verhaltens gem. § 133 BGB ist – wie bereits ausgeführt – im Hinblick auf einen eventuellen Rechtsbindungswillen nicht der innere Wille (»wirkliche Wille«) des erklärenden A entscheidend. Die Erklärung ist,

1 Erman/*Armbrüster* § 145 Rn. 4; *Jacoby/v. Hinden* § 145 Rn. 1; MüKoBGB/*Busche* § 145 Rn. 10; *Wolf/Neuner* BGB AT § 37 Rn. 6 ff.; s. auch Fall 3.

2 Etwa Auftrag (§§ 662 ff. BGB), Schenkung (§§ 516 ff. BGB) oder Leihe (§§ 598 ff. BGB).

als empfangsbedürftige Willenserklärung, vielmehr danach zu beurteilen, ob der Leistungsempfänger – hier der B – unter den gegebenen Umständen nach Treu und Glauben und unter Berücksichtigung der Verkehrssitte auf einen solchen Willen schließen musste (Verständnismöglichkeit des Erklärungsempfängers).[3] Dabei ist von Bedeutung, ob und inwieweit es dem Versprechenden erkennbar ist, dass sich der Erklärungsempfänger auf die Erfüllung des Versprechens verlässt und darauf angewiesen ist (Interessenlage). Hat dieser nämlich zu erkennen gegeben, dass er – da ihm sonst Nachteile entstehen – sich unbedingt auf die Leistungserfüllung verlässt, oder hat er verdeutlicht, dass er aus anderen Gründen die Erfüllung benötigt, darf ein Leistungsversprechen unter Berücksichtigung dieser Umstände als feste Zusage, und damit als Verpflichtung gewertet werden.[4]

c) B hat A nicht darauf hingewiesen, dass er unbedingt am Wochenende nach Bremen müsse und sich auf die Mitnahme im Pkw des A verlasse. Es war nicht einmal ersichtlich, ob B ohne das Angebot des A eine Fahrt in seine Heimatstadt geplant hatte. Darüber hinaus hatte A keine Veranlassung, sich gegenüber dem ihm bis dahin unbekannten B zur unentgeltlichen Mitnahme zu verpflichten. Dies war dem B aus den gesamten Umständen – zufälliges Gespräch in der Mensa – erkennbar. Eine so weitgehende Bedeutung war dem Angebot des A nicht zu entnehmen. Auch musste B erkennen, dass A sich eventuell vorbehalten wollte, die Reise nicht anzutreten oder von seiner Zusage Abstand zu nehmen, ohne dadurch rechtliche Nachteile zu erleiden. Grundsätzlich kann davon ausgegangen werden, dass derjenige, der einem anderen eine Gefälligkeit verspricht oder erweist, sich nicht rechtlich binden oder verpflichten will.

Gefälligkeiten stehen in der Regel außerhalb des rechtsgeschäftlichen Verkehrs. Der Bereitschaft, Gefälligkeiten zu erweisen, würde eine (unvermeidliche) rechtliche Verpflichtung und Haftung des Versprechenden entgegenwirken. Deswegen ist dem Anerbieten einer Gefälligkeit nur unter besonderen Umständen ein Rechtsbindungswille beizulegen. Dieser muss deutlich erkennbar gewesen sein. Im Zweifel ist daher ein solcher Wille zu verneinen.

Dem Verhalten des A ist ein Rechtsbindungswille nicht eindeutig zu entnehmen. Das Mitnahmeangebot des A erfolgte ohne den Willen, sich vertraglich zur Mitnahme des B zu verpflichten. Es stellt kein Angebot iSd § 145 BGB auf Abschluss eines Gefälligkeitsvertrages dar, es sollte lediglich ein Gefälligkeitsverhältnis begründet werden.

2. **Ergebnis:** Zwischen A und B ist kein Gefälligkeitsvertrag zustande gekommen. B kann nicht von A Mitnahme nach Bremen verlangen.

II. Einen **Schadensersatzanspruch** gem. § 280 BGB wegen Nichteinhaltung der zugesagten Mitnahme nach Bremen hat B nicht. Ein derartiger Anspruch setzt eine Ver-

---

3 **Hinweis:** Diese Auslegung geht über den Wortlaut des § 133 BGB hinaus und trägt dem Interesse des Rechtsverkehrs, konkret des einzelnen Erklärungsempfängers, Rechnung (sog. normative Auslegung, ausdrücklich benannt in § 157 BGB – Auslegung von Verträgen). Hingegen kann der wahre, innere Wille nur für nicht empfangsbedürftige Willenserklärungen Geltung beanspruchen, vgl. § 2084 – Auslegung von Testamenten. *Jacoby/v. Hinden* § 133 Rn. 1, 4. MüKoBGB/*Busche* § 133 Rn. 12.

4 Staudinger/*Bork*, 2015, Vorbem §§ 145–156 Rn. 81 (Beispiele Rn. 82): Kriterien der Auslegung sind etwa Art und Umfang der »Gefälligkeit«, ihre wirtschaftliche Bedeutung (va für den Erklärungsempfänger), ihr Grund und Zweck und die Umstände unter denen sie erwiesen werden.

pflichtung des A auf Mitnahme des B voraus. Diese besteht – wie unter I festgestellt – nicht. Die Nichterfüllung der in einem Gefälligkeitsverhältnis zugesagten Leistung führt keinen Schadensersatzanspruch herbei. Sonst würde eine nicht bestehende Erfüllungspflicht über Umwegen zu einer Verpflichtung des Leistungsversprechens führen, dies aber wiederspräche der Natur des Gefälligkeitsverhältnisses, welches von dem Nichtbestehen einer Verpflichtung ausgeht.

Zur Vertiefung: *Canaris,* Die Vertrauenshaftung im deutschen Privatrecht, 1971; *Eisenhardt,* Zum subjektiven Tatbestand der Willenserklärung, JZ 1986, 875; *Heck*, Gesetzesauslegung und Interessenjurisprudenz, AcP 112 (1914), 1 (43); *Hoffmann,* Der Einfluss des Gefälligkeitsmoments auf das Haftungsmaß, AcP 167 (1967), 394; *John,* Grundsätzliches zum Wirksamwerden empfangsbedürftiger Willenserklärungen, AcP 184 (1984), 385; *Lorenz/Eichhorn*, Grundwissen – Zivilrecht: Unentgeltliche Rechtsgeschäfte, JuS 2017, 6; *Paulus*, Die Abgrenzung zwischen Rechtsgeschäft und Gefälligkeit am Beispiel der Tischreservierung, JuS 2015, 496; *Petersen,* Der Tatbestand der Willenserklärung, JURA 2006, 178; *Scherer,* Die Auslegung von Willenserklärungen »klaren und eindeutigen« Wortlauts, JURA 1988, 302; *Singer,* Selbstbestimmung und Verkehrsschutz im Recht der Willenserklärungen, 1995; *Trupp,* Die Bedeutung des § 133 BGB für die Auslegung von Willenserklärungen, NJW 1990, 1346; *Weiler,* Der Zugang von Willenserklärungen, JuS 2005, 788; *Weimar,* Erklärungen ohne Rechtsbindung, MDR 1979, 374; *Willoweit,* Schuldverhältnis und Gefälligkeitshandlung – Dogmatische Grundfragen –, JuS 1984, 909; *Willoweit,* Die Rechtsprechung zum Gefälligkeitshandeln, JuS 1986, 96.
Zahlreiche Einzelfälle finden Sie mit Hinweis auf die zugrundeliegenden Urteile bei Palandt/*Grüneberg* Einl. vor § 241 Rn. 11, 12; zur rechtsgeschäftlichen Natur einer Gefälligkeitshandlung: BGHZ 21, 102 (107) = NJW 1956, 1313.

3. Fall: Die verwechselten Preisschilder

Sachverhalt

Im Schaufenster des Textilgeschäfts »Twen« sind zwei Herrenanzüge ausgestellt, ein blauer zu 180 EUR und ein brauner zu 280 EUR. Der Student S betritt den Laden und sagt dem ihn bedienenden Inhaber I: »Ich möchte gern den blauen Anzug aus dem Schaufenster«. Da das entsprechende Modell in seiner Größe vorhanden ist, entschließt S sich nach Anprobe zum Kauf. Er bittet I, ihm den Anzug einzupacken, er habe noch etwas zu erledigen und werde in einer Stunde den Anzug abholen und bezahlen. Dazu erklärt sich I bereit.

Nachdem S das Geschäft verlassen hat, entdeckt er in der Auslage eines anderen Geschäftes G einen entsprechenden blauen Anzug für 250 EUR und freut sich über seinen preiswerten Einkauf. Als er nach einer Stunde den Anzug abholen will, verlangt I 280 EUR. Auf Protest des S erkennt I, dass er selbst beim Dekorieren die Preisschilder an beiden Anzügen verwechselt hatte. Der blaue Anzug sollte eigentlich 280 EUR und der braune nur 180 EUR kosten. S weigert sich, 280 EUR zu zahlen. Nach langem Streit verlässt er den Laden, um den Anzug bei G zu erwerben. Dort muss er jedoch erfahren, dass der letzte Anzug dieser Serie vor einigen Minuten verkauft worden ist. Da eine Nachlieferung nicht erfolgen soll und S wegen des Streites auch mit I nichts mehr zu tun haben will, erwirbt er einen entsprechenden Anzug für 300 EUR im Bekleidungshaus B.

I verlangt von S Zahlung der 280 EUR. S meint, er könne nicht nur die Zahlung verweigern, sondern von I 120 EUR verlangen, die er bei B mehr bezahlt habe. Zumindest sei I verpflichtet, ihm den blauen Anzug für 180 EUR zu liefern.

Sind die Begehren von I und S gerechtfertigt?

Lösungsvorschlag

A. Ansprüche des I gegen S

I. Anspruch des I gegen S auf Zahlung von 280 EUR gem. § 433 II BGB

1. Der von I geltend gemachte Anspruch aus § 433 II BGB setzt einen wirksamen Kaufvertrag zwischen I und S voraus, worin sich S verpflichtet haben müsste, den blauen Anzug für 280 EUR zu erwerben. Der Abschluss eines Kaufvertrages erfordert zwei sich entsprechende (korrespondierende) Willenserklärungen in Form von Angebot und Annahme.

a) Ein **Angebot** zum Abschluss eines Kaufvertrages muss die an eine andere Person gerichtete Erklärung enthalten, eine bestimmte Sache zu einem bestimmten Preis von dem Adressaten zu kaufen oder an diesen zu verkaufen. Weiterhin muss sich aus der Erklärung der Wille des Anbietenden ergeben, dass mit der Annahme durch den Adressaten der endgültige, ihn bindende Vertrag zustande kommen soll (Bindungswille).

aa) Ein solches **Angebot des I** könnte in dem Dekorieren des Schaufensters (Ausstellen des Anzuges mit Preisschild) liegen. Eine Willenserklärung kann – außer durch Worte – auch durch ein tatsächliches Verhalten (zB Gesten) erfolgen, das einen entsprechenden Willen des Handelnden erkennen lässt (konkludentes Verhalten). Es handelt sich insoweit um die Bewertung eines tatsächlichen Verhaltens nach der Auslegungsregel des § 133 BGB. Es ist also durch Auslegung festzustellen, ob für einen verständigen Betrachter die Dekoration des Schaufensters durch I als rechtsgeschäftliche Erklärung dahingehend zu verstehen ist, er wolle sich verpflichten, jedem, der diese Dekoration betrachtet (Adressat der Erklärung) und eine entsprechende Annahmeerklärung abgibt, den Anzug zum ausgezeichneten Preis verkaufen.

Da Kaufgegenstand und Kaufpreis als notwendige Bestandteile des Kaufvertragsangebotes (essentialia negotii) bestimmt sind, kann allein noch der Rechtsbindungswille fraglich sein. Für alle Beteiligten erkennbar, ist durch die Ausstellung von Waren mit Preisangabe im Schaufenster noch keine Bindung im Sinne eines Vertragsangebotes gewollt. Ein Geschäftsinhaber will mit Auslage und Schaufenstern über sein Angebot informieren und einen Kaufwunsch wecken, sich damit aber nicht gegenüber jedem verpflichten, der ihm den Willen zum Kauf einzelner Waren erklärt. Er will nur Verträge in der Zahl schließen, wie Waren dieser Art vorhanden sind und sich auch vorbehalten, die Dekoration selbst nicht zu veräußern. Die Ausstellung von Waren im Schaufenster darf lediglich als Aufforderung an den Betrachter verstanden werden, seinerseits dem Geschäftsinhaber ein Vertragsangebot durch Äußerung des Kaufwunsches zu machen (invitatio ad offerendum). Der Geschäftsinhaber selbst hat dann die Wahl, das einzelne Angebot anzunehmen oder abzulehnen. Die Schaufensterdekoration ist dem vorrechtlichen Bereich zuzuordnen und nicht als Willenserklärung anzusehen.

Die Ausstellung des blauen Anzuges mit dem Preisschild ist somit noch kein Angebot iSd § 145 BGB.

bb) Ein **Angebot des S** zum Abschluss des Kaufvertrages liegt auch nicht in dem von S geäußerten Wunsch: »Ich möchte gerne den blauen Anzug aus dem Schaufenster«, denn es setzt voraus, dass der Käufer ein Modell seiner Größe findet. Er entschließt sich in der Regel erst nach dem Anprobieren zu dem Kauf, wenn ihm der Anzug insgesamt gefällt und passt. Den Kaufentschluss äußerte S nach der Anprobe. Das entsprechende Angebot ist entweder wörtlich erfolgt, zumindest aber mit der Bitte, den Anzug für ihn einzupacken. Dies bedeutet für jeden verständlich die bindende Willensäußerung, einen Kaufvertrag über den anprobierten blauen Anzug (Kaufgegenstand) abzuschließen. Das Angebot zum Abschluss eines Vertrages muss den wesentlichen Inhalt des angebahnten Vertrages enthalten, sodass der Adressat durch eine bloße Einverständniserklärung – ein »Ja« – (Annahme) den Vertragsschluss herbeiführen kann (Bestimmtheit des Angebotes).

Neben dem Kaufgegenstand (blauer Anzug) gehört der Kaufpreis zu den wesentlichen Vertragsbestandteilen. Über den Kaufpreis haben I und S aber nicht ausdrücklich gesprochen, insbesondere hat S bei seinem Kaufwunsch keinen Geldbetrag genannt. Da es um die Feststellung des tatsächlichen Inhaltes der Willenserklärung des S geht, ist die Erklärung des S gem. § 133 BGB aus der Sicht eines vernünftigen Empfängers unter Berücksichtigung der gegebenen Umstände zu bestimmen. S hatte sich bei seinem Kaufwunsch auf die Schaufensterdekoration bezogen. Dort war der Preis des Anzuges mit 180 EUR angegeben. Zwar ist bei der Auslegung einer Willenserklärung grundsätzlich vom Standpunkt des Empfängers auszugehen, jedoch kommt es dabei nicht darauf an, wie dieser die Erklärung tatsächlich verstanden hat, sondern wie er sie nach Treu und Glauben unter Berücksichtigung der erkennbaren Umstände verstehen musste (objektiver Empfängerhorizont). Das bedeutet bei Bezugnahme auf einen im Schaufenster ausgestellten Anzug, dass das Angebot den dort angegebenen Preis mitumfasst. Die Vorstellung des Adressaten I, der Anzug koste 280 EUR, ist bei der Auslegung des von S abgegebenen Kaufangebotes nicht zu berücksichtigen. Das Angebot des S enthält einen Kaufpreis von 180 EUR. Da letztlich auch der Bindungswille zum Ausdruck kommt, hat S ein entsprechendes Vertragsangebot iSd §§ 145, 433 II BGB gemacht.

b) Eine **Annahme** des von S getätigten Angebotes durch I erfordert dessen Willenserklärung, er sei mit dem von S angebotenen Vertragsschluss ohne Änderung einverstanden und wolle sich zu der von S gewünschten Leistung verpflichten.

Eine ausdrückliche Annahmeerklärung des I dahingehend, dem S den blauen Anzug für 180 EUR verkaufen zu wollen, ist nicht erfolgt. I hat sich lediglich einverstanden erklärt, dem S den Anzug einzupacken und an der Kasse gegen Bezahlung zum Abholen bereitzulegen. Dieses Verhalten ist gem. § 133 BGB nach den bereits dargestellten Grundsätzen auszulegen. Eindeutig ist insoweit zunächst die Bereitschaft, an S den anprobierten blauen Anzug zu verkaufen. Problematisch ist jedoch die Annahmeerklärung hinsichtlich des Kaufpreises. Da I die Preisschilder im Schaufenster versehentlich vertauscht hatte, ging er von einer Preisauszeichnung iHv 280 EUR aus, nicht aber wie im Angebot des S von 180 EUR. Es kommt aber bei der Willenserklärung der Vertragsannahme nicht auf die innere Einstellung des Erklärenden, sondern auf den objektiven Empfängerhorizont an. Die Willenserklärung richtete sich an S, und sie ist inhaltlich daher so zu bestimmen, wie dieser sie nach Treu und Glauben unter Berücksichtigung aller Umstände verstehen musste. Da I auf das Angebot des S, den blauen Anzug zum im Schaufenster angegebenen Preis von 180 EUR zu kaufen, eingeht, indem er sich zum Verkauf bereit erklärt, enthält diese Annahme die Bezugnahme auf den im Schaufenster tatsächlich angegebenen Preis von 180 EUR. I hat sich mit dem Angebot des S ohne Änderungen einverstanden erklärt. Inwieweit er innerlich von einem anderen Preis (nämlich 280 EUR) ausging, ist – wie § 119 BGB zeigt – für den Inhalt der Willenserklärung unerheblich.

c) Wegen der unterschiedlichen Preisvorstellungen von S und I handelt es sich vorliegend möglicherweise um einen einem Vertragsschluss entgegenstehenden **Dissens.**

aa) Ein sog. **offener Dissens** liegt vor, wenn die Parteien sich bewusst nicht über alle Vertragspunkte geeinigt haben, § 154 BGB. Es fehlt zwar an einer ausdrücklichen Preisabsprache zwischen I und S, beide waren jedoch wegen der Bezugnahme auf die Schaufensterdekoration davon überzeugt, diese Frage geregelt zu haben.

bb) Ein sog. **versteckter Dissens** ist gegeben, wenn die Parteien irrtümlich glauben, vollständig einig zu sein, während in Wirklichkeit ihre Erklärungen nicht übereinstimmen. Im Unterschied zum beiderseitigen Irrtum nach § 119 I BGB beruht das Missverständnis also nicht auf Fehlvorstellungen der Parteien über ihre eigene Erklärung (Auseinanderfallen von Wille und Erklärung) – es erklärt vielmehr jede Partei, was sie auch erklären will –, sondern auf einer objektiven Mehrdeutigkeit.[1] Zur Feststellung eines Einigungsmangels sind daher zunächst die beiden Parteierklärungen auf ihr Auseinandergehen oder ihre Übereinstimmung zu untersuchen. Insoweit gilt § 133 BGB, es ist bei der Auslegung vom objektiven Erklärungsgehalt auszugehen. Darauf, wie die Parteien subjektiv die Erklärungen tatsächlich verstanden haben, kommt es nicht an. Da S sich bei dem Kaufangebot auf die Preisauszeichnung im Schaufenster berief, ohne dass I dem widersprochen hat, erfolgten Angebot und Annahme unter Zugrundelegung des im Schaufenster angegebenen Preises von 180 EUR. Beide Erklärungen stimmen in ihrem objektiven Erklärungsinhalt überein, ein versteckter Dissens liegt nicht vor. Für einen dem Vertragsschluss entgegenstehenden Dissens besteht also dort kein Raum, wo die Auslegung der Willenserklärungen der Parteien zu einer Einigung führt, wenn Angebot und Annahme in ihrem objektiven Erklärungsinhalt übereinstimmen und alle essentialia negotii darin enthalten sind.

d) Zwischen S und I ist ein Kaufvertrag zustande gekommen, der I zur Übergabe und Übereignung des blauen Anzuges (§ 433 I BGB), S zur Zahlung von 180 EUR verpflichtet (§ 433 II BGB).

2. Der Vertrag könnte durch **Anfechtung der Annahmeerklärung** des I gem. §§ 119 I Alt. 1, 142 BGB unwirksam, der Anspruch des I auf Zahlung von 180 EUR damit untergegangen sein. Eine wirksame Anfechtung der Annahmeerklärung würde gem. § 142 I BGB eine zum Vertragsschluss erforderliche Voraussetzung vernichten, ein Vertrag und die daraus resultierenden Ansprüche wären nicht mehr gegeben. Eine wirksame Anfechtung setzt eine Anfechtungserklärung, das Vorhandensein eines Anfechtungsgrundes und die Rechtzeitigkeit der Anfechtungserklärung voraus.

a) Die **Anfechtungserklärung** des § 143 I BGB ist eine empfangsbedürftige Willenserklärung und kann – sofern nicht ausdrücklich erfolgt – auch konkludent getätigt werden. Dabei genügt jede Willensäußerung, die unzweideutig erkennen lässt, dass

---

1 **Hinweis:** § 155 BGB ist auf Fälle des Dissenses über einen wesentlichen Vertragsbestandteil (essentialia negotii) nicht anwendbar, sondern nur auf vertragliche Nebenabreden, sog. accidentalia negotii (vgl. § 154 I BGB).Wegen eines solchen Dissenses soll der Vertrag nicht scheitern. Im Fall des Dissenses über essentialia negotii kommt ein Vertrag schon nach den allgemeinen Grundsätzen der §§ 145 ff. BGB nicht zustande, RGZ 104, 265; Erman/*Armbrüster* § 155 Rn. 1; *Jacoby/v. Hinden* § 155 Rn. 2; MüKoBGB/*Busche* § 154 Rn. 3, § 155 Rn. 2.

das Geschäft rückwirkend beseitigt werden soll.[2] Insoweit gilt § 133 BGB. Auch ein Bestreiten der Verpflichtung reicht aus.

I weigert sich, S den Anzug für 180 EUR zu überlassen. Daraus wird sein Wille erkennbar, den Vertrag nicht anzuerkennen. Ebenso wird der Grund für seine Weigerung deutlich: Sein Irrtum über den vereinbarten Preis. Die Weigerung des I ist somit als Geltendmachung des sich aus seinem Irrtum ergebenden Rechts, als Anfechtungserklärung iSd § 143 I BGB zu verstehen.

Die Anfechtung erfolgt nach § 143 I BGB durch Erklärung gegenüber dem Anfechtungsgegner. Dies ist gem. § 143 II BGB der andere Vertragsteil. I hat seine Weigerung dem S gegenüber als dem richtigen Adressaten geäußert.

b) Als **Anfechtungsgrund** kommt § 119 I Alt. 1 BGB (Inhaltsirrtum) in Betracht. Bei einem Irrtum über den Erklärungsinhalt will der Erklärende zwar die Erklärung in ihrer tatsächlichen Form, er wollte ihr aber einen anderen Inhalt geben und irrt damit über die rechtliche Bedeutung und Tragweite seiner Erklärung (der Erklärende weiß, was er sagt, er weiß aber nicht, was er damit sagt).[3] Die Individualvorstellung des Erklärenden und die Verkehrsdeutung der Erklärung fallen auseinander.

I ging bei seiner Vertragsannahme von einem Kaufpreis von 280 EUR aus. Sein Verhalten musste aber als Annahme des Angebotes mit 180 EUR gewertet werden. Objektiver Sinngehalt der Willenserklärung und Erklärungswille stimmen nicht überein. I befand sich in einem Irrtum iSd § 119 I Alt. 1 BGB.

Bei Kenntnis der Sachlage und bei verständiger Würdigung des Falles hätte I das Angebot des S mit einem Preisangebot von 180 EUR nicht angenommen. Sein Irrtum war erheblich und ursächlich für seine Erklärung. Der Anfechtungsgrund des § 119 I Alt. 1 BGB ist gegeben.

c) Die **Anfechtungsfrist** bestimmt sich bei einer Irrtumsanfechtung des § 119 BGB nach § 121 I BGB. Die Anfechtung muss unverzüglich nach positiver Kenntnis des Anfechtungsgrundes erfolgen.[4] I hat sofort nach Erkennen des auf der Verwechslung der Preisschilder beruhenden Irrtums seine Leistung aus dem Kaufvertrag verweigert, dh die Anfechtung erklärt. Die Anfechtungsfrist des § 121 BGB ist gewahrt.

d) Die Voraussetzungen des § 142 I BGB sind erfüllt, die Annahmeerklärung des I ist ex tunc nichtig. Damit ist das Angebot des S nicht von I angenommen worden, ein Kaufvertrag zwischen S und I nicht existent.

3. **Ergebnis:** Mangels eines wirksamen Kaufvertrages kann I von S nicht Zahlung eines Kaufpreises von 180 EUR bzw. 280 EUR gem. § 433 II BGB verlangen.

II. S weigert sich, mit I einen Kaufvertrag über 180 EUR abzuschließen, sodass sich **keine vertraglichen Ansprüche** aus einem erneuten Vertragsschluss ergeben können. Da I, nicht aber S den ursprünglich geschlossenen Vertrag angefochten hat, steht I auch kein Schadensersatzanspruch aus § 122 I BGB zu.

2 *Wolf/Neuner* BGB AT § 37 Rn. 13.

3 Irrtum über die Erklärungshandlung, *Wolf/Neuner* BGB AT § 37 Rn. 37 (Versprechen, Vergreifen, Verschreiben).

4 Der Schwebezustand muss im Interesse des Empfängers baldmöglichst beendet werden, *Brox/Walker* BGB AT, 41. Aufl. 2017, Rn. 387.

B. Ansprüche des S gegen I

I. S kann von I nicht gem. **§ 433 I BGB** Lieferung des blauen Anzuges für 180 EUR verlangen, denn es besteht aufgrund der Anfechtung des I kein Kaufvertrag.

II. Ein Anspruch des S auf Zahlung von Schadensersatz iHv 120 EUR könnte nach § 122 I BGB begründet sein.

1. Voraussetzung für einen Schadensersatzanspruch aus § 122 I BGB ist – neben der hier nicht in Betracht kommenden Nichtigkeit nach § 118 BGB bzw. Anfechtung nach § 120 BGB – die Anfechtung einer Willenserklärung aufgrund des § 119 BGB. I hat seine Annahmeerklärung gem. § 119 I Alt. 1 BGB angefochten und damit den Tatbestand des § 122 I BGB erfüllt. Inhaber des Schadensersatzanspruches ist der Anfechtungsgegner, hier also S. Anspruchsgegner ist der Anfechtende, also I.

2. Der **Umfang** des zu ersetzenden Schadens richtet sich nach dem negativen Interesse des S (sog. Vertrauensschaden). Dieser ist so zu stellen, als hätte er nicht auf die Gültigkeit der von I abgegebenen Annahmeerklärung vertraut, als hätte er von dem Geschäft nichts gehört. I muss den S vermögensmäßig so stellen, wie er stünde, wenn dieser von vornherein die Ungültigkeit des Kaufvertrages mit I gekannt hätte. In diesem Fall hätte S einen gleichwertigen blauen Anzug bei G zum Preis von 250 EUR erhalten. Diese Möglichkeit ist ihm durch sein Vertrauen auf die Gültigkeit der Vertragsannahme durch I entgangen.

a) Wegen der Beschränkung des § 122 I BGB auf das negative Interesse kann S nicht wie beim Schadensersatz wegen Nichterfüllung alle Aufwendungen ersetzt bekommen, die er für die anderweitige Beschaffung des Anzuges tätigen musste. Er kann also nicht die Differenz zwischen dem geplanten Kauf für 180 EUR und dem tatsächlichen Kauf für 300 EUR verlangen, sondern nur die Differenz zwischen 180 EUR und dem Preis, den er nunmehr für die Anschaffung eines solchen Anzuges benötigt hätte. Allein die Möglichkeit, den Anzug für 250 EUR zu kaufen, ist ihm aufgrund seines Vertrauens in die Wirksamkeit des Vertrages mit I entgangen. Sein Vertrauensschaden beläuft sich somit auf 70 EUR.

b) S hätte den Anzug statt bei B für 300 EUR bei I für 280 EUR erwerben können, also lediglich letztere Summe für die Anschaffung eines blauen Anzuges aufwenden müssen. Es fragt sich, ob aus diesem Grund der Vertrauensschaden des S lediglich 30 EUR beträgt (Differenz der Preise G – I). Nach dem Grundgedanken des § 254 BGB, der als allgemeiner Rechtsgrundsatz auch außerhalb bestehender Schuldverhältnisse gilt, wäre S verpflichtet, den Schaden so gering wie möglich zu halten. § 254 BGB ist letztlich eine Billigkeitsregelung. Es kommt daher darauf an, ob es dem S zumutbar war, nach dem Streit und den mit I gemachten Erfahrungen mit diesem nochmals einen Kaufabschluss zu versuchen. Bei Wertung aller Umstände dürfte es für S unzumutbar sein, zu I zurückzukehren und bei diesem um den Abschluss eines Vertrages zu eben jenem Kaufpreis anzufragen, den S zuvor nicht akzeptieren wollte.

Die Irrtumsanfechtung und damit der Anspruch aus § 122 I BGB ist zwar von einem Verschulden des Anfechtenden bei Entstehen des Irrtums unabhängig. Im Zusammenhang mit dem am Verschulden orientierten § 254 BGB erscheint es aber gerechtfertigt, einen erneuten Vertragsschluss mit dem Irrenden abzulehnen, da der Irrtum auf einem Verschulden des I beruht (Verwechslung der Preisschilder) und auf eine oberflächliche Geschäftsführung schließen lässt.

S braucht den Anzug somit nicht bei I zu erwerben. Er kann seinen tatsächlichen Vertrauensschaden iHv 70 EUR geltend machen.

c) Eine Ersatzpflicht ist durch § 122 II BGB ausgeschlossen, wenn S den Irrtum des I infolge (auch leichter) Fahrlässigkeit (§ 276 I 2 BGB) kannte oder hätte kennen müssen. Es sind keine Umstände ersichtlich, aus denen S die Verwechslung der Preisschilder und den darauf beruhenden Irrtum des I hätte erkennen können. Sein Ersatzanspruch ist nicht durch § 122 II BGB ausgeschlossen.

3. **Ergebnis:** S kann von I gem. § 122 I BGB 70 EUR verlangen.

Zur Vertiefung: *Adams*, Irrtümer und Offenbarungspflichten im Vertragsrecht, AcP 186 (1986), 453; *Brox*, Die Einschränkung der Irrtumsanfechtung, 1960; *Cziupka*, Die Irrtumsgründe des § 119 BGB, JuS 2009, 887; *Coester-Waltjen*, Die fehlerhafte Willenserklärung, JURA 1990, 362; *Deichfuß*, Gesetze und Briefmarkensammlungen, JuS-Lernbogen 1988, L 12; *Dießelhorst*, Zum Irrtum bei Vertragsschluss, Sympotika Franz Wieacker, 1970, 180; *Giesen*, Grundsätze der Konfliktlösung bei fehlerhaften Rechtsgeschäften (Fallgruppe B: Anfechtbarkeit (I): Selbstbedingte Willensmängel beim Erklärenden), JURA 1984, 505; *Hepting*, Erklärungswille, Vertrauensschutz und rechtsgeschäftliche Bindung, FS Rechtswiss. Fakultät zur 600-Jahr-Feier der Universität Köln, 1988, 209; *Jahr*, Geltung des Gewollten und Geltung des Nicht-Gewollten, JuS 1989, 249; *Kern*, Ausgewählte Probleme der Anfechtung nach §§ 119, 120 BGB, JuS-Lernbogen 1998, L 41; *Kern*, »Verwechselte Puppen«, JuS-Lernbogen 1988, L 37; *Kremer*, Vertrauensschaden, Naturalrestitution und Erfüllungsinteresse, JA 1978, 485; *Leenen*, Abschluss, Zustandekommen und Wirksamkeit des Vertrages (zugleich ein Beitrag zur Lehre vom Dissens), AcP 188 (1988), 381; *Leenen*, Die Anfechtung von Verträgen, JURA 1991, 393; *Lorenz*, Grundwissen – Zivilrecht: Willensmängel, JuS 2012, 490; *Meyer-Maly*, Rechtsirrtum und Rechtsunkenntnis als Problem des Privatrechts, AcP 170 (1970), 133; *Musielak*, Die Anfechtung einer Willenserklärung wegen Irrtums, JuS 2014, 491; *Petersen*, Der Dissens beim Vertragsschluss, JURA 2009, 419; *Säcker*, Rechtsgeschäftsauslegung und Vertrauensprinzip, JURA 1971, 509; *Schlachter*, Irrtum, Dissens und kaufrechtliche Gewährleistungsansprüche, JA 1991, 105; *Schünemann*, Inhalts- und Erklärungsirrtum, JuS-Lernbogen 1991, L 65; *Schünemann*, Das negative Interesse, JuS-Lernbogen 1990, L 25; *Spieß*, Zur Einschränkung der Irrtumsanfechtung, JZ 1985, 593; *Stöhr*, Der objektive Empfängerhorizont und sein Anwendungsbereich im Zivilrecht, JuS 2010, 292; *Wieacker*, Die Methode zur Auslegung des Rechtsgeschäfts, JZ 1967, 385; *Willems*, Ersatz von Vertrauensschäden und Begrenzung auf das Erfüllungsinteresse nach § 122 und § 179 II BGB, JuS 2015, 586.

4. Fall: Die Zimmervorbestellung

Sachverhalt

Der Geschäftsinhaber G fuhr regelmäßig zu einer im März eines jeden Jahres in Köln stattfindenden Fachmesse. Da er bisher immer im Hotel »Esplanade« gewohnt hatte, bestellte er im Herbst 2016 dort schriftlich drei Zimmer für die Zeit vom 10.–21.3.2017. In dem Bestellschreiben wies er auf den Grund seiner Fahrt nach Köln hin und bat den Hotelinhaber H unter Hinweis auf die früheren Besuche, ihm eine Nachricht zu geben, falls die Bestellung nicht in Ordnung gehe. H reservierte daraufhin in dem Belegbuch für G die Zimmer 19–21 für den gewünschten Zeitraum.

Im Januar 2017 entschloss sich die Messeleitung kurzfristig, die Ausstellung im März 2017 wegen der konjunkturellen Lage ausfallen zu lassen. G bat daraufhin im Februar 2017 den H, die Zimmerbestellung rückgängig zu machen. H gelang es jedoch jetzt nicht mehr, die Zimmer anderweitig zu belegen. Er besteht daher auf Erfüllung des Vertrages und verlangt von G Zahlung von 5.000 EUR. Dieser Betrag entspricht dem üblichen und in dem Zimmeraushang angegebenen Preis abzüglich ersparter Aufwendungen. G verweigert die Bezahlung unter Hinweis auf die nicht erfolgte Bestätigung seiner Bestellung durch H.

Wie ist die Rechtslage?

Lösungsvorschlag

I. H könnte gegen G gem. §§ 241 I, 311 I BGB einen Anspruch auf Zahlung von 5.000 EUR aus einem **Beherbergungsvertrag**, einem typengemischten Vertrag mit Elementen des Miet-, Dienst- und Werklieferungsvertrages[1] haben.

1. Voraussetzung ist, dass zwischen H und G ein **Vertrag zustande gekommen** ist, aus dem sich die Verpflichtung des G ergibt, an H 5.000 EUR zu zahlen. Dazu bedarf es zweier Willenserklärungen, eines entsprechenden Angebotes und dessen Annahme durch die andere Partei.

a) Ein **Vertragsangebot** liegt in dem Bestellschreiben des G nur, wenn dies inhaltlich so bestimmt war, dass der Beherbergungsvertrag durch bloße Einverständniserklärung des Adressaten H ohne weitere Verhandlungen zustande kommen konnte. Weiterhin musste sich aus der Erklärung der Wille des G ergeben, mit der Annahme durch H solle der endgültige, ihn bindende Vertrag zustande kommen.[2]

aa) Mit dem Bestellschreiben hat G zum Ausdruck gebracht, dass er von H die bindende Zusage über eine Beherbergung in der Zeit vom 10.–21.3.2017 im Hotel »Esplanade« wünsche und sich selber zur Zahlung des von H durch auf der Internetseite des Hotels ausgewiesenen Preises verpflichten möchte. Damit enthielt das Angebot alle für einen Beherbergungsvertrag notwendigen Bestandteile.

Der Rechtsbindungswille des G kam darin zum Ausdruck, dass er lediglich bei einer Ablehnung durch H den Vertrag als nicht geschlossen betrachtete, also das Zustandekommen des Vertrages allein der Entscheidung des H überließ.

bb) Da G in seinem Bestellschreiben den Grund seines Aufenthaltes in Köln angab, stellt sich die Frage, ob der Vertragsschluss nach dem Inhalt des von G getätigten Angebotes sofort oder unter der Bedingung der Durchführung der Messe erfolgen sollte. Es ist also der weitere Inhalt des Angebotes zu ermitteln, § 133 BGB.

Möglich ist gem. § 158 BGB, den Abschluss eines Vertrages von dem Eintritt einer bestimmten Bedingung abhängig zu machen (aufschiebende Bedingung, § 158 I BGB) oder einem geschlossenen Vertrag bei Eintritt eines bestimmten Umstandes seinen Bestand zu nehmen (auflösende Bedingung, § 158 II BGB). G hat in seinem Bestellschreiben den Abschluss oder Bestand des Vertrages nicht ausdrücklich von dem Stattfinden der Messe abhängig gemacht. Ihm kam es bereits jetzt auf einen unbedingten Vertrag an, um sich auf die Bereitstellung der Zimmer verlassen zu können. Der Vertrag sollte nicht erst mit Messebeginn Bestand erlangen. Ebenso wenig war eine Auflösungsklausel gewollt, denn G hatte einen Ausfall der Messe nicht in Betracht gezogen. Daher liegt auch kein konkludenter Hinweis auf eine Bedingung vor.[3] G hat H ein unbedingtes Vertragsangebot iSd § 145 BGB auf Abschluss eines Beherbergungsvertrages abgegeben. Da alle wesentlichen Merkmale des Beherbergungsvertrages in dem Angebot enthalten waren und insoweit eine Bindung erfolgen sollte, war bereits der Abschluss des Vertrages gewollt.[4]

1 Dazu BGH NJW 1963, 1449; Staudinger/*Werner*, 2015, Vorbem. zu § 701 Rn. 7–11.
2 Vgl. 2. Fall I. 1.
3 Vgl. dazu OLG Braunschweig NJW 1976, 570 (571); *Emmerich* JuS 1976, 535.
4 *Emmerich* JuS 1976, 535.

b) Die Erklärung der **Annahme des Vertragsangebotes** durch H liegt konkludent in der Eintragung der Zimmerreservierung im Belegbuch. Damit hat H eindeutig zu erkennen gegeben, dass er den von G gewünschten Beherbergungsvertrag abschließen und ihm die Zimmer zur Verfügung stellen wollte.

aa) Der Rechtsbindungswille des H ist ebenfalls gegeben, denn ihm war klar, dass G nur an einem bindenden Vertragsschluss interessiert war. Die Eintragung im Belegbuch kann von einem vernünftigen Betrachter nur dahingehend verstanden werden, dass die vorgemerkten Zimmer nicht anderweitig vergeben werden sollen, weil sie für die eingetragene Person reserviert, dieser also bereits zugesagt sind. Die Eintragung im Belegbuch stellt nicht lediglich eine unverbindliche Überlegung des Hoteliers, sondern eine rechtlich relevante Annahmeerklärung dar. Sie lässt erkennen, dass der Angebotsempfänger H hiermit sein Einverständnis mit dem von G getätigten Angebot erklärt und den Beherbergungsvertrag als geschlossen ansieht.

bb) Als empfangsbedürftige Willenserklärung ist die Annahmeerklärung grundsätzlich dem anderen Vertragsteil gegenüber abzugeben. Sie muss grundsätzlich der Person, die das Angebot zum Vertragsschluss abgegeben hat, zugehen, § 130 BGB. Dieses Wirksamkeitserfordernis muss gem. § 151 S. 1 BGB ausnahmsweise nicht gegeben sein, wenn ein Zugang der Erklärung nach der Verkehrssitte nicht erforderlich ist oder wenn der Anbietende auf den Zugang verzichtet hat.[5] Einen Verzicht hat G in seinem Bestellschreiben ausdrücklich erklärt, indem er eine Mitteilung lediglich für den Fall der Ablehnung seines Vertragsangebotes erbeten hat. Eine Mitteilung der Vertragsannahme sollte nicht erfolgen. Die von H durch die Eintragung im Hotelbuch erklärte Annahme des Vertragsangebotes ist daher auch ohne Zugang bei G wirksam geworden.

c) Da Angebot und Annahme wirksam erklärt worden sind, ist zwischen H und G ein Beherbergungsvertrag zustande gekommen, der H zur Zahlung des vereinbarten Entgelts verpflichtet.

2. G und H waren bei ihrem Vertragsabschluss von dem Stattfinden der Messe ausgegangen. Es fragt sich daher, ob die aus dem Beherbergungsvertrag bestehende **Verpflichtung des G** durch die Absage der Messe **untergegangen** ist.

a) Der Beherbergungsvertrag ist nach § 142 I BGB rückwirkend unwirksam geworden, wenn G sein Vertragsangebot wirksam **angefochten** hat.

aa) Die **Anfechtungserklärung** iSd § 143 I BGB liegt konkludent in der Bitte, die Zimmerbestellung rückgängig zu machen. Für eine Anfechtungserklärung genügt jedes Verhalten, das den Willen erkennen lässt, den bestehenden Vertrag nicht aufrechterhalten zu wollen.[6]

bb) Ein **Anfechtungsgrund** nach § 119 I BGB liegt vor, wenn G eine andere Erklärung abgegeben hat, als er eigentlich abgeben wollte (sog. Erklärungsirrtum, § 119 I Alt. 2 BGB) oder G zwar das Gewollte erklärt, diese Erklärung aber eine andere Bedeutung hatte, als G annahm (sog. Inhaltsirrtum, § 119 I Alt. 1 BGB).[7]

---

5 **Hinweis:** Zur Klarstellung: § 151 S. 1 BGB erübrigt nicht die Erklärung der Annahme, sondern lediglich den Zugang der Annahmeerklärung, *Musielak/Hau* GK BGB Rn. 176, 178; *Wolf/Neuner* BGB AT § 37 Rn. 35.

6 Dazu 3. Fall A. I. 2a.

7 Dazu 3. Fall A. I. 2b.

Als G die Zimmer bei H bestellte, hatte er die Erklärung abgegeben, die er wollte (Zimmerbestellung für eine bestimmte Zeit) und die richtige Vorstellung von der Bedeutung seiner Erklärung, er wollte diese als Angebot zum Abschluss eines Beherbergungsvertrages verstanden wissen. Damit befand er sich nicht in einem Inhalts- oder Erklärungsirrtum. Eine Anfechtung wegen Irrtums nach § 119 I BGB entfällt.

Das Stattfinden der Messe war lediglich das Motiv für den Abschluss des Beherbergungsvertrages. Der Irrtum des G darüber, die Messe werde am 10.–21.3.2017 abgehalten, war der Willenserklärung vorgelagert, es handelt sich um einen unerheblichen Motivirrtum,[8] der die Abgabe einer fehlerfreien Erklärung nicht gehindert hat.

cc) Mangels eines Anfechtungsgrundes ist der Beherbergungsvertrag nicht anfechtbar und damit nicht gem. § 142 I BGB unwirksam geworden.

b) Durch den Hinweis des G auf den Grund seines Besuches könnte zwischen ihm und H ein **Rücktrittsrecht** für den Fall vereinbart worden sein, dass ein Grund für eine Beherbergung in Köln nicht mehr besteht.

Durch die einseitige, auf den Rücktritt von einem Vertrag gerichtete Willenserklärung eines der Beteiligten wird das bestehende Rechtsverhältnis aufgelöst, es entsteht ein Abwicklungsverhältnis.[9] Ein Rücktritt vom Beherbergungsvertrag durch G würde zum Erlöschen der beiderseitigen (Primärleistungs-)Ansprüche, also auch der Zahlungsverpflichtung des G führen.

aa) Die **Ausübung des Rücktrittsrechts** erfolgt durch Erklärung des Rücktritts, § 349 BGB. Diese Erklärung ist eine nicht formgebundene empfangsbedürftige Willenserklärung, die den Willen des Erklärenden erkennen lässt, sich vom Vertrag lösen zu wollen.[10] Insoweit gilt § 133 BGB. In der Bitte des G an H, die Zimmerbestellung rückgängig zu machen, läge konkludent eine Rücktrittserklärung iSd § 349 BGB.

bb) Ein Rücktritt vom Vertrag ist nur zulässig, wenn ein **Rücktrittsrecht** zugunsten einer Partei oder beider Parteien vereinbart worden (vertragliches Rücktrittsrecht, § 346 BGB) oder ein solches aufgrund gesetzlicher Bestimmungen eröffnet ist (gesetzliches Rücktrittsrecht, zB §§ 323 I, 324, 326 V BGB).

Mangels eines gesetzlichen oder ausdrücklich vereinbarten Rücktrittsrechts kann ein solches lediglich konkludent in den Vertrag eingeführt worden sein. Beide Parteien hatten hier an ein Ausfallen der Messe nicht gedacht und daher ein darauf gerichtetes Rücktrittsrecht nicht in Betracht gezogen. Mit dem Angebot des G und dessen Annahme durch H ist damit nicht der Wille zum Ausdruck gekommen, ein Rücktrittsrecht zu vereinbaren. Der Hinweis auf den Zweck des Aufenthaltes war lediglich Offenlegung des Motivs für das Vertragsangebot. Die Nennung des Vertragsmotivs führt aber noch nicht zu einer Rücktrittsvereinbarung, wenn der andere Teil das Angebot unverändert annimmt. Kein Hotelier würde sich auf den Bestand eines Vertrages und die Belegung seiner Zimmer verlassen können, wenn ein Gast bei der Zimmerbestellung schon durch Nennung des Aufenthaltsgrundes ein Rücktrittsrecht erhielte, sobald der Zweck der Reise entfällt. Unter Berücksichtigung dieses Umstandes

8 Vgl. dazu OLG Braunschweig NJW 1976, 571; Staudinger/*Werner*, 2015, Vorbem zu § 701 Rn. 11.

9 Erman/*Röthel* vor § 346 Rn. 1; *Jacoby/v. Hinden* § 346 Rn. 1, 3.

10 Erman/*Röthel* § 349 Rn. 2.

kann der Hinweis auf den Messebesuch nicht als Rücktrittsvereinbarung gewertet werden.

cc) Ein gesetzliches Rücktrittsrecht zugunsten des G könnte sich aber aus einer Störung der Geschäftsgrundlage[11] gem. § 313 I, III 1 BGB ergeben.[12] Ziel ist, den gegenläufigen Interessen bei fehlerhafter Vorstellung der Vertragsparteien Rechnung zu tragen.[13]

(1) Die infrage stehenden Umstände (§ 313 I BGB, sog. objektive Geschäftsgrundlage) oder Vorstellungen (§ 313 II BGB sog. subjektive Geschäftsgrundlage) müssen Geschäftsgrundlage geworden sein. Umstände sind alle rechtlichen oder tatsächlichen Verhältnisse.[14] Bei der Frage, ob die Messe im März 2017 stattfindet, handelt es sich um ein tatsächliches Verhältnis. Ein Umstand liegt folglich vor. Erforderlich ist weiter, dass der Umstand nicht Inhalt des Vertrages geworden ist. Dies ist, wie schon ausgeführt,[15] der Fall.

(2) Diese Umstände müssen sich schwerwiegend geändert haben (sog. **reales Element**). Da die Messe abgesagt ist, hat sich dieser Umstand auch schwerwiegend geändert.

(3) Außerdem ist zu fragen, ob der Umstand für den Vertragsschluss relevant war, die Parteien also den Vertrag, hätten sie die Änderung vorausgesehen, nicht oder nicht mit diesem Inhalt abgeschlossen hätten (sog. **hypothetisches Element**). Nur wegen der von beiden Parteien des Beherbergungsvertrages angenommenen Messe im März 2017 hat G sein Vertragsangebot gemacht, H dieses nicht ablehnend beschieden.[16] Das Stattfinden der Messe war nach der Vorstellung der Parteien ein für den Vertragsschluss wesentlicher Umstand. Hätte G von der Absage gewusst oder diese in Betracht gezogen, wäre sein Angebot und damit der Vertrag nicht oder nur unter Einbeziehung einer Bedingung bzw. Rücktrittsklausel geschlossen worden.[17]

(4) Als letzte Voraussetzung muss das Festhalten am unveränderten Vertrag für G unzumutbar sein (sog. **normatives Element**). Die Zumutbarkeitsprüfung hat unter Berücksichtigung aller Umstände des Einzelfalls, insbesondere der vertraglichen oder gesetzlichen Risikoverteilung auf die Vertragsparteien zu erfolgen.[18]

---

11 **Hinweis:** Das ehemals aus § 242 BGB entwickelte Rechtsinstitut ist durch das Schuldrechtsmodernisierungsgesetz nun in § 313 BGB ausdrücklich niedergelegt. Die Norm ist eine Kodifikation der früheren praktizierten Rechtslage, Begr. RegE BT-Drs. 14/6040, 175; Erman/*Böttcher* § 313 Rn. 5 f.

12 *Looschelder*s SchuldR AT Rn. 743, 760; *Medicus/Petersen* BürgerlR Rn. 169–170. **Klausurtipp**: Zu beachten ist der Anwendungsbereich, insbes. der Vorrang vertraglicher und spezieller gesetzlicher Regelungen (Rücktritt, Kündigung, Sachmängelgewährleistung, Unmöglichkeit, Anfechtung) *Looschelders* SchuldR AT Rn. 746 ff.

13 **Hinweis**: Die Drei-Elemente-Formel (= Voraussetzungen), reales – hypothetisches – normatives Element, erklären kompakt *Medicus/Petersen* BürgerlR Rn. 165.

14 So die Definition bei *Dauner-Lieb/Arnold/Dötsch/Kitz*, Fälle zum neuen Schuldrecht, 2002, 230.

15 Vgl. I. 1a bb.

16 **Hinweis:** Hätte H vom Ausfall der Messe gewusst, hätte er dem G dies mitteilen und auf einen Vertragsschluss lediglich durch Annahme verzichten müssen.

17 Reservierung unter Vorbehalt, zum Ausfall der IAA, Anm. *Menden* NJW 1976, 969 (970) zu OLG Braunschweig NJW 1976, 570.

18 *Looschelders* SchuldR AT Rn. 756 mit weiteren Beispielen.

Würde man eine Unzumutbarkeit in Fällen des Ausfalls von Terminen und Veranstaltungen annehmen, würde Hoteliers die Unsicherheit aufgebürdet, bei Wegfall des Aufenthaltsgrundes auf unbelegten Zimmern sitzen zu bleiben. Den Grund für den Aufenthalt in einem Hotel bestimmt allein der Gast. Er trägt damit auch das Risiko für den Fortbestand dieses Grundes. Will er diesem Risiko entgehen, darf er das Zimmer nicht vorbestellen, sondern den Beherbergungsvertrag erst bei seiner Ankunft abschließen. Mit der Vorbestellung werden die Zimmer belegt, der Hotelier muss gegebenenfalls andere Interessenten zurückweisen. Durch die Vorbestellung übernimmt daher der Gast das Risiko dafür, dass der Grund für seinen Aufenthalt auch noch in dem Zeitpunkt fortbesteht, in dem er das Hotel besuchen will.[19] Er kann das Risiko nicht durch Nennung des Reisemotives auf den Hotelier übertragen. Sonst würde für diesen die Unsicherheit darüber bestehen, ob vorbestellte Zimmer tatsächlich in Anspruch genommen und bezahlt würden. Im Gegensatz zu den klassischen Fällen des Wegfalls der Geschäftsgrundlage,[20] bei denen die vereinbarte Leistung ihren Sinn und Zweck allein bei Bestehenbleiben der vorausgesetzten Umstände erfüllte,[21] werden Beherbergungsverträge auch außerhalb von Messezeiten abgeschlossen und führen zu einer bestimmungsgemäßen Nutzung des Hotels. Das Stattfinden der Messe lag mithin allein im Risikobereich des G. Auch unter Berücksichtigung der Kostentragung von 5.000 EUR war ihm ein Festhalten am Vertrag zumutbar.

dd) Somit liegen die Voraussetzungen für eine Störung der Geschäftsgrundlage gem. § 313 I, III 1 BGB nicht vor, da dem G ein Festhalten an dem Vertrag zuzumuten ist.

ee) In Ermangelung eines Rücktrittsgrundes kommt ein Untergang der Verpflichtung wegen eines Rücktritts des G von dem Beherbergungsvertrag nicht in Betracht.

3. Ergebnis: H kann von G aus dem Beherbergungsvertrag gem. §§ 241 I, 311 I BGB Zahlung des vereinbarten Entgelts iHv 5.000 EUR verlangen.

II. Ein **Schadensersatzanspruch** des H wegen eines Fehlverhaltens des G (nicht rechtzeitige Absage der Zimmer) besteht nicht. Zwar hätte H möglicherweise bei einer früheren Abbestellung die Zimmer anderweitig belegen können. Da H jedoch seinen vertraglichen Anspruch gegen G behalten hat, ist ihm kein Schaden entstanden. Auf die weiteren Voraussetzungen eines Schadensersatzanspruches ist daher nicht einzugehen.[22]

Zur Vertiefung: OLG Braunschweig NJW 1976, 570 mAnm *Menden* NJW 1976, 969 (970); *Chiotellis*, Rechtsfolgenbestimmung bei Geschäftsgrundlagenstörungen in Schuldverträgen, 1981 (auch gute Übersichten zu anderen Fragen der Geschäftsgrundlage); *Braun*, Wegfall der Geschäftsgrundlage – BGH, WM 1978, 322, JuS 1979, 692; *Diederichsen*, Wandlungen der Rechtsgeschäftslehre, JURA 1969, 71 (81); *Ehmann/Sutschet*, Modernisiertes Schuldrecht, 2002, § 6 IV; *Hirsch*, Der Tatbestand der Geschäftsgrundlage im reformierten Schuldrecht, JURA 2007, 81; *Janda*, Störung der Geschäftsgrundlage und Anpassung des Vertrags, NJ 2013, 1; *Köhler*, Grundprobleme der Lehre von der Geschäfts-

19 OLG Braunschweig NJW 1976, 571; *Emmerich* LeistungsstörungsR § 28 II 4a bb.

20 Fenster für den Festzug, *Bähr* Grundzüge BürgerlR § 7 V 2; § 7 III 2, 3, 4; *Musielak/Hau* GK BGB Rn. 729 ff.

21 **Beispiel:** Eine Fenstermiete erfolgte allein für einen Festzug, ansonsten werden keine Fenster vermietet.

22 **Klausurtipp:** Steht unstreitig fest, dass kein Schaden entstanden ist, kann dieses Merkmal bei der Prüfung eines Schadensersatzanspruches vorangestellt und allein zur Ablehnung des Anspruches herangezogen werden.

grundlage, JA 1979, 498; *Lettl*, Die Anpassung von Verträgen des Privatrechts, JuS 2001, 248; *Löhnig*, Schuldrechtsreform – Update 5 Geschäftsgrundlagenstörung; Kündigung von Dauerschuldverhältnissen, JA 2002, 381; *Loyal*, Vertragsaufhebung wegen Störung der Geschäftsgrundlage, NJW 2013, 417; *Pfeifer*, Der Rubel-Fall: Dogmatische Einordnung und Rechtsfolgen des Kalkulationsirrtums nach der Rechtsprechung des Reichsgerichts und nach aktueller Betrachtung, JURA 2005, 774; *Rösler*, Grundfälle zur Störung der Geschäftsgrundlage, JuS 2004, 1058; 2005, 27 (120); *Riesenhuber/Domröse*, Der Tatbestand der Geschäftsgrundlagenstörung in § 313 BGB – Dogmatik und Falllösungstechnik, JuS 2006, 208; *Stötter*, Versuch zur Präzisierung des Begriffs der mangelhaften Geschäftsgrundlage, AcP 166 (1966), 149; *Wieling*, Entwicklung und Dogmatik der Lehre von der Geschäftsgrundlage, JURA 1985, 505.

5. Fall: Der verspätete Telefonanruf

Sachverhalt

A möchte einen Gebrauchtwagen kaufen. Bei dem Autohändler H entdeckt sie am Vormittag einen brauchbaren Pkw, Marke VW, den H ihr zum Preis von 8.500 EUR anbietet. A möchte sich jedoch noch bei anderen Händlern umsehen und sich daher noch nicht entscheiden. H sagt A daher zu, dass er ihr den Wagen reserviere, wenn sie bis 16 Uhr des gleichen Tages telefonisch Bescheid gebe, ob sie den Pkw für 8.500 EUR kaufen wolle. H sagt zu, den Wagen vorher nicht zu veräußern und die Entscheidung der A abzuwarten.

Als A anderweitig kein günstigeres Angebot findet, will sie H anrufen, um den Kauf perfekt zu machen. H glaubt inzwischen, für den Pkw einen höheren Preis erzielen zu können und geht – um den Anruf der A zu verhindern – vor 16 Uhr nicht an das läutende Telefon. Als H sich unmittelbar nach 16 Uhr am Telefon meldet und A ihm ihren Kaufentschluss mitteilt, sagt H, nun sei es zu spät, er wolle den Wagen nicht mehr verkaufen.

Kann A von H Lieferung und Übereignung des VW gegen Zahlung von 8.500 EUR verlangen?

Lösungsvorschlag

I. Der Anspruch der A gegen den H auf **Lieferung des Pkw** kann sich aus **§ 433 I BGB** ergeben, denn bei einem wirksamen Kaufvertrag ist der Verkäufer verpflichtet, dem Käufer die gekaufte Sache zu übergeben und das Eigentum daran zu verschaffen. Es ist somit zu prüfen, ob zwischen A und H ein wirksamer Kaufvertrag zustande gekommen, dh ob A Käufer und H Verkäufer des Pkw ist.

1. Das für einen Vertrag erforderliche **Angebot** (auch Offerte oder Antrag) muss den wesentlichen Inhalt der geplanten Vereinbarung (essentialia negotii) so genau bezeichnen, dass der andere Vertragsteil allein durch die Annahme, dh ohne weitere Verhandlungen, Erläuterungen und Ergänzungen, den Abschluss des Vertrages herbeiführen kann. Das Angebot zum Abschluss eines Kaufvertrages muss den Willen des Erklärenden aufzeigen, sich bindend zu verpflichten (§ 145 BGB), einen bestimmten Gegenstand zu einem bestimmten Preis zu erwerben und abzunehmen (bei Angebot des Käufers) bzw. zu einem bestimmten Preis zu verkaufen, zu übergeben und daran Eigentum zu verschaffen (bei Angebot des Verkäufers).

H bietet der A den Pkw zum Preis von 8.500 EUR während der gemeinsamen Besichtigung an und erfüllt damit die Voraussetzungen für ein wirksames Vertragsangebot des Verkäufers. Sein Rechtsbindungswille ergibt sich aus der Zusage, es der Entscheidung der A zu überlassen, ob der Kauf zustande kommt.

2. Mit der **Annahme** erklärt der Adressat des Angebotes sein uneingeschränktes Einverständnis mit dem vom Anbietenden vorgesehenen Vertragsinhalt. Auch die Annahme ist eine empfangsbedürftige Willenserklärung, dh sie muss dem Anbietenden (rechtzeitig) zugehen, §§ 130 I, 147 I 2 BGB.

a) A hat dem H am Telefon ihren Kaufentschluss zu den im Angebot aufgeführten Bedingungen mitgeteilt. Die tatsächlichen Voraussetzungen für eine Vertragsannahme sind erfüllt. Die Annahmeerklärung ist dem H tatsächlich zugegangen.

b) Die rechtliche Wirksamkeit der Annahme ist dagegen zweifelhaft, denn die Annahmeerklärung muss dem Anbietenden gem. §§ 146–149 BGB rechtzeitig zugehen; andernfalls ist das Angebot erloschen, § 146 BGB aE. Eine verspätete Annahmeerklärung kann keinen wirksamen Vertrag herbeiführen. Grundsätzlich muss gem. § 147 I BGB das einem Anwesenden gemachte Angebot sofort, also in unmittelbarem Anschluss an das Angebot (mit allenfalls angemessener Überlegungszeit), angenommen werden. Die Regelung des § 147 I BGB ist jedoch abdingbar, der Antragende kann selbst bestimmen, wie lange sein Angebot gelten soll.[1] Abweichend von § 147 BGB kann der Anbietende gem. § 148 BGB seine Bindung an das Angebot verlängern und eine Frist für die Annahme bestimmen. Eine solche Erklärung iSd § 148 BGB liegt in der Zusage des H, den Pkw nicht vor 16 Uhr zu verkaufen und die Entscheidung der A bis dahin abzuwarten. H hat damit die Frist entsprechend verlängert. Die Annahmeerklärung der A musste H daher bis 16 Uhr zugegangen sein, § 148 BGB.

A hat zwar vor 16 Uhr versucht, H ihre Vertragsannahme zu erklären. Dies ist ihr aber erst nach 16 Uhr gelungen. Demnach ist die Annahmeerklärung dem H verspätet, also nicht rechtzeitig zugegangen.

---

1 *Wolf/Neuner* BGB AT § 37 Rn. 16.

Allein der Anruf der A bei H und das von H vernommene Klingeln des Telefons können nicht als Zugang der Annahmeerklärung gewertet werden. H rechnete zwar damit, dass das läutende Telefon eine Zusage der A ankündigte, er wusste aber nicht zweifelsfrei, ob der Anrufversuch von A stammte oder von einem anderen Kunden. A hatte sich ausdrücklich die Entscheidung offen gehalten. Der Anruf musste daher nicht von A stammen und deren Zusage enthalten.

c) Eine verspätet zugegangene Annahmeerklärung gilt jedoch nach § 149 BGB als rechtzeitig zugegangen, wenn sie so zeitig abgesendet worden ist, dass sie bei regelmäßiger Beförderung rechtzeitig zugegangen sein würde, der Empfänger (Anbietender) die rechtzeitige Absendung erkennen konnte und die Verspätung nicht unverzüglich nach Zugang der Erklärung dem Absender anzeigt. Der Anbietende muss demnach die Verspätung rügen, um sie geltend machen zu können. Allerdings erfasst § 149 BGB nur Annahmeerklärungen, die mittels eines Erklärungsträgers (Telegramm, Brief) transportiert werden, also die verkörperten Willenserklärungen unter Abwesenden (§ 130 I BGB), nicht die unter Anwesenden getätigten Äußerungen.

A hat H telefonisch ihre Annahme erklärt. Diese gilt gem. § 147 I 2 BGB als Erklärung unter Anwesenden, die nicht iSd § 149 BGB »befördert« wird.

d) H hat durch sein Verhalten verhindert, dass A ihm ihre Annahmeerklärung vor 16 Uhr mitteilen konnte. Eine Regelung zum Umgang mit einer treuwidrigen Verhinderung/Vereitelung eines Umstandes oder einer Voraussetzung durch eine Partei enthält § 162 I BGB (beruhend auf dem allgemeinen Grundsatz von Treu und Glauben, § 242 BGB[2]). Diese Norm greift unmittelbar nur ein, wenn der Eintritt einer Bedingung iSd § 158 BGB verhindert wird. Eine Bedingung im Sinne der Norm ist die einem Rechtsgeschäft hinzugefügte Nebenbestimmung, dass die Wirkungen des Rechtsgeschäfts von einem zukünftigen ungewissen Ereignis abhängig sein sollen (sog. echte Bedingung). Die Annahmeerklärung als solche bringt das Rechtsgeschäft jedoch erst zum Entstehen, sie ist damit nicht selbst einem bereits getätigten Rechtsgeschäft als Wirksamkeitsvoraussetzung beigefügt. Die Annahmeerklärung ist vielmehr Voraussetzung für das Zustandekommen eines Vertrages und damit eine sog. Rechtsbedingung. Solche sind keine Bedingungen iSd §§ 158, 162 BGB.[3] Allenfalls kann die – bindende – Annahme unter einer Bedingung erklärt werden, zB »ich verpflichte mich, den Pkw zu kaufen, wenn ich bis 16 Uhr das Geld geliehen bekomme«. Damit kann die Erklärung der A nicht gem. § 162 I BGB als rechtzeitig zugegangen gelten.

e) Aufgrund aufgenommener Vertragsverhandlungen und der Zusage des H, A könne das Angebot bis 16 Uhr telefonisch annehmen, bestand eine vorvertragliche Verpflichtung des H, alles zu unternehmen, damit A auf dem vereinbarten Wege dem H ihre Willenserklärung zukommen lassen konnte. Die Pflicht, alle Vorkehrungen zur Ermöglichung des rechtzeitigen Zuganges einer in Aussicht gestellten oder zu erwartenden Erklärung zu treffen, ist allgemein anerkannt. Verletzt der Adressat diese Verpflichtung, ist er – wenn dadurch der Zugang der Erklärung verhindert wird – dem Absender nach §§ 280 I, 311 II, 241 II BGB zum Schadensersatz verpflichtet. Diese Schadensersatzpflicht stellt den Berechtigten letztlich zwar so, wie er bei rechtzeitigem Zugang der Annahmeerklärung stehen würde. Mangels Zugangs der Willens-

---

2 Jauernig/*Mansel* § 162 Rn. 2.

3 Erman/*Armbrüster* § 162 Rn. 2.

erklärung (also wegen fehlender Vertragsannahme) kommt der vom Absender gewollte Vertrag jedoch nicht zustande. Der Zugang wird nicht fingiert, der Vertrag und Primärleistungspflichten entstehen nicht. Da H vor 16 Uhr nicht an das Telefon ging, konnte A ihre Annahme H gegenüber nicht erklären. Eine nicht getätigte Erklärung kann auf keinen Fall zugehen. Die von A ausgehenden Versuche, H vor 16 Uhr telefonisch zu erreichen, führen daher noch nicht zu einer fingierten Annahmeerklärung, die dem H als zugegangen gelten und zum Abschluss eines Vertrages führen könnte.

f) Aus § 149 BGB ergibt sich, dass nicht die Abgabe der Erklärung und deren Zugang, wohl aber die Rechtzeitigkeit des Zugangs fingiert werden kann. Verhindert der Empfänger nur diese, und erreicht eine Willenserklärung den Empfänger aufgrund eines in seiner Sphäre liegenden Umstandes verspätet oder wird sie nach Beseitigung der von dem Empfänger gesetzten Hindernisse unverzüglich oder verspätet nachgeholt, so bedarf es nicht eines Umweges über einen Schadensersatzanspruch aus §§ 280 I, 311 II, 241 II BGB und § 826 BGB iVm § 249 BGB. Aus § 242 BGB und seiner speziellen Ausgestaltung in § 162 BGB ergibt sich der allgemeine Rechtsgedanke, dass sich der Adressat nach Treu und Glauben nicht auf die Verspätung des Zuganges berufen darf, wenn er selbst durch sein Verhalten die Verspätung verursacht hat. Die Grundlage dieses Grundsatzes bilden § 242 BGB und § 162 I BGB in entsprechender Anwendung.

A hat kurz nach 16 Uhr ihre Annahme dem H erklärt. Nach den zuvor aufgeführten Grundsätzen darf sich H nicht darauf berufen, dass ihm diese Erklärung verspätet zugegangen ist. Er hatte seine Pflicht, der A den rechtzeitigen Zugang seiner Annahmeerklärung zu ermöglichen, schuldhaft (vorsätzlich) verletzt und kann sich nach Treu und Glauben (§§ 242, 162 I BGB analog) nicht auf die Verspätung der A berufen. Die Annahme gilt damit als rechtzeitig zugegangen. Es liegt eine wirksame Annahme des von H getätigten Angebotes durch A vor und damit ein wirksamer Kaufvertrag zwischen A und H.

3. Ergebnis: A kann von H nach § 433 I BGB Übergabe und Übereignung des Pkw verlangen.

II. Schadensersatzansprüche des A gegen H aus §§ 280 I, 311 II, 241 II BGB bzw. § 826 BGB wegen Vereitelung des rechtzeitigen Zuganges der Annahmeerklärung wären allein darauf gerichtet, A so zu stellen, als wäre ihre Erklärung dem H rechtzeitig zugegangen und der Kaufvertrag zustande gekommen.

Ein durch einen verspäteten Zugang der Annahmeerklärung begründeter Schaden ist A jedoch nicht entstanden. Da sich H gem. §§ 242, 162 I BGB analog nicht auf die Verspätung berufen darf, gilt die Annahmeerklärung als rechtzeitig zugegangen. Weil ein wirksamer Kaufvertrag zwischen A und H abgeschlossen worden ist, ist A in derselben rechtlichen Position, als wäre H vor 16 Uhr an das Telefon gegangen und hätte seine vorvertragliche Verpflichtung nicht verletzt. Mangels eines Schadens hat A gegen H keine Schadensersatzansprüche.

! **Zur Vertiefung:** *Coester-Waltjen,* Das Wirksamwerden empfangsbedürftiger verkörperter Willenserklärungen, JURA 1992, 272; *Coester-Waltjen,* Einige Probleme des Wirksamwerdens empfangsbedürftiger Willenserklärungen, JURA 1992, 441; *Dilcher,* Der Zugang von Willenserklärungen, AcP 154 (1955), 120, insbesondere 128 ff.; *Eisenhardt,* Zum subjektiven Tatbestand der Willenserklärung, JZ

1986, 875; *Franzen*, Zugang und Zugangshindernisse bei eingeschriebenen Briefsendungen, JuS 1999, 429; *Haas*, Das Wirksamwerden von Willenserklärungen, JA 1997, 116; *Horn*, Culpa in contrahendo, JuS 1995, 377; *Lorenz*, Grundwissen – Zivilrecht: Culpa in contrahendo (§ 311 II, III BGB), JuS 2015, 398; *Sundermann*, Der Zugang der Willenserklärung, JuS-Lernbogen 1989, L 57; zur Zugangsverhinderung: BGHZ 67, 271 = NJW 1977, 194; BGH NJW 1983, 929; *Petersen*, Der Tatbestand der Willenserklärung, JURA 2006, 178; *Volp/Schimmel*, § 149 BGB – eine klare und einfache Regelung?, JuS 2007, 899; *Weiler*, Der Zugang von Willenserklärungen, JuS 2005, 788.

6. Fall: Der verlorene Geldschein

Sachverhalt

Die fünfjährige T bittet ihren Vater V, ihr eine bestimmte Puppe, die sie für 20 EUR im Schaufenster eines Spielwarengeschäftes des ihnen bekannten S gesehen hatte, zu kaufen. V verspricht, mit ihr in das Geschäft zu gehen, um die Puppe zu erwerben. Als er sein Versprechen wahr machen will, ist er in Zeitnot. Er gibt daher der T zwei 10 EUR-Scheine und sagt, sie solle sich die Puppe selber besorgen. S kenne ihn ja und werde ihr die Puppe geben.

T geht daraufhin in den Laden des S, sagt ihm, ihr Vater V habe ihr die in der Auslage stehende bestimmte Puppe für 20 EUR kaufen wollen, sei aber verhindert und habe sie geschickt, die Puppe zu kaufen. S übergibt der T die Puppe. Als diese dem S das Geld übergeben will, stellt sich heraus, dass sie einen 10 EUR-Schein verloren hat. Sie bezahlt daher nur 10 EUR. Den Restkaufpreis fordert S von V, der die Zahlung mit dem Hinweis verweigert, seine Tochter solle lernen, aufzupassen. Aus erzieherischen Gründen solle T deshalb auf die Puppe verzichten. S will die Puppe, da T schon damit gespielt hat, nicht zurücknehmen.

Hat S gegen V einen Anspruch auf Zahlung des Restkaufpreises iHv 10 EUR?

Lösungsvorschlag

I. Ein Anspruch des S gegen V auf Zahlung des Restkaufpreises von 10 EUR ergibt sich aus **§ 433 II BGB**, sofern zwischen den Parteien ein **Kaufvertrag** zustande gekommen ist, der die Verpflichtung des V enthält, an S den Kaufpreis von 20 EUR für die Puppe zu zahlen. Ein solcher Kaufvertrag kommt durch Angebot und Annahme seitens der Beteiligten zustande.

1. Das **Angebot** zum Abschluss eines Kaufvertrages liegt noch nicht in dem Ausstellen der Puppe mit Preisbezeichnung im Schaufenster. Es handelt sich hierbei lediglich um eine Aufforderung an den Betrachter, ein Kaufangebot abzugeben (invitatio ad offerendum). S hat dem V somit noch kein Angebot iSd § 145 BGB gemacht.

a) V hat mit S persönlich keinen geschäftlichen Kontakt im Hinblick auf den Puppenkauf gehabt und dem S gegenüber keinen Kaufwunsch geäußert. Ein Kaufangebot seinerseits kann nur durch die Tochter T erfolgt sein. Diese hat dem S gegenüber erklärt, die im Schaufenster ausgestellte Puppe für 20 EUR erwerben zu wollen. Diese Erklärung erfüllt alle Voraussetzungen für ein Kaufvertragsangebot: Es enthält den Kaufgegenstand und den Kaufpreis sowie den Rechtsbindungswillen, durch Annahme des Angebotes seitens des S einen Kaufvertrag und die darauf beruhende Zahlungspflicht begründen zu wollen.

aa) S verlangt Zahlung von V. Da das tatsächliche Angebot zum Abschluss des Kaufvertrages von T getätigt worden ist, fragt es sich, ob diese oder V Vertragspartner des S werden, dh wen die Bindungswirkung des Vertragsangebotes treffen sollte.

T hat erklärt, dass an sich ihr Vater selber zu S kommen und den Vertrag schließen wollte, sie nun an seiner Stelle die Erklärung für diesen abgebe. Erkennbar sollte damit nicht T, sondern V Vertragspartner des S sein. Die Bindungswirkung des § 145 BGB sollte V, nicht T treffen. Indem Letztere nicht erklärt hat, sie selber wolle den Vertrag schließen, sondern ihr Vater, hat sie nicht im eigenen Namen gehandelt. Dass S diese Erklärung auch so verstanden hat und V, nicht die minderjährige T für seinen potentiellen Vertragspartner hielt, ergibt sich aus dem Umstand, dass er sich nicht vor Übergabe der Puppe davon überzeugte, ob T in der Lage war, den Kaufpreis zu begleichen. Ihm war V bekannt und vertrauenswürdig (kreditwürdig), ihn hielt er für seinen Vertragspartner. T hat somit das Angebot zum Abschluss eines Kaufvertrages mit Bindungswirkung für ihren Vater abgegeben. Diese Erklärung gilt also als eine solche im Namen des V und führt zu seiner Verpflichtung aus einem Kaufvertrag, wenn er sich die Erklärung der T als eigene zurechnen lassen muss.

bb) Die von einer anderen Person abgegebene Willenserklärung muss sich jemand als eigene zurechnen lassen, wenn der tatsächlich Erklärende als sein Bote oder Stellvertreter gehandelt hat, § 164 BGB. Gemäß § 165 BGB kann Stellvertretung nicht durch eine geschäftsunfähige Person erfolgen, sondern allein durch einen voll- oder beschränkt Geschäftsfähigen. Hintergrund dieser Regelung ist, dass der Stellvertreter eine eigene Willenserklärung abgibt, auf welche die §§ 104 ff. BGB Anwendung finden. T war als Fünfjährige geschäftsunfähig, § 104 Nr. 1 BGB. Hätte sie als Stellvertreterin des V gehandelt, wäre ihre Willenserklärung unwirksam und könnte V nicht gem. § 164 BGB zugerechnet werden. Ein Angebot des V zum Abschluss eines Kaufvertrages läge daher nur vor, wäre T als Botin des V aufgetreten. Der Bote gibt ausschließlich eine fremde Willenserklärung weiter. Diese Wiedergabe ist ein Realakt, auf den die §§ 104 ff. BGB keine Anwendung finden. Die Geschäftsunfähigkeit des Boten steht der Wirksamkeit einer Willenserklärung nicht entgegen.[1]

Es ist daher zu prüfen, ob T als Botin auftrat und ihre Erklärung dem V als dessen eigene zuzurechnen ist. Handelte sie als Stellvertreterin, liegt kein dem V zurechenbares Vertragsangebot vor.

cc) Der Bote ist im BGB nicht geregelt, aber in § 120 BGB angedeutet. Begriff und Dogmatik sind in Abgrenzung zur Stellvertretung zu entwickeln. Bote ist, wer eine fremde Erklärung überbringt, ohne selbst rechtsgeschäftlich zu handeln. Dagegen gibt der Stellvertreter eine eigene Willenserklärung im Namen des Vertretenen ab. Typischerweise ist also dem Vertreter ein gewisses Maß an Entscheidungsfreiheit über das »Ob« und »Wie« des Geschäftsabschlusses überlassen, während der Bote keinerlei Entschließungsfreiheit besitzt. Er überbringt lediglich die Erklärung eines anderen, ist dessen Sprachrohr. Vergleichbar dem Überbringer einer verkörperten Willenserklärung überbringt der Bote eine nicht verkörperte. Für einen Einfluss des Boten auf den Inhalt der Erklärung ist damit kein Raum.[2]

V hat T die Geldscheine mit der Weisung übergeben, eine bestimmte Puppe zum festgelegten Preis zu kaufen. T hatte insoweit keine Entschließungsfreiheit. Es ist allerdings anerkannt und entspricht dem rechtsgeschäftlichen Verkehr, dass auch einem Vertreter bestimmte Weisungen über den Inhalt des abzuschließenden Geschäfts gegeben werden können, die sogar derart eng ausgestaltet sein kann, dass dem Stellvertreter kein eigener Entscheidungsspielraum verbleibt, sog. Stellvertreter mit gebundener Marschroute.[3] In solchen Fällen ist die Abgrenzung zwischen Bote und Stellvertreter schwierig. Entscheidend ist, dass der Stellvertreter auch in Weisungsfällen eine eigene Willenserklärung abgibt, damit bei der Gestaltung des Geschäftes seinen eigenen Willen zur Geltung bringt.[4] Weiterhin erfolgt die Abgrenzung nach dem Auftreten der Hilfsperson, unter Berücksichtigung aller Begleitumstände.

Eine Minderheitsmeinung stellt zur Abgrenzung hingegen auf das Innenverhältnis zwischen Geschäftsherrn und Hilfsperson ab. Es komme darauf an, wie letztere handeln sollte, ob ihr im Innenverhältnis Raum für eigene Willensbildung verbleibe, dann Stellvertretung, falls nicht, dann Botenstellung. Nach dieser Ansicht ist ein durch eine als Boten auftretende Person abgeschlossenes Rechtsgeschäft nach den Vorschriften der §§ 164 ff. BGB zu beurteilen, wenn der Handelnde im Innenverhältnis als Vertreter ermächtigt worden ist, obwohl dies dem Geschäftspartner (dem Dritten) nicht erkennbar war.

Das rechtsgeschäftliche Handeln richtet sich stets an den Adressaten der von der Hilfsperson abgegebenen Erklärung. Er muss wissen, wie er die Stellung der Hilfs-

1 **Merksatz:** »Ist das Kind auch noch so klein, kann es dennoch Bote sein«.

2 **Hinweis:** Die Unterscheidung erlangt Bedeutung etwa bei Formerfordernissen des Rechtsgeschäfts. Bei der Stellvertretung muss die Erklärung des Vertreters der Form genügen, bei der Botenerklärung hingegen die Erklärung des Geschäftsherrn. Ebenso ist sie für Willensmängel und die Wissenszurechnung (§ 166 BGB) von Bedeutung, *Wolf/Neuner* BGB AT § 49 Rn. 15.

3 Staudinger/*Schilken*, 2014, Vor § 164 Rn. 84.

4 Dessen Entscheidungsfreiheit muss damit über die bloße Art und Weise bzw. Stilistik der Erklärung hinausgehen.

person beurteilen und werten darf. Ein Grundelement der Rechtsordnung ist der Verkehrsschutz und die Bewertung einer Willenserklärung aus der Sicht des Empfängers. Dieser hat in das Innenverhältnis des Geschäftsherrn zur Hilfsperson keinen Einblick. Es ist vielmehr der Geschäftsherr, der die Hilfsperson aussucht und ihre Rechtsstellung bestimmt. Er muss daher auch dafür sorgen, dass die Hilfsperson abredegemäß im Außenverhältnis auftritt. Dies kann der Geschäftsherr durch deren sorgfältige Auswahl und Überwachung beeinflussen. Stellvertretendes Handeln setzt eine Wirkung nach außen voraus. Diese Wirkung kann damit als einzige Richtschnur für die Rechtsstellung der Hilfsperson herangezogen werden. Es ist somit allein auf das Auftreten der Hilfsperson gegenüber dem Geschäftspartner, auf das Außenverhältnis, abzustellen, ob die Hilfsperson äußerlich eigene Entscheidungsfreiheit oder völlige Gebundenheit gezeigt hat.

dd) S weiß, dass T die Tochter des V und geschäftsunfähig ist und damit weder eine eigene Erklärung abgeben kann, noch selbstständige Entscheidungsfreiheit vom Vater erhalten haben dürfte. Bei Fünfjährigen entscheiden die Eltern noch allein über den Ankauf von Spielsachen. Ein Kind wird in der Regel noch nicht für fähig gehalten, selbstständige Erklärungen abzugeben und den Inhalt eines Vertrages zu bestimmen. Die Erklärung der T verdeutlicht zudem einen genauen Auftrag, eine bestimmte Puppe für 20 EUR zu erwerben, ohne über weitere Einzelheiten entscheiden zu dürfen. T hat dem S gesagt, dass V eigentlich selber zu ihm kommen und die Kauferklärung abgeben wollte. Diese Erklärung wäre inhaltlich – ja fast wörtlich – nicht anders ausgefallen als die Erklärung der T. T stellt sich S daher lediglich als Überbringerin der von V nicht selbst dem S gegenüber ausgesprochenen Erklärung dar. Mit der Wiedergabe des väterlichen Kaufwunsches verdeutlicht T völlige Gebundenheit an den Auftrag des V. Sie ist damit Botin und hat lediglich eine Erklärung des V überbracht. Ihre Geschäftsunfähigkeit steht der Wirksamkeit der von V abgegebenen Kaufofferte somit nicht entgegen.

b) Das von T erklärte Kaufangebot ist ein solches des V. Er hat S gegenüber wirksam ein Angebot zum Abschluss eines Kaufvertrages iSd §§ 145, 433 BGB abgegeben.

2. Die **Annahme des Angebotes** gegenüber T als Empfangsbotin durch S liegt in der Übergabe der Puppe. Dieses Verhalten kann allein als Einverständnis mit dem Vertragsangebot des V gewertet werden, die Puppe für 20 EUR an diesen zu verkaufen.

3. Ergebnis: Mit der Annahmeerklärung des S ist zwischen ihm und V ein Kaufvertrag zustande gekommen, welcher V zur Zahlung des vereinbarten Kaufpreises iHv 20 EUR verpflichtet. Durch Zahlung der 10 EUR ist dieser Anspruch des S gem. § 362 I BGB teilweise erloschen. Es besteht ein Restanspruch von 10 EUR gegen V gem. § 433 II BGB.

II. Schadensersatzansprüche des S bestehen nicht. Er hat einen Anspruch auf Vertragserfüllung, ihm ist somit kein Schaden entstanden.

Zur Vertiefung: *Bartels*, Die Bestimmung der Vertragssubjekte und der Offenheitsgrundsatz des Stellvertretungsrechts, JURA 2015, 438; *Beuthien*, Zur Theorie der Stellvertretung im Bürgerlichen Recht, FS Medicus, 1999, 1; *Chiusi*, Geschäftsfähigkeit im Recht der Stellvertretung, JURA 2005, 532; *Giesen-Hegermann*, Die Stellvertretung, JURA 1991, 357; *Hoffmann*, Grundfälle zum Recht der Stellvertretung, JuS 1970, 179 (234, 286, 451, 570); *Hueck*, Bote – Stellvertreter im Willen – Stellvertreter in der Erklärung, AcP 142 (1936), 432; *Lorenz,* Grundwissen – Zivilrecht: Stellvertretung, JuS 2010, 382; *Lorenz,* Grundwissen-Zivilrecht: Die Vollmacht, JuS 2010, 771; *Lüderitz*, Prinzipien des Vertretungsrechts, JuS 1976, 765; *Mock*, Grundfälle zum Stellvertretungsrecht, JuS 2008, 309; *Ostheim*, Probleme bei Vertretung durch Geschäftsunfähige, AcP 169 (1969), 193; *Petersen*, Stellvertretung und Botenschaft, JURA 2009, 904; *Schmidt*, Offene Stellvertretung. Der »Offenkundigkeitsgrundsatz« als Teil der allgemeinen Rechtsgeschäftslehre, JuS 1987, 425; *Staudinger/Steinrötter*, Minderjährige im Zivilrecht, JuS 2012, 97.

7. Fall: Die Zigaretten auf Vaters Rechnung

Sachverhalt

Herr Qualm (Q) bezieht seine Zigarren regelmäßig von dem Tabakwarenhändler T. Seine Einkäufe werden angeschrieben und am Ende eines jeden Monats von ihm bezahlt. Gelegentlich schickt Q seinen siebzehnjährigen Sohn S, um die von ihm (Q) benötigten Zigarren zu kaufen. Dabei hatte Q lediglich seine Geschmacksrichtung und die ungefähre Preisgrenze sowie die Menge festgelegt, es dem S aber überlassen, das Fabrikat und den endgültigen Preis zu bestimmen.

Um seinen Freunden zu imponieren, lässt sich S eines Tages von T neben den vom Vater gewünschten Zigarren 10 Packungen Zigaretten aushändigen. Auf Wunsch des S setzt T den Kaufpreis auf die monatliche Rechnung, obwohl Q bisher nie Zigaretten geraucht und bei T gekauft hatte. Da S sich von seinem Taschengeld die Zigaretten nicht kaufen konnte und wollte, war dies für ihn der einzige Weg, um an die Zigaretten zu gelangen. S raucht die von T erhaltenen Zigaretten zusammen mit seinen Freunden.

Als T dem Q die monatliche Rechnung präsentiert, weigert sich dieser, den mitaufgeführten Betrag für die Zigaretten iHv 62 EUR zu begleichen. Diese Zigaretten waren dem T von dem Großhändler G unter Eigentumsvorbehalt geliefert worden. T sollte die Rechnung des G erst nach Verkauf der Ware bezahlen.

Kann T von S oder Q Zahlung der 62 EUR verlangen?

Lösungsvorschlag

A. Ansprüche des T gegen Q

I. T könnte von Q Zahlung des Kaufpreises für die Zigaretten iHv 62 EUR nach **§ 433 II BGB** verlangen, wenn zwischen T und Q ein **Kaufvertrag** iSd § 433 BGB zustande gekommen ist.

Voraussetzung für den Bestand der sich aus dem Kaufvertrag ergebenden Zahlungspflicht des Q sind entsprechende Willenserklärungen der Parteien in Form von Angebot und Annahme iSd §§ 145 ff., 433 BGB.

1. Ein **Angebot** des Q zum Abschluss eines Kaufvertrages erfordert die Äußerung seines Willens, 10 Packungen Zigaretten zum Preis von 62 EUR erwerben zu wollen.

Eine solche Erklärung wurde von Q dem T gegenüber nicht persönlich abgegeben, sondern von S. Letzterer hat mit der Bitte, den Kaufpreis auf die monatliche Rechnung seines Vaters zu setzen, zu erkennen gegeben, dass nicht er selbst, sondern sein Vater Partei des Kaufvertrages sein sollte, das Vertragsangebot damit nicht als ein solches des S, sondern des Q anzusehen ist. Eine derartige Zurechnung der von S getätigten Erklärungen zugunsten und zulasten des Q ist nur möglich, wenn S eine Erklärung des Q als **Bote** überbracht oder als dessen **Stellvertreter** gem. § 164 BGB gehandelt hat.

a) S hat bezüglich der Zigaretten weder von seinem Vater den Auftrag erhalten, eine bestimmte festgelegte Erklärung ohne Änderung dem T zu überbringen, noch hat er T gegenüber sich so aufgeführt, als übermittele er lediglich einen Wunsch des Q. Sowohl im Innen- als im Außenverhältnis stellt sich S nicht als Sprachrohr seines Vaters dar. Es braucht somit nicht darauf eingegangen zu werden, aus welcher Sicht die Abgrenzung zwischen Boten und Stellvertretung vorzunehmen ist.[1] S hatte schon bei vorherigen Geschäften des Q mit T die Möglichkeit, auf die Gestaltung der einzelnen Kaufverträge bezüglich des Preises, der Menge und der Zigarrensorten nach seinem Willen Einfluss zu nehmen. Dies steht einer Botenstellung entgegen. S hat kein Angebot seines Vaters überbracht, sondern eine **eigene Willenserklärung** abgegeben.

b) Die Wirkung der von S abgegebenen Willenserklärung kann gem. § 164 I 1 BGB für und gegen Q eintreten, wenn S als Stellvertreter seines Vaters innerhalb einer ihm zustehenden **Vertretungsmacht** gehandelt hat. Die beschränkte Geschäftsfähigkeit des S steht einer Vertretung nicht entgegen, § 165 BGB.

aa) Voraussetzung für eine wirksame Stellvertretung ist ein Handeln des S im Namen seines Vaters. Der Stellvertreter darf nicht im eigenen, sondern muss im **Namen des Vertretenen** handeln, § 164 I 2 BGB. Dieses Merkmal des § 164 BGB, das sog. Offenkundigkeitsprinzip, hat den Sinn, dem Dritten zu offenbaren, wer sein Vertragspartner ist. Dass dies nicht die handelnde, sondern eine andere Person ist, muss der Erklärende dem Adressaten der Erklärung zu erkennen geben. Ein ausdrücklicher

---

1 Dazu 6. Fall I. 1a.

Hinweis, für einen anderen zu handeln, ist dabei nicht erforderlich, diese Tatsache muss dem Erklärungsempfänger aus den Umständen erkennbar sein.[2]

S ließ den Kaufpreis für die Zigaretten auf die monatliche Rechnung zulasten seines Vaters setzen. Damit gibt S zu erkennen, dass nicht er selbst, sondern sein Vater aus dem Rechtsgeschäft verpflichtet, dh Vertragspartner des T sein soll. S handelte im Namen des Q.

bb) Als weitere Voraussetzung des § 164 I 1 BGB muss S innerhalb der ihm zustehenden **Vertretungsmacht** gehandelt haben, dh er muss berechtigt gewesen sein, für seinen Vater den Kaufvertrag über die Zigaretten abzuschließen.

Vertretungsmacht kann auf gesetzlicher Vorschrift (gesetzlicher Vertreter) beruhen oder durch Rechtsgeschäft erteilt werden (Vollmacht, § 166 II 1 BGB). Da ein Sohn keine gesetzliche Vertretungsmacht für seinen Vater besitzt, kann S allein aufgrund rechtsgeschäftlich bestellter Vertretungsmacht berechtigt gewesen sein, das Vertragsangebot mit Wirkung für und gegen Q zu erklären. Gemäß § 167 BGB erfolgt die Vollmachtserteilung durch Erklärung des Vertretenen gegenüber dem zu Bevollmächtigenden (Innenvollmacht) oder dem Dritten, dem gegenüber sich der Vertretene vertreten lassen will (Außenvollmacht). Eine dem S von seinem Vater erteilte Vollmacht müsste daher S oder T gegenüber erklärt worden sein. Diese Vollmachtserteilung ist eine empfangsbedürftige Willenserklärung,[3] die nach § 167 II BGB nicht formgebunden ist.

Q hat weder dem T noch S gegenüber eine ausdrückliche Ermächtigung dahingehend erklärt, sich beim Abschluss des Kaufvertrages über zehn Packungen Zigaretten von S vertreten zu lassen. Zwar hatte Q seinen Sohn bereits vorher mehrmals zum Kauf von Zigarren bevollmächtigt. Bei dem Anspruch des T über 62 EUR geht es aber um den Kauf der Zigaretten und die Bevollmächtigung des S zu diesem Geschäft. Die gelegentliche Ermächtigung, seinen Vater beim Kauf von Zigarren zu vertreten, begründet keine Dauervollmacht des S, die sich auch auf den Zigarettenkauf erstrecken würde. Also hat Q den S auch nicht konkludent zum Kauf der Zigaretten bevollmächtigt. Q wusste nichts von dem Zigarettenkauf und hat weder S noch dem T gegenüber zu erkennen gegeben, dass er durch seinen Sohn Zigaretten kaufen wolle.

Vertretungsmacht kann ferner durch die allgemein anerkannte sog. **Duldungsvollmacht**[4] begründet werden. Eine solche liegt vor, wenn der Vertretene (positiv) weiß, dass jemand als sein Vertreter auftritt und dies duldet, wobei der Geschäftsgegner nach Treu und Glauben und unter Rücksicht auf die Verkehrssitte auf eine Bevollmächtigung schließen darf.[5] Bisher hatte S stets nur Zigarren nach Weisung gekauft. Q hatte keine positive Kenntnis von dem Fehlverhalten seines Sohnes. Eine Duldungsvollmacht liegt nicht vor. S hatte keine Vollmacht bei Abgabe des Kaufangebotes im Namen seines Vaters.

---

2 *Grunewald*, Bürgerliches Recht, 9. Aufl. 2014, Rn. 704.
3 Staudinger/*Schilken*, 2014, § 167 Rn. 12.
4 Streitig ist lediglich die rechtliche Einordnung der Duldungsvollmacht, dazu *Werner/Neureither* 22 Probleme BGB AT 14. Problem.
5 BGH JR 1976, 281; *Diederichsen* JURA 1969, 83.

cc) Trotz fehlender Bevollmächtigung und trotz fehlender Kenntnis des angeblich Vertretenen gelangen die Rechtsprechung und Teile der Literatur über das Institut der sog. **Anscheinsvollmacht** zu den Wirkungen des § 164 BGB. Eine solche Anscheinsvollmacht begründe eine Rechtsscheinhaftung, die den Dritten in seinem berechtigten Vertrauen auf die Vertretungsmacht schützen soll, weil der »Vertretene« bei Beachtung der erforderlichen Sorgfalt das Verhalten des für ihn Handelnden hätte erkennen und verhindern können. Eine Anscheinsvollmacht soll bestehen, wenn jemand, ohne bevollmächtigt zu sein, als Vertreter eines anderen auftritt, der das Verhalten des angeblichen Vertreters zwar nicht kennt, aber bei pflichtgemäßer Sorgfalt hätte kennen und verhindern können. Zudem muss der Geschäftsgegner nach den Umständen und den unter den Parteien herrschenden Verkehrsauffassungen auf eine Bevollmächtigung (Kenntnis und Billigung des Vertretenen) schließen dürfen.[6] Auf die Streitfrage, ob diese Voraussetzungen eine Vollmacht insoweit begründen, als sich der Vertretene auf den Mangel der Vertretungsmacht seines angeblichen Vertreters nicht berufen dürfe, braucht nur eingegangen zu werden,[7] wenn die von der dies bejahenden Ansicht aufgestellten Voraussetzungen gegeben sind.

Da Q seinen Sohn schon mehrfach zu Einkäufen bei T ermächtigt hatte, mag zwar der äußere Anschein für eine Bevollmächtigung des S sprechen. Q hatte aber nicht die Möglichkeit, den Zigarettenkauf zu verhindern. Denn er hatte nicht damit rechnen und entsprechende Vorkehrungen dagegen treffen können. Entscheidend gegen das Vorliegen einer Anscheinsvollmacht spricht jedoch, dass sich aus der Sicht des T das Verhalten des S nicht so darstellt, als hätte er von seinem Vater Vollmacht zum Kauf der Zigaretten erhalten bzw. dass Q von dem Verhalten seines Sohnes hätte wissen können und müssen. Da Q nie Zigaretten bei T gekauft hat, war dieser Anscheinstatbestand nicht gegeben. T war nicht berechtigt zu glauben, Q habe seinen Sohn zum Kauf der Zigaretten ermächtigt. Liegen die Voraussetzungen für die sog. Anscheinsvollmacht nicht vor, braucht auf die Zulässigkeit dieses Rechtsinstitutes nicht mehr eingegangen werden.

dd) Wegen fehlender Vertretungsmacht des S, das Kaufangebot mit Wirkung für und gegen seinen Vater zu erklären, sind die Voraussetzungen des § 164 I 1 BGB nicht gegeben. Die Willenserklärung des S wirkt nicht für und gegen Q.

c) S hatte die Erklärung im Namen des Q ohne Vertretungsmacht abgegeben. Das Angebot ist gem. § 177 I BGB **schwebend unwirksam** und kann nur durch Genehmigung des Q Wirksamkeit erlangen, §§ 184 I, 182 I BGB. Q hat mit der Zahlungsverweigerung die Genehmigung abgelehnt. Das Vertragsangebot ist damit endgültig unwirksam.

2. Ergebnis: Mangels Vertretungsmacht konnte S kein Vertragsangebot für seinen Vater abgeben. Ein Kaufvertrag zwischen Q und T ist nicht geschlossen worden. Ein Anspruch des T auf Zahlung von 62 EUR gem. § 433 II BGB ist gegen Q nicht entstanden.

II. T könnte gegen Q einen **Schadensersatzanspruch** gem. §§ 280 I, 311 II, 241 II BGB **(culpa in contrahendo)** haben.

6 BGH JR 1976, 281 (282); *Diederichsen* JURA 1969, 83; *Giesen*, BGB AT: Rechtsgeschäftslehre, 2. Aufl. 1995, Rn. 421.

7 Zur Streitfrage 8. Fall I.

1. Das Institut der c.i.c. (Verschulden bei Vertragsschluss) ist in § 311 II, III BGB geregelt.[8] Damit soll der Schutz des dem eigentlichen Vertragsschluss vorhergehenden und begleitenden Vertrauensverhältnisses zwischen den Parteien gewährleistet werden.[9]

2. Erste Voraussetzung für einen Schadensersatzanspruch aus § 280 I BGB ist das Bestehen eines Schuldverhältnisses. Einen Vertrag iSv § 311 I BGB haben T und Q nicht abgeschlossen.

Es könnte aber ein vorvertragliches Schuldverhältnis gem. § 311 II Nr. 1–3 BGB zwischen T und Q zustande gekommen sein.

Zwischen beiden bestand aufgrund der zahlreichen und regelmäßigen Kaufverträge eine dauernde Geschäftsverbindung. Diese stellt einen geschäftlichen Kontakt iSd § 311 II Nr. 3 BGB dar, sodass ein vorvertragliches Schuldverhältnis gegeben ist.[10]

3. Weiterhin muss der Q eine Pflicht nach § 241 II BGB verletzt haben. Welche konkreten Pflichten dies sind, ergibt sich aus dem Inhalt des Schuldverhältnisses selbst. Erfasst werden namentlich Schutz-, Aufklärungs-, Obhuts- und Sorgfaltspflichten für alle Rechtsgüter des anderen. Eine Verletzung derartiger Pflichten gegenüber T ist dem Q jedoch nicht vorzuwerfen. Q war, was T wusste, nur Zigarrenraucher. Es bestand daher keine zusätzliche Aufklärungspflicht des Q dahingehend, dass sein Sohn nur zum Kauf von Zigarren, nicht aber zum Kauf von Zigaretten bevollmächtigt war. Ein Anspruch aus §§ 280 I, 311 II, 241 II BGB muss daher scheitern.

4. Ergebnis: Ein Anspruch des T gegen Q aus §§ 280 I, 311 II, 241 II BGB ist nicht begründet.

B. Ansprüche des T gegen S

I. T könnte einen Zahlungsanspruch über 62 EUR gegen S gem. **§ 433 II BGB** haben, wenn zwischen ihnen ein **Kaufvertrag** zustande gekommen ist, der S zur Zahlung des vereinbarten Kaufpreises verpflichtet.

1. Ein **Angebot** zum Abschluss eines Kaufvertrages ist tatsächlich von S abgegeben worden.[11] Jedoch hat S die Willenserklärung im Namen des Q getätigt und damit deutlich zum Ausdruck gebracht, nicht er selbst, sondern sein Vater solle als Käufer verpflichtet werden. Das Angebot war daher nicht auf einen Kaufvertrag zwischen ihm selbst und T gerichtet. Ein Vertrag zwischen T und S konnte dadurch nicht begründet werden.

2. Ergebnis: Zwischen T und S besteht kein Kaufvertrag. S ist nicht aus § 433 II BGB verpflichtet, an T 62 EUR zu zahlen.

---

8 **Hinweis:** Dieses als gewohnheitsrechtlich anerkannte Institut hat durch das Schuldrechtsmodernisierungsgesetz eine ausdrückliche Regelung erhalten. Eine inhaltliche Neugestaltung wurde nicht beabsichtigt, sodass weiterhin die davor ergangene Rechtsprechung und Literatur von Bedeutung und bei Auslegung der §§ 313 II und III BGB zu berücksichtigen ist (Fixierung der bisherigen Rechtslage); Begr RegE BT-Drs. 14/6040, 161 ff.; Erman/*Kindl* § 313 Rn. 16.

9 *Diederichsen* BGB AT Rn. 194; *Wolf/Neuner* BGB AT § 36 Rn. 17 ff. Eingehend zu den vorvertraglichen Stadien Fall 15.

10 Vgl. Palandt/*Grüneberg* § 311 Rn. 24.

11 Vgl. A. I. 1.

II. T kann von S gem. **§ 179 I BGB** Zahlung der 62 EUR verlangen, wenn S als Vertreter ohne Vertretungsmacht den Vertrag mit T geschlossen und Q diesen Vertrag nicht genehmigt hat.

1. Vertretung ohne Vertretungsmacht erfordert rechtsgeschäftliches Handeln im Namen eines anderen, ohne dafür Vertretungsmacht zu haben. S hat, ohne von Q bevollmächtigt zu sein, in dessen Namen das Vertragsangebot abgegeben.[12] Der angeblich vertretene Q hat die Genehmigung dieses schwebend unwirksamen Geschäftes verweigert.[13] Damit sind die Voraussetzungen des § 179 I BGB erfüllt.

2. Der Vertreter ohne Vertretungsmacht haftet demjenigen, dem gegenüber er bei der Willenserklärung seine Vertretungsmacht behauptet hat, auf **Erfüllung des Vertrages** (Ersatz des Erfüllungsinteresses) und richtet sich auf Geldersatz. Das gesetzliche Schuldverhältnis aus § 179 I BGB begründet eine Haftung des Vertreters ohne Vertretungsmacht in dem Umfang, wie der Vertretene bei bestehender Vertretungsmacht dem Dritten gegenüber aus dem beabsichtigten Vertrag verpflichtet gewesen wäre. Wie Q bei wirksamem Kaufvertrag verpflichtet wäre, an T 62 EUR als Kaufpreis zu bezahlen, begründet § 179 I BGB einen Anspruch des T gegen S auf Zahlung dieses Betrages.

3. Eine Haftung des S gegenüber T wäre jedoch gem. §§ 179 III 1 BGB ausgeschlossen, wenn T die Tatsache, aus denen sich die fehlende Vertretungsmacht des S ergab, kannte oder kennen musste, iSd § 122 II BGB, dh infolge Fahrlässigkeit nicht kannte.

Ein Fehlen der Vertretungsmacht ergibt sich noch nicht aus dem Umstand, dass Q sonst nur Zigarren, nicht aber Zigaretten gekauft hat. In § 179 III 1 BGB sind nur die Umstände zu berücksichtigen, die unmittelbar die Erteilung der Vertretungsmacht betreffen. Umstände, aus denen eine entsprechende Kenntnis bzw. ein Kennenmüssen des T zu schließen wäre, sind nicht gegeben. Die Haftung des S entfällt nicht gem. § 179 III 1 BGB.

4. Eine Haftung des S entfällt jedoch nach § 179 III 2 BGB. S ist gem. § 106 BGB als Minderjähriger in der Geschäftsfähigkeit beschränkt.[14]

III. Es kommt auch ein Anspruch aus §§ 280 I, 311 II, 241 II BGB in Betracht. Es lässt sich einerseits vertreten, dass die allgemeine Regelung der culpa in contrahendo gegenüber dem Spezialfall eines Verschuldens bei Vertragsschluss gem. § 179 I BGB subsidiär ist. Wenn man dies verneint, so ist es jedoch andererseits notwendig, zur Vermeidung einer Umgehung des § 179 III 2 BGB (Minderjährigenschutz), diese Vorschrift analog anzuwenden. Ein Anspruch gegen S aus §§ 280 I, 311 II, 241 II BGB ist jedenfalls nicht gegeben.

IV. Ansprüche aus dem **Eigentümer-Besitzer-Verhältnis** gem. §§ 989 ff. BGB können nicht gegeben sein. T war, da er die Zigaretten selber auf Eigentumsvorbehalt erworben hatte, nicht Eigentümer der dem S übergebenen Ware. Sein Eigentum bzw. sein Anspruch auf Herausgabe (§ 985 BGB) kann damit nicht verletzt worden sein.

12 Vgl. A. I. 1b.

13 Vgl. A. I. 2.

14 **Hinweis:** Eine Genehmigung des gesetzlichen Vertreters ist nicht gegeben. Diese Ausnahme des § 179 III 2 BGB ist zudem nur dann von Bedeutung, wenn der beschränkt Geschäftsfähige nicht im Namen seines gesetzlichen Vertreters handelt.

V. T könnte gegen S einen Anspruch aus **ungerechtfertigter Bereicherung** gem. § 812 I 1 Alt. 1 BGB haben.

1. T hat S den Besitz an den Zigaretten übertragen. Dies ist eine Leistung iSd § 812 I 1 BGB, denn Leistung ist jede bewusste und zweckgerichtete Vermehrung fremden Vermögens.[15]

2. Diese Besitzübertragung erfolgte ohne Rechtsgrund, denn ein Kaufvertrag, der den T verpflichtet hätte, dem S die Zigaretten zu übergeben, bestand nicht.

3. S kann jedoch seiner Herausgabepflicht nicht mehr nachkommen, weil die Zigaretten verbraucht sind. Er ist gem. § 818 III BGB nicht mehr bereichert. Da er die Zigaretten sonst nicht von seinem eigenen Geld erworben hätte, hat er keine sonstigen Aufwendungen erspart. Er ist daher auch nicht zum Wertersatz nach § 818 II BGB verpflichtet.

4. Gemäß § 819 I BGB haftet jedoch auch der entreicherte Empfänger, wenn er bei dem Empfang der Leistung seine fehlende Empfangsberechtigung kannte. S wusste, dass er minderjährig ist und ohne Vertretungsmacht handelt. Im Rahmen der Leistungskondiktion genügt jedoch die Kenntnis eines minderjährigen Kondiktionsschuldners nicht. Es kommt ausschließlich auf die Kenntnis des gesetzlichen Vertreters an. Eine Anwendbarkeit des § 819 I BGB auf einen minderjährigen Kondiktionsschuldner würde den vorrangigen Schutz des Minderjährigenrechts beseitigen.[16] Eine verschärfte Haftung des minderjährigen S besteht daher nicht.

5. Ergebnis: Ein Anspruch aus ungerechtfertigter Bereicherung steht dem T gegen S nicht zu.

VI. Da T nicht Eigentümer der Zigaretten war, kann er einen Anspruch wegen **Eigentumsverletzung** gem. § 823 I BGB nicht geltend machen. Der Eigentumsvorbehaltskäufer hat aber in der Regel eine rechtlich geschützte Position auf Erwerb des Eigentums. Er erwirbt aufschiebend (durch Zahlung des Kaufpreises) bedingtes Eigentum. Ein solches **Anwartschaftsrecht**[17] an beweglichen Sachen wird als sonstiges Recht iSd § 823 I BGB geschützt.[18] T sollte jedoch seine Schuld gegenüber G erst nach Verkauf und Übereignung der Ware an Dritte begleichen, dh selbst nicht Eigentum erwerben, sondern dieses Recht mit Zustimmung des Eigentümers G auf die Käufer übertragen.

T war damit nicht Inhaber eines auf Eigentumserwerb gerichteten Anwartschaftsrechtes, sodass § 823 I BGB unter diesem Gesichtspunkt nicht erfüllt sein kann.[19]

C. Gesamtergebnis

T hat weder gegen Q selbst noch gegen S einen Anspruch auf Zahlung von 62 EUR.

---

15 *Jacoby/v. Hinden* § 812 Rn. 11.

16 BGH NJW 1971, 609 (611 f.).

17 **Definition:** Als Anwartschaftsrecht bezeichnet man die Vorstufe zu einem Vollrecht, die entsteht, wenn von einem mehrstufigen Entstehungstatbestand bereits so viele Voraussetzungen erfüllt sind, dass der Erwerber eine hinreichend gesicherte Rechtsposition innehat, die ihm nicht mehr ohne seinen Willen entzogen werden kann, *Vieweg/Werner* SachenR § 11 Rn. 34 ff.

18 Erman/*Schiemann* § 823 Rn. 42; Staudinger/*Hager*, 2017, § 823 Rn. 130 ff.

19 **Hinweis:** Das gleiche gilt für eine entsprechende Anwendung der §§ 989, 990 BGB.

Zur Vertiefung: *Ballerstedt*, Zur Haftung für culpa in contrahendo bei Geschäftsabschluss durch Stellvertreter, AcP 151 (1951), 501–531; *Emmerich*, Zum gegenwärtigen Stand der Lehre der culpa in contrahendo, JURA 1987, 561; *Grimme*, Die Haftung für culpa in contrahendo und positive Vertragsverletzung, JuS 1987, 249; *Gottwald*, Die Haftung für culpa in contrahendo, JuS 1982, 877; *Hoffmann*, Grundfälle zum Recht der Stellvertretung, JuS 1970, 179 (234, 296, 451, 570); *Jauernig*, Zeitliche Grenzen für die Genehmigung von Rechtsgeschäften einer falsus procurator, FS Niederländer, 1991, 285; *Larenz*, culpa in contrahendo, Verkehrssicherungspflicht und sozialer Kontakt, MDR 1954, 515; *Mattheus*, Schuldrechtsmodernisierung 2001/2002 – Die Neuordnung des allgemeinen Leistungsstörungsrechts, JuS 2002, 209; *Medicus*, Grenzen der Haftung für culpa in contrahendo, JuS 1965, 209; *Otto*, Die Grundstrukturen des neuen Leistungsstörungsrechts, JURA 2002, 1; *Petersen*, Das Offenkundigkeitsprinzip bei der Stellvertretung, JURA 2010, 187; *Prölss*, Vertretung ohne Vertretungsmacht, JuS 1985, 577; *Prölss*, Haftung bei der Vertretung ohne Vertretungsmacht, JuS 1986, 169; *Rieble*, Der praktische Fall, JuS 1990, 564 (Stellvertretung); *van Venrooy*, Zur Dokmatik von § 179 Abs. 3 S. 2 BGB, AcP 181 (1981), 220; Zur c.i.c.: BGH NJW 1991, 1673.

8. Fall: Das Bild im Trödlerladen

Sachverhalt

A hatte im Namen und Auftrag des B schon des Öfteren bei dem Trödler T Bilder gekauft und abgeholt. Die Rechnung wurde immer von B per Überweisung beglichen. Kurz nachdem A sich mit B zerstritten hatte, entdeckte er im Geschäft des T einen alten Stich von einem dem T unbekannten Künstler. Da A das Bild für ein Werk des berühmten Callot (1592–1635) hielt, bot er dem T 200 EUR, ohne seine Vermutung zu offenbaren. Das Bild wäre wie immer für B bestimmt, der auch wie üblich den Kaufpreis überweisen würde. Daraufhin übergab T dem A den Stich und übersandte B, der das Bild inzwischen von A erhalten hatte, die Rechnung.

B weigerte sich, an T 200 EUR zu bezahlen, da er A nicht zum Kauf bevollmächtigt habe und es sich zudem – was auch T nicht bestreitet – nicht um einen echten Callot handele, sondern um ein allenfalls 20 EUR wertes Bild.

Von wem und in welcher Höhe kann T Zahlung verlangen?

Lösungsvorschlag

A. Ansprüche des T gegen B

I. Anspruchsgrundlage für eine Forderung des T gegen B auf Zahlung des Kaufpreises iHv 200 EUR ist **§ 433 II BGB**. Voraussetzung ist der Abschluss eines Kaufvertrages zwischen T und B über den alten Stich und die sich daraus ergebende Zahlungspflicht des B als Käufer. Ein Kaufvertrag kommt durch Angebot und dessen Annahme zustande.

1. Ein **Vertragsangebot** iSd § 145 BGB setzt die Erklärung einer der beiden Beteiligten voraus, mit dem anderen einen Kaufvertrag über den bestimmten alten Stich eines unbekannten Künstlers zum Preis von 200 EUR schließen zu wollen. Diese Willenserklärung muss einen Rechtsbindungswillen dahingehend enthalten, dass der Erklärungsempfänger allein durch seine Zustimmung (Annahme) den Kaufvertrag und die sich daraus ergebenden Verpflichtungen des Anbietenden und des das Angebot Annehmenden begründet.[1]

a) Ein Vertragsangebot liegt noch nicht konkludent in dem Ausstellen des Bildes im Geschäft des T. Ebenso wie bei der Ware im Schaufenster will ein Geschäftsinhaber durch das Ausstellen im Laden beim Betrachter lediglich den Kaufwunsch wecken und ihn auffordern, seinerseits ein Kaufangebot abzugeben. Der Geschäftsinhaber will sich – insbesondere wenn es sich wie bei dem alten Stich um ein Einzelstück handelt – selbst die Entscheidung vorbehalten, mit wem er den Vertrag abschließt. Wäre er bereits durch das Ausstellen des Gegenstandes gegenüber dem Betrachter nach § 145 BGB gebunden, könnten mehrere Betrachter durch ihre Annahmeerklärung einen Kaufvertrag über ein und denselben Gegenstand begründen, T würde sich möglicherweise zahlreichen Schadensersatzansprüchen ausgesetzt sehen. Das Ausstellen des Bildes ist lediglich eine invitatio ad offerendum. Das Angebot muss erst noch (in der Regel vom Käufer) erklärt werden.[2]

b) A hat T gegenüber erklärt, das Bild für B kaufen zu wollen. Diese Erklärung enthielt alle notwendigen Bestandteile eines Kaufvertrages: den Gegenstand und den Preis iHv 200 EUR. Gleichzeitig verdeutlicht A Rechtsbindungswillen, denn es soll der Entscheidung des T überlassen bleiben, ob er durch seine Annahmeerklärung den Kaufvertrag und damit die Verpflichtungen der Vertragsparteien entstehen lässt.

Allerdings hat nicht der von T als Käufer in Anspruch genommene B das Angebot abgegeben, sondern A hat dies mit der Erklärung getan, für B zu handeln, dh nicht ihn selbst, sondern B sollten die Wirkungen der Willenserklärung treffen und zum Käufer des Bildes, damit zum Vertragspartner des T machen. Da B selbst keine Erklärung gegenüber T abgegeben hat, kann er nur Käufer geworden sein, wenn er sich die Erklärung des A zurechnen lassen muss.

aa) Das von A abgegebene Kaufvertragsangebot kann B als eigene Willenserklärung zugerechnet werden, wenn er sich des A als **Boten** bedient, A dem T also lediglich eine nicht verkörperte Willenserklärung des B überbracht hat. Wesentlich für die Einordnung einer Erklärungsperson als Bote ist das Fehlen jeglicher Einflussmög-

1 Vgl. 1. Fall I 1a; 2. Fall I 1; 3. Fall A. I. 1a.
2 Vgl. 3. Fall A. I. 1a aa.

lichkeit auf den Inhalt des beabsichtigten Geschäftes.[3] Wie auch bei den früheren Käufen für B lag die Entscheidung, ob und über welchen Gegenstand der Kaufvertrag geschlossen werden sollte, allein bei A. Er hat über den Ankauf des alten Stiches allein entschieden. Wie T wusste, konnte B dem A hinsichtlich dieses Bildes keine Weisungen gegeben haben, denn A spähte Gelegenheiten für B aus und kaufte für diesen, ohne sich vorher nochmals mit ihm in Verbindung zu setzen. Aus der Sicht des T handelte A nicht als Bote, nicht als Sprachrohr des B.[4] A hat eine eigene Willenserklärung abgegeben, deren Wirkung daher allein nach §§ 164 ff. BGB für und gegen B eintreten kann.

bb) Gemäß § 164 I 1 BGB wirkt das von A dem T gegenüber erklärte Vertragsangebot unmittelbar für und gegen B, wenn A diese Willenserklärung im Namen des B innerhalb einer ihm zustehenden Vertretungsmacht abgegeben hat, also wenn A den B **wirksam vertreten** hat.

(1) A hat zwar nicht wörtlich erklärt, er handele **im Namen des B.** Er hat jedoch darauf hingewiesen, das Bild sei wie immer für B bestimmt, der den Kaufpreis bezahlen werde. Damit sollte erkennbar B der Käufer sein. Nach § 164 I 2 BGB genügt es, wenn aus den Umständen ersichtlich wird, dass die Willenserklärung im Namen einer bestimmten anderen Person erfolgt. Insoweit hat A das erste Merkmal des § 164 I 1 BGB durch seinen Hinweis erfüllt.

(2) Es stellt sich nunmehr die Frage, ob A **Vertretungsmacht** zur Abgabe des Vertragsangebotes im Namen des B hatte. Dies ist der Fall, wenn A im Rahmen einer ihm von B rechtsgeschäftlich erteilten Vertretungsmacht (Vollmacht) gehandelt hat.

Eine Vollmacht wird gem. § 167 I BGB von dem Vertretenen durch Erklärung gegenüber dem zu Bevollmächtigenden (Innenvollmacht) oder gegenüber dem Dritten, dem gegenüber die Vertretung erfolgen soll (Außenvollmacht), erteilt. B hat weder A noch T gegenüber ausdrücklich eine Berechtigung des A erklärt, für ihn den alten Stich zu kaufen. Dies erfolgte auch nicht konkludent, denn B wusste nichts von dieser Erwerbsmöglichkeit, er hatte darüber weder mit T noch mit A gesprochen.

Eine stillschweigende Vollmacht ist durch ein Handeln möglich, das auf einen entsprechenden Willen des Bevollmächtigten schließen lässt. Ein solcher Wille des B ist hinsichtlich des hier zu entscheidenden Bilderkaufes nicht ersichtlich.

B hatte keine Dauervollmacht zum Kauf von Gegenständen bei T erteilt, sondern ihn jeweils im Einzelfall zu T geschickt. Zudem wäre eine Dauervollmacht durch den Streit konkludent widerrufen (§ 168 BGB).[5] Auch T gegenüber hatte B keine Dauervollmacht für A ausgesprochen oder angedeutet. T musste A als jeweils für das Einzelgeschäft ermächtigt ansehen. Die Begleichung des Rechnungsbetrages erfolgte bei den vorherigen Geschäften immer nachträglich, dh nach Vertragsschluss und Erfüllung durch T. Dieses Verhalten des B konnte von T ebenso gut als Genehmigung der

3 Vgl. 6. Fall I. 1a cc.

4 **Klausurhinweis:** Auf die Streitfrage, welches Verhältnis – das des A zu T (Außenverhältnis) oder das des A zu B (Innenverhältnis) – über die Botenstellung entscheidet, braucht hier nicht eingegangen zu werden (dazu 6. Fall I 1a cc), denn beide Ansichten kommen zum gleichen Ergebnis. B hatte A nicht mit der Weiterleitung einer Erklärung beauftragt, T konnte A nicht als Sprachrohr des B ansehen.

5 **Klausurhinweis:** Da es sich um eine Innenvollmacht handelte, wäre ein Widerruf dem T gegenüber nicht erforderlich gewesen.

von A getätigten Geschäfte gewertet werden. Erklärungen vor dem Vertragsschluss, die als Außenvollmacht angesehen werden können, hat B dem T gegenüber nicht abgegeben. Die Bevollmächtigung muss aber vor dem Vertragsschluss, nicht nachher erfolgen.

Die bei früheren Käufen dem A erteilte Vollmacht erstreckt sich somit nicht auf den zu entscheidenden Vertragsschluss. B hatte A weder ausdrücklich noch konkludent zum Kauf des Stiches für 200 EUR bevollmächtigt.

cc) Da A schon des Öfteren im Namen des B bei T gekauft und B durch Zahlung des Kaufpreises die Vertretungsmacht des A bestätigt hatte, erweckte das Auftreten des A für das infrage stehende Geschäft bei T den Anschein, A handle erneut im Auftrag und mit Vollmacht des B. Es fragt sich, ob das Vertrauen des T in die Vertretungsmacht des A geschützt wird.

Aus dem Umstand, dass die Wirkung des Vertretergeschäfts für den Vertretenen von der Vertretungsmacht abhängt, ergibt sich das Schutzbedürfnis des Vertragspartners für Fälle, in denen der Rechtsschein einer Bevollmächtigung besteht. Der sich aus §§ 170–173 BGB ergebende Schutz wird nicht allen Fallgestaltungen gerecht.[6] Obwohl das Gesetz für einige Fälle des Gutglaubensschutzes Regelungen vorsieht (zB §§ 142 II, 932, 892, 2366 BGB), fehlt für den guten Glauben an die Vertretungsmacht eine entsprechende Rechtsnorm. Trotzdem haben Rechtsprechung und Rechtslehre mit den Rechtsinstituten der sog. Duldungs- und Anscheinsvollmacht im Interesse des Rechtsverkehrs das Vertrauen eines Dritten auf das Bestehen einer Vertretungsmacht in gewissem Umfang geschützt, sofern der Rechtsschein einer Bevollmächtigung hervorgerufen worden ist.[7] Im Gegensatz zum negativen Interesse der §§ 179 I, 122 II BGB begründen diese Institute nach hM einen positiven Vertrauensschutz.[8]

(1) Das Institut der **Duldungsvollmacht** wird heute einhellig anerkannt,[9] wobei es für die Anwendbarkeit unerheblich ist, ob sie als Unterfall einer stillschweigend erteilten Vollmacht oder als solche eigener Art angesehen wird.[10] Die Duldungsvollmacht wird im Gegensatz zur Anscheinsvollmacht insbesondere von der Rechtsprechung als echte Vollmacht mit der Wirkung des § 164 I BGB angesehen,[11] nach anderer Auffassung (weiterhin) als Rechtsscheinvollmacht.[12] Auch damit hat sie je-

---

6 Erman/*Maier-Reimer* § 167 Rn. 9.

7 *Eingehend* MüKoBGB/*Schubert* § 167 Rn. 89 ff.; weiterhin: *Jakoby/v. Hinden* § 167 Rn. 6 ff.; *Brox/Walker* BGB AT Rn. 562–567; *Wolf/Neuner* BGB AT § 50 Rn. 84 ff. Dabei betrachtet die hM die Duldungsvollmacht nicht mehr als einen Fall der Rechtsscheinhaftung, dazu Ib, cc (1).

8 S. nur *Jacoby/v. Hinden* § 167 Rn. 9; MüKoBGB/*Schubert* § 167 Rn. 89; Palandt/*Ellenberger* § 172 Rn. 11, 17; aA *Medicus/Petersen* BürgerlR Rn. 98 ff.

9 RGZ 76, 203; 117, 165 f.; BGH NJW 1956, 460; Erman/*Maier-Reimer* § 167 Rn. 9 ff.; *Diederichsen* BGB AT Rn. 299; *Medicus/Petersen* BGB AT Rn. 930.

10 Zum Streitstand und dessen Erheblichkeit vgl. *Werner/Neureither* 22 Probleme BGB AT 14. Problem.

11 **Klausurtipp:** Deswegen ist die Duldungsvollmacht im Gutachten vor der Anscheinsvollmacht zu prüfen.

12 RGZ 76, 203; 117, 165 f.; BGHZ 12, 105 = NJW 1954, 793; BGHZ 17, 13 (17) = NJW 1955, 985; BGHZ 86, 173 = NJW 1983, 1264; BGHZ 91, 324 = NJW 1984, 2279 mAnm *Canaris*; ebenso NK-BGB/*Ackermann* § 167 Rn. 78; Jauernig/*Mansel* § 167 Rn. 8; Palandt/*Ellenberger* § 172 Rn. 8; Staudinger/*Schilken*, 2014, § 167 Rn. 29; *Flume* BGB AT II § 49, 3; *Merkt* AcP 204 (2004), 638; *Medicus/Petersen* BürgerlR Rn. 98 ff.; hingegen Rechtsscheinvollmacht: *Wolf/Neuner* BGB AT § 50 Rn. 86; relativierend Erman/*Maier-Reimer* § 167 Rn. 11.
Hinweis: Folgen hat dies für die Anfechtbarkeit (§ 119 BGB), die eine Willenserklärung voraussetzt und beim Rechtsschein gerade fehlt, dazu nachfolgend unter 2.

denfalls die Wirkungen einer rechtsgeschäftlich erteilten Vollmacht, die Auffassungen unterscheiden sich im Ergebnis nicht.[13]

Eine sog. Duldungsvollmacht liegt vor, wenn der Vertretene zwar keine Vollmacht erteilt hat, er aber weiß und duldet, dass jemand mit gewisser Nachhaltigkeit (Dauer und Häufigkeit) als sein Vertreter auftritt, woraus der Geschäftsgegner nach Treu und Glauben und unter Rücksicht auf die Verkehrssitte auf eine Bevollmächtigung schließen darf.[14] Ist dieser Tatbestand gegeben, wirken die Erklärungen des als Vertreter Handelnden für und gegen den Vertretenen.

B wusste nicht, dass A nach dem Streit ein weiteres Geschäft mit T abschließen würde. Damit sind die Voraussetzungen der Duldungsvollmacht nicht gegeben.

(2) Im Gegensatz zur Duldungsvollmacht sind Anwendbarkeit und Wirkung der sog. **Anscheinsvollmacht** umstritten.[15] Eine Anscheinsvollmacht soll den Tatbestand erfassen, in dem jemand ohne bevollmächtigt zu sein, mit gewisser Nachhaltigkeit als Vertreter eines anderen auftritt und dieser andere das Verhalten seines angeblichen Vertreters zwar nicht kennt, aber bei Beachtung der erforderlichen Sorgfalt hätte kennen und verhindern können. Zudem muss der Geschäftsgegner nach den Umständen und den unter den Parteien herrschenden Verkehrsauffassungen auf eine Bevollmächtigung schließen dürfen, dh nach Treu und Glauben annehmen können, der »Vertretene« kenne und billige das Verhalten des für ihn auftretenden »Vertreters«.[16] Der Dritte darf bei der Annahme einer Vollmacht also die wahre Sachlage nicht kennen oder fahrlässig nicht erkennen. Fahrlässigkeit liegt insoweit nur vor, wenn besondere Umstände eine Vollmacht zweifelhaft erscheinen lassen und der Dritte trotzdem Nachforschungen unterlässt.[17]

Die Anscheinsvollmacht würde also mit der Duldungsvollmacht insoweit übereinstimmen, als für beide Institute der Dritte, der Adressat der Willenserklärung, nach den äußeren Umständen auf eine Bevollmächtigung hat schließen können. Die Anscheinsvollmacht geht aber hinsichtlich der Kenntnis des »Vertretenen« einen Schritt weiter als die Duldungsvollmacht. War bei letzterer positive Kenntnis des »Vertretenen« darüber erforderlich, dass der »Vertreter« in seinem Namen auftritt, genügt für die Anscheinsvollmacht, dass er das »Vertreterhandeln« lediglich hätte kennen und verhindern können. Die fehlende Kenntnis von dem Verhalten des »Vertreters« ist negatives Tatbestandsmerkmal der Anscheinsvollmacht.

Scheitert die Anwendbarkeit der Duldungsvollmacht im zu entscheidenden Fall an der fehlenden Kenntnis des B von dem Vertreterhandeln des A,[18] kann B trotzdem

---

13 *Lorenz* JuS 2010, 771 (774).

14 BGH NJW 1976, 1673 (1674); 1997, 312; 2007, 989 Rn. 25; für den Internetverkehr BGH NJW 2011, 2421 Rn. 16, 18 (eBay-Konto), s. auch Fall 26; Erman/*Maier-Reimer* § 167 Rn. 13 f.; *Jakoby/v. Hinden* § 167 Rn. 8.

15 Zum Streitstand *Werner/Neureither* 22 Probleme BGB AT 15. Problem.

16 BGHZ 5, 111 = NJW 1952, 657; NJW 1956, 1674; BGH NJW 1981, 1728; 1998, 1855; 2011, 2422 Rn. 16 ff.; NJW-RR 1986, 1169; *Jacoby/v. Hinden* § 167 Rn. 8; Jauernig/*Mansel* § 167 Rn. 9; *Brox/Walker* BGB AT Rn. 563 ff.; *Enneccerus/Nipperdey* BGB AT § 184. Zum Internetverkehr BGH NJW 2011, 2421 (eBay-Konto), *Wolf/Neuner* BGB AT § 50 Rn. 107 ff.; zu Telekommunikationsdienstleistungen Jauernig/*Mansel* § 167 Rn. 9.

17 Staudinger/*Schilken*, 2014, § 173 Rn. 2.

18 S. oben A. I. 1b cc (1).

über die Anscheinsvollmacht verpflichtet werden, wenn er mit dem Verhalten des A hätte rechnen müssen und seinerseits eine Möglichkeit bestand, dies zu verhindern.

A hatte des Öfteren für B als Vertreter bei T gekauft. B hat dies durch Überweisung der Rechnungsbeträge bestätigt und damit den Rechtsschein laufender Vertretung durch A gesetzt. T kannte nur diesen Tatbestand. Er wusste nichts von dem Streit zwischen A und B, von dem Umstand, der allein einer weiteren Vertretung des B durch A entgegenstand. T durfte daher auch bei dem letzten Bilderkauf von einer Bevollmächtigung des A ausgehen. Dieser Kauf unterschied sich äußerlich nicht von den vorherigen. T hatte zu Zweifeln an der Bevollmächtigung des A keinen Anlass, er war gutgläubig. Seine Unkenntnis von der fehlenden Vertretungsmacht beruhte nicht auf Fahrlässigkeit.

B hätte bei Beachtung der pflichtgemäßen Sorgfalt mit der Möglichkeit rechnen können, dass A in seinem Namen bei T weiterhin Willenserklärungen abgibt.[19] Durch eine entsprechende Information des T wäre es B leicht möglich gewesen, das Auftreten des A in seinem Namen zu verhindern. Jedenfalls wäre dadurch der Anschein einer Bevollmächtigung beseitigt worden.

Es ist unter den Anhängern der sog. Anscheinsvollmacht umstritten, ob der »Vertretene« den Rechtsschein der Bevollmächtigung schuldhaft gesetzt haben muss[20] oder ob er auch davon unabhängig nur für den von ihm verursachten Rechtsschein einzustehen hat.[21] Diese Streitfrage braucht indes nicht entschieden zu werden, da B den A früher bewusst und gewollt als seinen Vertreter zu T geschickt, den Anscheinstatbestand damit schuldhaft herbeigeführt hat. B hat es unterlassen, den T von seinem Streit und dem Ende der Tätigkeit des A für ihn zu unterrichten, obwohl er hierzu in der Lage war.

T hat im Vertrauen auf die Verpflichtung des B, also aufgrund des Anscheins, das Bild ohne sofortige Bezahlung aus der Hand gegeben. Bei Kreditgeschäften ist die Person des Verpflichteten entscheidend. Der von B gesetzte Anschein war somit für das Verhalten des T, für den Vertragsschluss ursächlich.

Liegt damit der Tatbestand der Anscheinsvollmacht vor, muss nach den Befürwortern dieses Institutes sich der »Vollmachtsgeber« – hier B – gegenüber dem Gutgläubigen – hier T – im Interesse der Rechtssicherheit nach Treu und Glauben so behandeln lassen, als habe er dem »Vertreter« – hier A – tatsächlich Vollmacht erteilt.[22]

---

19 **Klausurtipp:** Hier kann man ebenso anderer Ansicht sein.

20 **Hinweis:** Im Gegensatz zur Duldungsvollmacht erfasst die Anscheinsvollmacht Fälle der Unwissenheit des Geschäftsherrn. Daher darf dieser den Rechtsschein nicht unverschuldet veranlasst haben. Das Unterlassen kann nur beachtlich sein, wenn eine Handlungspflicht besteht und eine Pflicht zur Erfolgsabwendung verletzt wird. Das Verschulden liegt dann in der Nachlässigkeit in eigenen Angelegenheiten (Wahrung der erforderlichen Sorgfalt), BGH NJW 1956, 1673; 1988, 1200; 1998, 1854 (1855); 2005, 2985; Erman/*Maier-Reimer* § 167 Rn. 19; MüKoBGB/*Schubert* § 167 Rn. 112 ff.; Palandt/*Ellenberger* § 172 Rn. 11; Soergel/*Leptien* § 167 Rn. 20.

21 Verschulden habe in den Tatbeständen der Rechtsscheinhaftung keine Relevanz, Staudinger/*Schilken*, 2014, § 164 Rn. 31; *Enneccerus/Nipperdey* BGB AT § 184.

22 StRspr RGZ 170, 281 (284); BGHZ 5, 111 (116) = NJW 1952, 657; BGHZ 86, 273 = NJW 1983, 1308 (1309); BGH NJW 1966, 1915 (1916); BB 1973, 359; Erman/*Maier-Reimer* § 167 Rn. 12, 26; MüKoBGB/*Schubert* § 167 Rn. 133; *Hübner* BGB AT Rn. 1288; wN bei *Werner/Neureither* 22 Probleme BGB AT 15. Problem S. 99 f.

Dagegen wird von einer Gegenansicht die Lehre von der sog. Anscheinsvollmacht als mit dem geltenden Recht unvereinbar abgelehnt.[23] Nach dieser Ansicht bleibt es bei der fehlenden Vollmacht des A. Der Meinungsstreit über die Zulässigkeit der sog. Anscheinsvollmacht entscheidet also über die Zurechnung des von A gemachten Vertragsangebotes zugunsten und zulasten des B und damit über dessen vertragliche Verpflichtung gegenüber T.[24]

(3) Gewohnheitsrechtliche Geltung kann der Anscheinsvollmacht nicht zuerkannt werden.[25] Erforderlich zur Begründung eines Gewohnheitsrechtes ist, dass eine tatsächliche, stetig dauernde gleichmäßige Übung der Gemeinschaft vorliegt, diese Übung vom Gemeinwillen getragen und von der Gemeinschaft als Rechtssatz anerkannt wird (Rechtsgeltungswille). Eine solche Übung muss im Ganzen gleichförmig sein und sich über eine bedeutende Vorzeit erstrecken.[26] Zwar hat die Rechtsprechung die Anscheinsvollmacht schon zu Zeiten des RG anerkannt und seitdem ständig den Entscheidungen zugrunde gelegt.[27] Gerichtsgebrauch allein begründet aber kein Gewohnheitsrecht. Wie die erhebliche Zahl derer zeigt, die dieses Rechtsinstitut ablehnen,[28] kann von einer Anerkennung der Anscheinsvollmacht als unstreitigem Rechtsschutz durch die Gemeinschaft nicht gesprochen werden. Die das Institut anerkennende Meinung begründet die Anscheinsvollmacht daher auch in erster Linie aus einer Rechtsanalogie zu §§ 171 ff., 370 BGB, § 56 HGB. Diesen Normen steht jedoch der allgemein anerkannte Grundsatz gegenüber, dass der gute Glaube an die Vertretungsmacht grundsätzlich nicht geschützt wird. Die von dieser Ansicht herangezogenen Vorschriften müssen daher eher als Ausnahmeregelungen verstanden werden, die den Grundsatz ansonsten nicht antasten wollen. Zudem bedarf es für eine Rechtsanalogie einer regelungsbedürftigen Lücke.

Ist diese durch den genannten Grundsatz bereits nicht vorhanden, werden zudem die vom Tatbestand der Anscheinsvollmacht geregelten Fälle auch hinreichend durch das Institut der culpa in contrahendo (§§ 280 I, 311 II, 241 II BGB) ausgefüllt.[29]

Entscheidender Ansatzpunkt für die Lösung des Problems ist § 242 BGB. Denn allein nach den Grundsätzen von Treu und Glauben kann dem »Vertretenen« versagt werden, sich auf die fehlende Vertretungsmacht des Handelnden zu berufen. Der sich aus § 242 BGB ergebende Grundsatz ist dem gesamten Gesetz übergeordnet. Nach seinen Maßstäben ist auch das Recht der Stellvertretung anzuwenden, und zwar nicht nur im Bereich des Handelsrechts, wenn der Geschäftsmann Kaufmann ist. Jede

---

23 Staudinger/*Schilken*, 2014, § 167 Rn. 31; *Medicus/Petersen* BürgerlR Rn. 100 f.; *Diederichsen* BGB AT Rn. 300; *Flume* BGB AT II § 49, 4; *Larenz* SchuldR AT I § 33 Ia; *Wolf/Neuner* BGB AT § 50 Rn. 95, 98; wN bei *Werner/Neureither* 22 Probleme BGB AT 15. Problem S. 102 ff.

24 **Klausurtipp:** Vor Erörterung eines theoretischen Streites muss immer die Erheblichkeit der Streitfrage für den zu entscheidenden Fall festgestellt werden, dh, dass die jeweiligen Meinungen den Fall unterschiedlich lösen würden.

25 So jedoch RGRK-BGB/*Steffen*, 12. Aufl. 1982, § 167 Rn. 12.

26 *Werner* DB 1971, 2198 mwN.

27 StRspr RGZ 170, 281 (284); BGHZ 5, 111 (116) = NJW 1952, 657; BGHZ 86, 273 = NJW 1983, 1308 (1309); BGH NJW 1966, 1915 (1916); BB 1973, 359; Staudinger/*Schilken*, 2014, § 167 Rn. 28; *Hübner* BGB AT Rn. 1288; wN bei *Werner/Neureither* 22 Probleme BGB AT 15. Problem 100 f.

28 Staudinger/*Schilken*, 2014, § 167 Rn. 31; *Flume* BGB AT II § 49, 4; *Larenz* SchuldR AT I § 33 Ia; *Wolf/Neuner* BGB AT § 50 Rn. 98; *Medicus/Petersen* BürgerlR Rn. 100 f.; *Diederichsen* BGB AT Rn. 300; wN bei *Werner/Neureither* 22 Probleme BGB AT 15. Problem 102 f.

29 *Flume* BGB AT II 1 § 49, 4: *Diederichsen* BGB AT Rn. 300.

Privatperson ist im Geschäftsverkehr den Grundsätzen von Treu und Glauben unterworfen.

Das Gesetz hat auf eine Anerkennung des guten Glaubens an die Vertretungsmacht verzichten können, da es jedem, dem gegenüber die Vertretung erfolgt, möglich ist, sich über das Bestehen der Vertretungsmacht durch Nachfrage bei dem »Vertretenen« oder Vorlage der die Vollmacht bestätigenden Urkunde Gewissheit zu verschaffen. Vertritt aber eine bestimmte Person mehrfach eine andere, so ist es dem Dritten unzumutbar, in jedem Fall die Vertretungsmacht zu überprüfen und den »Vertretenen« um Bestätigung zu bitten. Dies gilt insbesondere, wenn der Vertretene durch späteres Verhalten – wie B durch Überweisung des Rechnungsbetrages – die Vollmacht bei früheren Geschäften dem Dritten gegenüber bestätigt hat. Es wäre eine unzumutbare Anforderung an den Geschäftsverkehr, trotz regelmäßiger Geschäftsbeziehungen in jedem Einzelfall Misstrauen zu zeigen und auf dem Nachweis der Vertretungsmacht zu bestehen. Eine so handelnde Person würde rasch die Beendigung der Geschäftsbeziehungen herbeiführen. T hätte B als Kunden verloren, hätte er bei jedem Kauf die Vertretungsmacht des A angezweifelt und von B Bestätigung verlangt. Bei überspitzten Anforderungen würde die Stellvertretung als geschäftliches Hilfsmittel ausgehöhlt. Aufgrund dauernder Geschäftsbeziehungen mit B über dessen Vertreter A ist ein Vertrauenstatbestand zugunsten des T entstanden,[30] an dem sich B nach § 242 BGB festhalten lassen muss. Das Institut der Anscheinsvollmacht ist zumindest in den Fällen anzuerkennen, in denen bereits mehrfach eine Vertretung durch ein und dieselbe Person stattgefunden hat und es deshalb dem Dritten nicht zuzumuten ist, in jedem gleichgelagerten Fall auf einem Nachweis der Bevollmächtigung zu bestehen. Da § 242 BGB auch die Privatautonomie begrenzt, kann diese der Anscheinsvollmacht nicht entgegenstehen.[31]

dd) B kann sich diesem Ergebnis entsprechend dem T gegenüber nicht auf die fehlende Vollmacht des A berufen. Er muss sich so behandeln lassen, als hätte A Vertretungsmacht besessen. Das Vertragsangebot wirkt gem. § 164 BGB für und gegen B.

2. Das Vertragsangebot wurde von A nur deswegen abgegeben, weil er den alten Stich für ein Werk des berühmten Callot hielt und daher an ein besonders günstiges Geschäft glaubte. Diese Annahme erwies sich jedoch als Irrtum. Es fragt sich daher, ob B aufgrund dieses Irrtums das ihm gem. § 164 I BGB zuzurechnende Vertragsangebot durch **Anfechtung** gem. § 142 I BGB rückwirkend vernichten kann, sodass ein Angebot seinerseits nicht existiert.

a) Die **Anfechtungserklärung** des B iSd § 143 I BGB liegt in der Weigerung gegenüber T, den Kaufpreis zu begleichen. Hierin kommt eindeutig der Wille des B zum Ausdruck, das Vertragsangebot als unwirksam zu betrachten.[32] T war als Empfänger des anzufechtenden Vertragsangebotes auch der richtige Adressat der Anfechtungserklärung, § 143 II BGB.

b) Weitere Voraussetzung für eine wirksame Anfechtung durch B ist das Vorliegen eines **Anfechtungsgrundes**.

30 **Hinweis:** Hierauf begründet auch die die Anscheinsvollmacht ablehnende Meinung ihren Anspruch aus c.i.c.

31 So jedoch *Flume*, FS Deutscher Juristentag, 1960, 181.

32 Vgl. 3. Fall A. I. 2a.

aa) Der Anfechtungsgrund einer **arglistigen Täuschung** des § 123 I BGB seitens des T gegenüber A ist nicht gegeben. Arglistige Täuschung ist das Hervorrufen oder Aufrechterhalten eines Irrtums durch Vorspiegeln falscher, durch Entstellung oder Unterdrückung wahrer Tatsachen.[33] Das Unterlassen einer Aufklärung kann arglistige Täuschung sein, wenn eine Pflicht zur Offenlegung der wahren Umstände bestand.[34] T wusste nicht, von welchem Künstler das Bild war und hat keine dementsprechende falsche Behauptung aufgestellt. T hat den Irrtum des A über den Urheber des Werkes nicht erkannt. Er hatte daher weder eine entsprechende Aufklärungspflicht, noch hat er den Irrtum des A hervorgerufen bzw. aufrechterhalten.

bb) A hat sich über die Echtheit des Bildes geirrt. Es ist daher der Anfechtungsgrund des § 119 BGB in Betracht zu ziehen. Allerdings könnten Gewährleistungsansprüche iSd §§ 434 ff. BGB einer Irrtumsanfechtung als Spezialregelungen entgegenstehen.[35]

Zwar kann die Unechtheit eines Kunstwerkes ein Sachmangel iSd § 434 I 1 BGB[36] begründen, dh Bilder, die eindeutig und ohne Vorbehalt als Werke bestimmter Künstler verkauft werden, sind mit einem Sachmangel behaftet, wenn sie nicht von diesen Künstlern stammen.[37] Ein solcher Fall liegt indes hier nicht vor. T hat über den Maler des Bildes keine Angaben gemacht, das Bild wurde nicht als ein »echter Callot« verkauft.

Es handelt sich um einen Spezieskauf. Gekauft wurde das körperlich zum Kauf gestellte Bild eines unbekannten Meisters, dieses ist – wie gekauft – übergeben worden. Es sind auch keine Gründe ersichtlich, warum sich das Bild nicht für die vom Vertrag vorausgesetzte oder gewöhnliche Verwendung eignen sollte, sodass ein Sachmangel sich auch nicht über § 434 I 2 BGB begründen lässt. Es bestehen folglich keine Gewährleistungsansprüche, eine Irrtumsanfechtung ist möglich.

Gemäß § 166 I BGB ist der Irrtum des Stellvertreters für eine Irrtumsanfechtung durch den Geschäftsherrn entscheidend. § 166 I BGB gilt auch dann, wenn der »Vertretene« lediglich über die Anscheinsvollmacht verpflichtet wurde, denn der Handelnde muss sich wie ein echter Vertreter behandeln lassen.

(1) Ob die einseitige Annahme des Erklärenden über eine bestimmte Eigenschaft des Vertragsgegenstandes als ein nach § 119 I Alt. 2 BGB erheblicher Erklärungsirrtum (sog. Irrtum über die Soll-Beschaffenheit) anzusehen ist, ist umstritten. Die dies bejahende Minderheitsmeinung[38] begründet dies allein damit, dass die Vorstellungen über Eigenschaften des Kaufgegenstandes Bestandteil des rechtsgeschäftlichen Willens sein könnten. Die Beschaffenheit, die eine Sache nach dem Erklärungstatbestand haben soll, stimme nicht mit der Beschaffenheit überein, die erklärt werden sollte. Der Erklärungstatbestand des Vertragsangebotes war das im Laden des T aufgestellte Bild als das eines unbekannten, also nicht eines bestimmten Künstlers. Dieser Erklärungstatbestand stimmt mit der Beschaffenheit der gekauften Sache überein.

---

33 *Jacoby/v. Hinden* § 123 Rn. 2 ff.; Staudinger/*Singer/Finckenstein*, 2017, § 123 Rn. 5.

34 *Jacoby/v. Hinden* § 123 Rn. 6; Staudinger/*Singer/Finckenstein*, 2017, § 123 Rn. 10 ff.

35 Dazu *Marburger*, 20 Probleme aus dem BGB, Schuldrecht – Besonderer Teil I, 6. Aufl. 2006, 12. Problem, S. 81–90; *Jacoby/v. Hinden* § 119 Rn. 18 f.; *Giesen* BGB AT Rn. 238.

36 Staudinger/*Matusche-Beckmann*, 2013, § 434 Rn. 235.

37 RGZ 135, 339 (342); Erman/*Grunewald* § 434 Rn. 40; Staudinger/*Matusche-Beckmann*, 2013, § 434 Rn. 235.

38 Soergel/*Hefermehl* § 119 Rn. 25 f.; *Enneccerus/Nipperdey* BGB AT § 167 IV 3; *Raape* AcP 150 (1949), 480 (488 ff.).

Ein Erklärungsirrtum läge vor, wenn der Erklärende – hier A – eine andere Erklärung abgegeben hätte, als er abgeben wollte.[39] Eigenschaften einer Sache können zwar zum Inhalt der geschäftlichen Erklärung gemacht werden. A hatte aber nicht zum Inhalt seines Angebotes die Urheberschaft des berühmten Callot gemacht. Adressat der Willenserklärung war T. Diesem gegenüber wollte A seine Vermutung sogar verheimlichen, um das Bild günstig erwerben zu können. Der Glaube des A an die Urheberschaft des Callot war lediglich unbeachtliches Motiv zur Abgabe des Angebotes, also der Willenserklärung vorgelagert, und nicht deren Inhalt.

Mit der herrschenden Meinung ist ein Erklärungsirrtum iSd § 119 I Alt. 2 BGB bei einem Irrtum über die Soll-Beschaffenheit abzulehnen.[40] Der Irrtum des A hat lediglich seinen Willensentschluss beeinflusst, in der Erklärung aber keinen Ausdruck gefunden (sog. Motivirrtum). Wie jede Person, müssen auch A und B das Risiko selber tragen, dass sich die Erwartungen des A nicht erfüllen oder mit der Wirklichkeit nicht übereinstimmen.

Der Anfechtungsgrund des § 119 I Alt. 2 BGB liegt nicht vor.

(2) Ein **Inhaltsirrtum** iSd § 119 I Alt. 1 BGB ist ebenfalls nicht gegeben. Die Erklärung des A hat die gewollte Bedeutung und den von ihm beabsichtigten Inhalt erhalten,[41] nämlich das von T ausgestellte Bild für 200 EUR kaufen zu wollen. Der objektive Sinngehalt der Willenserklärung und der Erklärungswille des A stimmen überein.

(3) Der Anfechtungsgrund des § 119 II BGB (sog. **Eigenschaftsirrtum**) würde voraussetzen, dass B sich über eine im Verkehr als wesentlich angesehene Eigenschaft des Bildes geirrt hat (beachtlicher Motivirrtum).[42] Es ist aber nicht eine wesentliche Eigenschaft eines als von einem unbekannten Meister ausgestellten Bildes, dass es von einem bestimmten Künstler stammt, den sich der Käufer vorstellt. Eine wesentliche Eigenschaft iSd § 119 II BGB muss gerade für das geschlossene Geschäft von Bedeutung sein und auf irgendeine Weise im Vertrag oder bei den Vertragsverhandlungen zum Ausdruck kommen.[43] Das war hinsichtlich der Urheberschaft des Callot bei den Erklärungen zwischen A und T nicht der Fall.

Der Anfechtungsgrund des § 119 II BGB ist nicht erfüllt.

c) Mangels eines Anfechtungsgrundes kann B das Vertragsangebot gegenüber T nicht anfechten. Eine Unwirksamkeit der Willenserklärung ist nicht über § 142 I BGB eingetreten.

3. T hat die **Annahme** des Vertragsangebotes konkludent durch Aushändigung des Bildes an A und Zusendung der Rechnung an B erklärt. Damit besteht ein Kaufvertrag zwischen B und T über den alten Stich.

---

39 *Jacoby/v. Hinden* § 119 Rn. 10 .

40 **Klausurhinweis:** Der Irrtum über eine bestimmte Eigenschaft des Vertragsgegenstandes (Soll-Beschaffenheit) berechtigt nur in den Grenzen des § 119 II zur Anfechtung: *Jacoby/v. Hinden* § 119 Rn. 12; NK-BGB/*Feuerborn* § 119 Rn. 61; Staudinger/*Singer*, 2017, § 119 Rn. 47 ff.; *Diederichsen* BGB AT Rn. 389; wN bei *Werner/Neureither* 22 Probleme BGB AT 6. Problem.

41 Dazu 3. Fall A. I. 2b.

42 **Hinweis:** Motivirrtümer treten bereits im Stadium der Willens*bildung* auf und beeinflussen den Willens*entschluss.* Mit dem Irrtum über verkehrswesentliche Eigenschaften macht der Gesetzgeber eine Ausnahme von der grundsätzlichen Unbeachtlichkeit des Motivirrtums – er gilt als Irrtum über den Inhalt der Erklärung, *Wolf/Neuner* BGB AT § 41 Rn. 51.

43 *Jacoby/v. Hinden* § 119 Rn. 12.

4. Ergebnis: T kann von B gem. § 433 II BGB Zahlung des Kaufpreises iHv 200 EUR verlangen.

II. Ein **Schadensersatzanspruch** aus §§ 280 I, 311 II, 241 II BGB (culpa in contrahendo) steht T gegen B nicht zu. T hat den Anspruch auf den vereinbarten Kaufpreis iHv 200 EUR und damit keinen Schaden.[44]

B. Ansprüche des T gegen A

I. Ein Anspruch aus **§ 433 II BGB** auf Zahlung von 200 EUR erfordert einen Kaufvertrag zwischen T und A iSd § 433 BGB.

A hat sein Vertragsangebot im Namen des B, nicht im eigenen Namen abgegeben.[45] Damit ist B, nicht A, Partei des Kaufvertrages mit T geworden. Ein vertraglicher Anspruch des T gegen A gem. § 433 II BGB besteht nicht.

II. Ein **Anspruch aus § 179 I BGB** würde voraussetzen, dass A als Vertreter ohne Vertretungsmacht Vertragserklärungen gegenüber T abgegeben hätte. Wie aber bereits festgestellt, hatte A Anscheinsvollmacht, dh dem T gegenüber galt er als von B bevollmächtigt.[46] Er kann damit nicht als Vertreter ohne Vertretungsmacht angesehen werden. Ein Anspruch des T aus § 179 I BGB ist nicht gegeben.[47]

C. Ergebnis

T kann von B Zahlung der 200 EUR verlangen. Gegen A hat er keinen Anspruch.

Zur Vertiefung: *Bader,* Duldungs- und Anscheinsvollmacht, 1976; *Bühler,* Grundsätze und ausgewählte Probleme der Haftung des ohne Vertretungsmacht Handelnden, MDR 1987, 985; *v. Craushaar,* AcP 174 (1974), 2; *Crezelius,* Zu den Rechtswirkungen der Anscheinsvollmacht, ZIP 1984, 791; *Grimme,* Duldungs- und Anscheinsvollmacht, JuS-Lernbogen 1989, L 49; *Cziupka,* Die Irrtumsgründe des § 119 BGB, JuS 2009, 887; *Hauck,* Handeln unter fremdem Namen, JuS 2011, 967; *Hoffmann,* Grundfälle zum Recht der Stellvertretung, JuS 1970, 179 (234, 286, 451, 570); *Lorenz,* Grundwissen-Zivilrecht: Die Vollmacht, JuS 2010, 771; *Martinek,* Probleme des Stellvertretungsrechts, JuS-Lernbogen 1991, L 19; *Merkt,* Die dogmatische Zuordnung der Duldungsvollmacht zwischen Rechtsgeschäft und Rechtsscheintatbestand, AcP 204 (2004), 5; *Musielak,* Die Anfechtung einer Willenserklärung wegen Irrtums, JuS 2014, 491 (583); *Mock,* Grundfälle zum Stellvertretungsrecht, JuS 2008, 309 (391, 486); *Paulus,* Stellvertretung und unternehmensbezogenes Geschäft, JuS 2017, 301; *Pawlowski,* Die gewillkürte Stellvertretung: eine juristische Entdeckung der deutschen Rechtswissenschaft, JZ 1996, 127; *Peters,* Zur Geltungsgrundlage der Anscheinsvollmacht, AcP 179 (1979), 214; *Prölss,* Vertretungsmacht, JuS 1985, 577; *ders.,* Haftung bei der Vertretung ohne Vertretungsmacht, JuS 1986, 169; *Schmidt,* Offene Stellvertretung – Der »Offenheitsgrundsatz« als Teil der allgemeinen Rechtsgeschäftslehre, JuS 1987, 425 ff.; *Schreiber,* Vertretungsrecht: Offenkundigkeit und Vertretungsmacht, JURA 1998, 606; *Werner/Neureither* 22 Probleme BGB AT 6., 13., 14. Problem; *Zagouras,* Eltern haften für ihre Kinder? – R-Gespräche zwischen Anscheinsvollmacht, Widerruf und Wucher, NJW 2006, 2368.

44 Dazu 4. Fall II.
45 Vgl. A. I. 1.
46 Vgl. A. I. 1b cc (2).
47 BGHZ 86, 273 = NJW 1983, 1308; krit. zur Rspr. *Wolf/Neuner* BGB AT § 50 Rn. 112 (Wahlrecht zwischen Rechtsscheinvollmacht und § 179 BGB).

9. Fall: Der verweigerte Smartphonekauf

Sachverhalt

Der 13-jährige S wünscht sich schon seit langem ein Smartphone. Seine Eltern haben ihm die Erfüllung dieses Wunsches versprochen, sobald sich die Gelegenheit eines günstigen Kaufes eines gebrauchten Gerätes ergebe. Als S hört, dass B, der Bruder seines Freundes, sein gut gepflegtes Smartphone verkaufen wolle, geht er zu B und einigt sich mit ihm auf dessen Vorschlag über den Ankauf des Gerätes zu einem Preis von 250 EUR. Auf die Frage des B behauptet S wahrheitswidrig, seine Eltern seien informiert und mit dem Geschäft einverstanden.

Als die Eltern des S von dem Geschäft hören, erklären sie wegen des äußerst günstigen Kaufpreises S gegenüber ihr Einverständnis. B hat jedoch Zweifel an der Wirksamkeit des Kaufes und ruft am nächsten Tag die Eltern des S an, um sich von ihnen den Vertrag bestätigen zu lassen. Da V, der Vater des S, inzwischen ein ihm günstiger erscheinendes Angebot erhalten hat, verweigern die Eltern B gegenüber ihre Zustimmung.

Kann B von S oder dessen Eltern Zahlung des Kaufpreises von 250 EUR verlangen?

Lösungsvorschlag

I. Anspruch des B gegen S ist § 433 II BGB

1. Voraussetzung ist der Abschluss eines Kaufvertrages, der B verpflichtet, dem S das Smartphone zu übergeben und zu übereignen. Der Vertrag muss ferner die Verpflichtung des S enthalten, an B 250 EUR zu bezahlen. Zustande kommt ein solcher Kaufvertrag durch sich entsprechende Willenserklärungen der Parteien (Angebot und Annahme).

2. Ein **Kaufvertragsangebot** iSd § 145 BGB hat B mit seinem Vorschlag gemacht, das Smartphone für 250 EUR an S zu verkaufen. Diese Erklärung enthält alle notwendigen Bestandteile einer auf den Abschluss eines Kaufvertrages gerichteten Willenserklärung: den Kaufgegenstand, den Kaufpreis und den Rechtsbindungswillen, der es S durch Annahme dieses Angebotes ermöglicht, den Vertragsschluss ohne weitere Änderungen verbindlich herbeizuführen. An der rechtlichen Wirksamkeit des Angebotes bestehen keine Bedenken.

3. Die **Vertragsannahme** durch S als Käufer ist tatsächlich erfolgt. Er hat sich mit B über den Abschluss des vorgeschlagenen Vertrages geeinigt, also das Vertragsangebot ohne tatsächliche Änderung angenommen, das Smartphone zum Preis von 250 EUR kaufen zu wollen.

a) Die **rechtliche Wirksamkeit** der von S abgegebenen Willenserklärung ist jedoch fraglich. S ist gem. § 106 BGB nur beschränkt geschäftsfähig. Die von einem beschränkt Geschäftsfähigen ohne die erforderliche Einwilligung des gesetzlichen Vertreters abgegebene, zu einem Vertrag führende Willenserklärung ist gem. § 108 I BGB schwebend unwirksam.

aa) Ob eine Einwilligung des gesetzlichen Vertreters erforderlich ist, richtet sich zunächst nach § 107 BGB. Diese Norm bestimmt den Grundsatz der Einwilligungsbedürftigkeit. Grundsätzlich bedürfen alle Willenserklärungen eines beschränkt Geschäftsfähigen, durch die er nicht lediglich einen rechtlichen Vorteil erlangt, der Einwilligung des gesetzlichen Vertreters.

Nach dem eindeutigen Gesetzeswortlaut des § 107 BGB ist allein auf den rechtlichen Vorteil abzustellen, wirtschaftliche Gesichtspunkte müssen außer Betracht bleiben. Ohne Einwilligung des gesetzlichen Vertreters ist die Willenserklärung eines beschränkt Geschäftsfähigen nach § 107 BGB daher nur wirksam, wenn der Minderjährige durch diese Erklärung seine Rechtsstellung verbessert, ohne gleichzeitig die Minderung oder den Verlust eines Rechtes oder die Entstehung einer Rechtspflicht für sich zu bewirken.

S hat sich mit seiner Vertragserklärung (Annahme) zur Zahlung eines Kaufpreises an B verpflichtet, also eine Rechtspflicht eingehen wollen. Es handelt sich damit nicht um ein für ihn lediglich rechtlich vorteilhaftes Geschäft iSd § 107 BGB. Zur Wirksamkeit seiner Annahmeerklärung bedurfte S daher grundsätzlich der Einwilligung seines gesetzlichen Vertreters. Allerdings enthält das Minderjährigenrecht in §§ 110, 112, 113 BGB Ausnahmen von diesem Grundsatz des § 107 BGB. In den dort erfassten Fällen kann auch ein nicht lediglich rechtlich vorteilhaftes Geschäft von dem beschränkt Geschäftsfähigen ohne Einwilligung des gesetzlichen Vertreters herbeigeführt werden.

bb) Nach § 110 BGB ist der von einem beschränkt Geschäftsfähigen abgeschlossene Vertrag auch ohne Zustimmung des gesetzlichen Vertreters wirksam, wenn der Minderjährige (hier S) seine vertragsgemäße Leistung mit Mitteln »bewirkt« , die ihm zu diesem Zweck zur freien Verfügung überlassen worden sind (Taschengeld). Eine Bewirkung der Leistung setzt bei der Verpflichtung zur Kaufpreiszahlung die Bezahlung durch Übergabe des Geldes voraus (Barzahlung). Der Minderjährige muss seine Pflicht iSd § 362 BGB vollständig erfüllt haben. S konnte seine Verpflichtung gegenüber B somit allein durch Übergabe von 250 EUR erfüllen und dem Vertrag gem. § 110 BGB Wirksamkeit verschaffen. Da S hier seine Leistung noch nicht bewirkt, dh nicht iSd § 362 BGB erfüllt hat, ist der Vertrag nicht über § 110 BGB wirksam geworden.

b) Ist mangels lediglich rechtlichen Vorteils die Willenserklärung eines Minderjährigen zustimmungsbedürftig und liegt die Ausnahme des § 110 BGB nicht vor, ist die von S abgegebene Vertragsannahme nur mit Einwilligung seines gesetzlichen Vertreters wirksam, § 108 I BGB.

aa) Gesetzliche Vertreter des S sind gem. § 1626 I BGB seine Eltern. Beide Elternteile hätten gem. § 1627 BGB ihre Einwilligung zu erklären.

bb) Eine **vorherige Zustimmung** (Einwilligung) zu dem Kaufvertrag mit B haben die Eltern des S nicht erklärt. Die Einwilligung muss sich auf ein konkretes Rechtsverhältnis beziehen. Das Versprechen der Eltern, bei günstiger Gelegenheit ein gebrauchtes Smartphone zu kaufen, bedeutet daher keine Zustimmung zu dem Vertrag mit B und damit auch nicht zur Vertragserklärung des S. Die Erklärung des S war gem. § 108 I BGB schwebend unwirksam.

cc) Eine **nachträgliche Zustimmung** (Genehmigung) kann dem Minderjährigen oder dem anderen Teil des vom Minderjährigen beabsichtigten Rechtsgeschäftes gegenüber erklärt werden, § 182 I BGB. Die Eltern haben dem S ihr Einverständnis zu dem Smartphonekauf erklärt, damit scheint das Rechtsgeschäft gem. § 108 I BGB Wirksamkeit erlangt zu haben.

Eine dem Minderjährigen erteilte Genehmigung wird jedoch nach § 108 II 1 aE BGB unwirksam, wenn der Vertragspartner des Minderjährigen den gesetzlichen Vertreter zur Erklärung über die Genehmigung aufgefordert hat.

In diesem Fall kann selbst bei bereits dem Minderjährigen erklärter Genehmigung die nachträgliche Zustimmung allein dem Dritten gegenüber abgegeben werden. Da B die Eltern zur Erklärung über die Gültigkeit des Geschäftes aufgefordert hatte, konnte der Kaufvertrag nur durch Erklärung der Genehmigung gegenüber B wirksam werden. B gegenüber haben die Eltern des S aber ihre Genehmigung verweigert. Durch die Verweigerung der Genehmigung wird der schwebend unwirksame Vertrag endgültig nichtig. Die Vertragserklärung des S ist damit endgültig unwirksam.

4. Mangels einer wirksamen Vertragserklärung des S ist kein Kaufvertrag zwischen S und B zustande gekommen. Der Anspruch des B aus § 433 II BGB ist nicht entstanden. B kann von S nicht Zahlung der 250 EUR verlangen.

II. Anspruch des B gegen die Eltern des S aus § 433 II BGB

1. Ein solcher Anspruch ist nur gegeben, wenn zwischen B und den Eltern des S ein Kaufvertrag zustande gekommen ist, der die Eltern zur Zahlung des Kaufpreises verpflichten würde.

a) Eine **Vertragserklärung des B,** das Smartphone zu einem Preis von 250 EUR zu verkaufen, liegt vor. Wenn auch B die Erklärung S gegenüber abgegeben hat, kann diese durchaus so ausgelegt werden, als solle sie auch für den Fall gelten, dass die Eltern des S selbst als Vertragspartner eintreten wollen.

b) Eine **Vertragserklärung der Eltern** des S, sich selbst zum Kauf des Smartphones zu verpflichten, dh Schuldner des Kaufpreises zu sein, liegt nicht vor. Die Eltern haben weder selbst ihre Verpflichtung erklärt, noch hat S eine Willenserklärung im Namen der Eltern abgegeben. Es fehlt damit schon tatsächlich eine Verpflichtungserklärung der Eltern.

2. Mangels eines Kaufvertrages zwischen B und den Eltern des S besteht kein Anspruch des B aus § 433 II BGB. B kann von den Eltern des S nicht Zahlung der 250 EUR verlangen.

Zur Vertiefung: *Aleth,* Der Vertragsschluss mit Minderjährigen, JuS-Lernbogen 1995, L 9; *Beitzke,* Mündigkeit und Minderjährigenschutz, AcP 172 (1972), 240; *Baumann,* Der getäuschte Minderjährige, JuS-Lernbogen 1990, L 5; *Brox,* Der Minderjährigenschutz beim Rechtsgeschäft, JA 1989, 441; *Coester-Waltjen,* Überblick über die Probleme der Geschäftsfähigkeit, JURA 1994, 331; *Coester-Waltjen,* Nicht zustimmungsbedürftige Rechtsgeschäfte beschränkt geschäftsfähiger Minderjähriger, JURA 1994, 668; *Derleder,* Handys, Klingeltöne und Minderjährigenschutz, NJW 2006, 3233; *Hagemeister,* Grundfälle zu Bankgeschäften mit Minderjährigen, JuS 1992, 839 (924); *Köbler,* Das Minderjährigenrecht, JuS 1979, 789; *Lange,* Schenkungen an beschränkt Geschäftsfähige und § 107 BGB, NJW 1955, 1339; *Meyer,* Gratisspiele im Internet und ihre minderjährigen Nutzer, NJW 2015, 3686; *Pawlowski,* Willenserklärungen und Einwilligung in personenbezogene Eingriffe, JZ 2003, 66; *Preuß,* Das für den Minderjährigen lediglich rechtlich vorteilhafte Geschäft, JuS 2006, 305; *Röthel/Krackhardt,* Lediglich rechtlicher Vorteil und Grunderwerb, JURA 2006, 161; *Schmitt,* Der Begriff der lediglich rechtlich vorteilhaften Willenserklärung i. S. des § 107 BGB, NJW 2005, 1090; *Staudinger,* Abschied von der Gesamtbetrachtungslehre?, JURA 2005, 547; *Schreiber,* Geschäftsfähigkeit, JURA 1991, 24; *Stürner,* Der lediglich rechtliche Vorteil, AcP 173 (1973), 402; *Sutter/Bensching,* Der praktische Fall – Bürgerliches Recht – Im Antiquariat, JuS 1998, 142; *Werner/Neureither* 22 Probleme BGB AT 2.–5. Problem zu § 107 BGB; *Wilhelm,* Aufforderung über die Genehmigung eines schwebend unwirksamen Geschäfts und Widerrufs, NJW 1992, 1666.

10. Fall: Die mofafeindlichen Eltern

Sachverhalt

Der 17-jährige Auszubildende L durfte sich von seiner Ausbildungsbeihilfe monatlich 50 EUR als Taschengeld zurückbehalten und hatte davon insgesamt 500 EUR angespart, um sich ein Mofa zu kaufen. Damit möchte er täglich zu seiner Ausbildungsstelle fahren. Als ihm der Kollege A ein fast neuwertiges Mofa zum angemessenen Preis von 1.000 EUR anbot, sagte ihm L, dass er lediglich 500 EUR bar bezahlen könne, er wäre aber bereit, den Rest in monatlichen Raten von 50 EUR abzuzahlen, wenn A noch etwas vom Preis nachließe. A hielt L für volljährig und einigte sich mit ihm auf 800 EUR. Bei diesem günstigen Preis glaubte L auch die Einwilligung seiner Eltern zu erhalten. Nach Empfang der 500 EUR übergab und übereignete A dem L das Mofa. Den Eltern des L erschien das Fahren mit dem Mofa jedoch zu gefährlich und sie lehnten das Geschäft ab.

Kann A von L oder dessen Eltern Zahlung der restlichen 300 EUR oder Rückgabe des Mofas verlangen?

Lösungsvorschlag

A. Ansprüche des A gegen L

I. **Anspruchsgrundlage** für einen Zahlungsanspruch ist **§ 433 II BGB**. Dieser Anspruch ist gegeben, wenn zwischen A und L ein Kaufvertrag über das Mofa zum Preis von 800 EUR abgeschlossen worden ist. Ein Vertrag kommt durch sich entsprechende Willenserklärungen der Parteien, durch Angebot und Annahme zustande.

1. Das **Angebot auf den Abschluss eines Kaufvertrages** (auch: Offerte, Antrag) muss den verbindlichen Willen enthalten, einen bestimmten Gegenstand zu einem bestimmten Preis zu kaufen (Angebot als Käufer) oder zu verkaufen (Angebot als Verkäufer), § 145 BGB.

a) A bot L das Mofa zunächst für 1.000 EUR zum Kauf an. Als dieses Angebot von L abgelehnt wurde, war es gem. § 146 BGB erloschen. Daraufhin erklärte A verbindlich, das Mofa für 800 EUR an L verkaufen zu wollen. Darin lag ein tatsächliches Angebot des A iSd § 145 BGB.

b) An der rechtlichen Wirksamkeit der Willenserklärung des A bestehen keine Bedenken.

2. Die **Annahme des Vertragsangebotes** ist ebenfalls eine Willenserklärung und bedeutet die Verpflichtung, den Vertrag nach den im Angebot festgelegten Bedingungen ohne Änderung abschließen und erfüllen zu wollen.

a) Tatsächlich hat L die Annahme des von A unterbreiteten Vertragsangebotes erklärt. Er hat diese im eigenen Namen abgegeben und war verbindlich zur Zahlung des geforderten Preises iHv 800 EUR und zur Abnahme des Mofas bereit.

b) Bedenken bestehen an der **rechtlichen Wirksamkeit** der von L abgegebenen Annahmeerklärung, denn L war als Minderjähriger gem. § 106 BGB nur beschränkt geschäftsfähig. Die von einem beschränkt Geschäftsfähigen abgegebene Willenserklärung bedarf zu ihrer Wirksamkeit grundsätzlich der Einwilligung des gesetzlichen Vertreters, es sei denn, es handelt sich um ein für ihn lediglich rechtlich vorteilhaftes Geschäft iSd § 107 BGB oder die Ausnahmevorschriften der §§ 110, 112, 113 BGB greifen ein.

aa) Die Willenserklärung eines Siebzehnjährigen ist gem. § 107 BGB auch ohne Zustimmung des gesetzlichen Vertreters wirksam, wenn ihm diese einen lediglich rechtlichen Vorteil bringt. § 107 BGB stellt allein auf den rechtlichen, nicht auf den wirtschaftlichen Vorteil ab. Der Umstand, dass der Kaufgegenstand zu einem günstigen Preis erlangt werden kann, hat daher außer Betracht zu bleiben. Lediglich rechtlich vorteilhaft ist eine Willenserklärung, wenn der Minderjährige dadurch seine Rechtsstellung verbessert, ohne gleichzeitig eigene Rechte zu verlieren oder zu mindern. Ebenso darf die Erklärung nicht zu einem Rechtsgeschäft führen, durch das der Minderjährige eine Verpflichtung übernimmt.

L wollte durch seine Annahmeerklärung einen Kaufvertrag mit A schließen. In diesem Vertrag übernahm L die Verpflichtung zur Zahlung des Kaufpreises. Die Annahmeerklärung sollte damit für ihn nicht zu einem lediglich rechtlich vorteilhaften

Geschäft führen. § 107 BGB befreit den L nicht von der Notwendigkeit einer Einwilligung durch den gesetzlichen Vertreter.

bb) Ohne Einwilligung des gesetzlichen Vertreters ist die Vertragserklärung eines beschränkt Geschäftsfähigen gem. § 110 BGB wirksam, wenn der Minderjährige die Leistung mit Mitteln bewirkt, die ihm von dem gesetzlichen Vertreter oder mit dessen Zustimmung von Dritten überlassen worden sind (Taschengeld). Aus dem Wort »bewirkt« in § 110 BGB ergibt sich, dass der beschränkt Geschäftsfähige die gesamte Gegenleistung bar erbringen muss, nicht aber Verpflichtungen für die Zukunft eingehen darf. Ratengeschäfte sind von § 110 BGB nicht gedeckt. Das gilt selbst dann, wenn die vereinbarten Raten dem von den Eltern zugesagten Taschengeld entsprechen. § 110 BGB enthält eine vermutete pauschalierte Zustimmung des gesetzlichen Vertreters. Diese Zustimmung ist auf die Summe des überlassenen Geldes begrenzt. Hat der Minderjährige lediglich eine Teilleistung erbracht (Anzahlung), ist grundsätzlich das gesamte Rechtsgeschäft schwebend unwirksam, denn durch eine Teilleistung ist nicht die vertragsgemäße Leistung des Minderjährigen »bewirkt«.

Die Verpflichtung des L richtet sich gem. § 433 II BGB auf 800 EUR. Er hatte mit der Anzahlung iHv 500 EUR noch nicht die ihm obliegende vertragsgemäße Leistung bewirkt. § 110 BGB führt nicht zu einer Wirksamkeit der von L abgegebenen Annahmeerklärung ohne Einwilligung des gesetzlichen Vertreters.

cc) Gemäß § 113 BGB ist ein beschränkt Geschäftsfähiger im Rahmen eines ihm von dem gesetzlichen Vertreter gestatteten Dienst- oder Arbeitsverhältnisses voll geschäftsfähig. L war Auszubildender und wollte das Mofa zur Fahrt zum Ausbildungsplatz benutzen. Ein Ausbildungsvertrag wird aber nicht von § 113 BGB erfasst, da bei diesem der Erziehungs- und Lernzweck vorrangig ist, nicht aber die Arbeitstätigkeit. Zudem bezieht sich § 113 BGB allein auf die Eingehung, Aufhebung oder Erfüllung eines Dienst- oder Arbeitsvertrages, nicht aber auf Geschäfte, die nur mittelbar mit dem Dienst- oder Arbeitsverhältnis in Zusammenhang stehen. Die Anschaffung eines Fahrzeuges, das zur Fahrt zum Ausbildungsplatz benutzt werden soll, bezieht sich nur mittelbar auf die Arbeit und wird nicht von § 113 BGB gedeckt. Daher kann über diese Norm auf eine Einwilligung des gesetzlichen Vertreters nicht verzichtet werden.

dd) Liegt kein Ausnahmetatbestand vor, der eine Einwilligung des gesetzlichen Vertreters zu der Annahmeerklärung des L erübrigt, verbleibt es bei der Grundregel der §§ 107, 108 BGB. L bedurfte zu der Annahme des von A gemachten Vertragsangebotes der Einwilligung seiner Eltern als dessen gesetzlichen Vertreter, §§ 1626, 1627 BGB. Diese war nicht erteilt. Damit war die Erklärung des L und damit auch der Vertrag gem. § 108 I BGB schwebend unwirksam und konnte nur noch durch eine Genehmigung der Eltern wirksam werden. Ihre Genehmigung haben die Eltern ausdrücklich verweigert. Der gesetzliche Vertreter ist in seiner Entscheidung, ob er dem Vertrag durch Genehmigung Wirksamkeit verleiht, grundsätzlich frei. Mit der Verweigerung der Genehmigung wurde die zunächst schwebend unwirksame Vertragserklärung des L endgültig unwirksam, § 108 I BGB.

ee) A hielt L für volljährig und damit für voll geschäftsfähig. Gutglaubensschutz erfolgt allein in den gesetzlich angeordneten Fällen. Der gute Glaube an die Geschäftsfähigkeit wird wegen des vorrangigen Minderjährigenschutzes im BGB grundsätzlich nicht geschützt. Der gute Glaube des A führte damit nicht zu einer Wirksamkeit der von L getätigten Annahmeerklärung.

c) Da eine wirksame Annahme des von A dem L gemachten Vertragsangebotes nicht erfolgt ist, ist das Angebot des A gem. §§ 146 ff. BGB erloschen. Ein Kaufvertrag zwischen A und L ist nicht zustande gekommen.

3. **Ergebnis:** A kann von L nicht nach § 433 I BGB Zahlung des Restkaufpreises iHv 300 EUR verlangen.

II. A hat gegen L einen Anspruch auf **Herausgabe des Mofas nach § 985 BGB,** wenn A Eigentümer und L Besitzer des Fahrzeuges ist und L kein Recht zum Besitz hat (§ 986 BGB).

1. Der Anspruchsgegner L muss als Schuldner des Herausgabeanspruches Besitzer des Mofas sein. Besitz ist die tatsächliche Herrschaftsgewalt über eine Sache, das »äußere Haben« ohne Rücksicht auf Rechtsbeziehungen zu der Sache. A hatte L das Mofa übergeben, damit wurde L Besitzer.

2. Der Anspruchsinhaber muss **Eigentümer** der begehrten Sache sein. Es ist also zu untersuchen, ob A Eigentümer des Mofas ist.

a) Ursprünglich war A Eigentümer. Es fragt sich jedoch, ob er dieses Recht an L verloren hat.

b) Das Eigentumsrecht an einer beweglichen Sache wird gem. § 929 BGB übertragen durch die Übergabe der Sache und die Einigung zwischen dem bisherigen und dem neuen Eigentümer darüber, dass das Recht (Eigentum) von ersterem auf letzteren übergehen soll. Es handelt sich hierbei um ein Verfügungsgeschäft, um einen sog. dinglichen Vertrag[1], der wie jeder andere Vertrag (§§ 104 ff. BGB) durch sich entsprechende Willenserklärungen der Parteien, durch Angebot und Annahme zustande kommt.

aa) A hat L das Mofa übergeben und die Übereignung gewollt. Das **Angebot** des A zum Abschluss des dinglichen Vertrages (Einigung) lag konkludent in der Übergabe der Sache. Diese erfolgte, um den Eigentumsübergang herbeizuführen.

bb) Die **Annahme** dieses Angebotes durch L lag in der Entgegennahme des Mofas. Er hat sich das Mofa übereignen lassen.

Bedenken bestehen hinsichtlich der rechtlichen Wirksamkeit der von L erklärten Annahme des Übereignungsangebotes des A. Diese Annahmeerklärung ist eine Willenserklärung und nach den Kriterien der §§ 104 ff. BGB zu beurteilen. Nach §§ 106, 107 BGB kann ein beschränkt Geschäftsfähiger eine dingliche Einigungserklärung dann ohne Einwilligung des gesetzlichen Vertreters vornehmen, wenn sie ihm lediglich einen rechtlichen Vorteil verschafft. Mit der Übertragung des Eigentums auf ihn erwirbt ein Minderjähriger das Eigentumsrecht, ohne zu einer entsprechenden Gegenleistung verpflichtet zu sein. Es ist dabei allein auf die Annahme des Übereignungsangebotes

1 **Hinweis:** Ein dinglicher Vertrag ist auf die Herbeiführung einer Änderung der dinglichen Rechtslage (etwa Besitz/Eigentum) durch Verfügung über ein Recht gerichtet. Verfügung im sachenrechtlichen Sinne ist die unmittelbare Einwirkung auf den Bestand eines Rechts (Begründung, Übertragung, Aufhebung, Belastung oder inhaltliche Änderung). Zur Abgrenzung Verpflichtungs-/Verfügungsgeschäft und zum Abstraktionsprinzip, *Wolf/Neuner* BGB AT § 29 Rn. 31 ff.

abzustellen. Die aufgrund anderer Erklärung gewollte schuldrechtliche Verpflichtung hat außer Betracht zu bleiben. Durch die dingliche Einigungserklärung wird nicht die schuldrechtliche Verpflichtung begründet, sondern allein der dingliche Rechtsübergang (Eigentumsübergang) herbeigeführt (Abstraktionsprinzip). Der Erwerb des Eigentums stellt für den Minderjährigen einen lediglich rechtlichen Vorteil dar.

Die Annahmeerklärung des L führte zu einem Rechtserwerb (Eigentum), war damit für ihn lediglich rechtlich vorteilhaft und gem. § 107 BGB auch ohne Einwilligung des gesetzlichen Vertreters wirksam.

cc) Durch eine wirksame Einigung zwischen A und L iSd § 929 BGB und Übergabe des Mofas war das Eigentum von A auf L übergegangen. A hat dieses Recht verloren. Er ist nicht iSd § 985 BGB anspruchsberechtigt.

3. Ergebnis: A kann von L nicht gem. § 985 BGB Herausgabe des Mofas verlangen.

III. In Betracht kommt ein Anspruch des A gegen L auf **Herausgabe** des Eigentums und des Besitzes an dem Mofa gem. **§ 812 I 1, Alt. 1 BGB.**

1. L hat von A Eigentum und Besitz an dem Mofa **durch Leistung** erhalten (etwas erlangt, durch Leistung: bewusste und gewollte Mehrung fremden Vermögens).

2. A hat diese Leistung erbracht, weil er sich aus § 433 I BGB für verpflichtet hielt. Der Kaufvertrag war aber – wie bereits festgestellt – wegen der Minderjährigkeit des L nicht wirksam zustande gekommen, §§ 106, 107, 108 BGB. Damit bestand für die Leistung des A kein Rechtsgrund (**ohne rechtlichen Grund**).

3. L ist gem. § 812 I 1 BGB verpflichtet, das ohne rechtlichen Grund von **A Erlangte herauszugeben.** Erlangt hatte er Eigentum und Besitz an dem Mofa. Die Herausgabe erfolgt hinsichtlich des Eigentums durch Rückübertragung gem. § 929 BGB (Übergabe und Einigung über den Eigentumsübergang von L auf A), die Herausgabe des Besitzes (Realakt) erfolgt durch Übergabe der Sache an A, sodass dieser die tatsächliche Herrschaftsgewalt an dem Mofa erlangt.

B. Anspruch des A gegen die Eltern des L

I. Ein **Anspruch aus § 433 II BGB** besteht nicht. Die Vertragserklärungen wurden zwischen A und L, nicht zwischen A und den Eltern des L abgegeben. L hat im eigenen Namen gehandelt. Ein Kaufvertrag zwischen A und den Eltern des L ist somit nicht zustande gekommen.

II. Einen **Schadensersatzanspruch** kann A gegen die Eltern des L nicht deswegen geltend machen, weil diese die Zustimmung zu dem Vertrag verweigert haben. Die Eltern haben keine Zustimmungspflicht, selbst wenn das Geschäft für den Minderjährigen wirtschaftlich vorteilhaft ist. Ihr Motiv für die Ablehnung ist im Verhältnis zu dem Dritten rechtlich irrelevant.

C. Gesamtergebnis

A hat einen Anspruch gegen L auf Herausgabe des Mofas und Rückübertragung des Eigentums gem. § 812 I 1 Alt. 1 BGB. Einen Zahlungsanspruch kann er weder gegen L noch gegen dessen Eltern geltend machen.

Zur Vertiefung: *Brill,* Der minderjährige Arbeitnehmer in der Rechtsprechung, BB 1975, 284; *Brox,* Der Minderjährigenschutz beim Rechtsgeschäft, JA 1989, 441; *Flume*, Der minderjährige Gesellschafter, NZG 2014, 17; *Franzen,* »Der bereute Fahrradkauf«, JuS-Lernbogen 1998, L 36; *Heim,* Gesetzgeberische Modifizierung der Auswirkungen der Geschäftsunfähigkeit Volljähriger bei Vertragsschluss, JuS 2003, 141; *Köbler,* Das Minderjährigenrecht, JuS 1979, 789; *Krüger,* Unentgeltlicher Erwerb belasteter Grundstücke durch einen beschränkt Geschäftsfähigen, JuS-Lernbogen 1991, L 1; *Leenen,* Die Heilung fehlender Zustimmung gemäß § 110 BGB, FamRZ 2000, 863; *Linderacher,* Überlegungen zu § 110 BGB, FS Bosch, 1976, 533; *Lorenz*, Grundwissen – Zivilrecht: Rechts- und Geschäftsfähigkeit, JuS 2010, 11; *Nierwetberg,* Der »Taschengeldparagraph« (§ 110 BGB) im System des Minderjährigenrechts, JURA 1984, 127; *Preuß,* Das für den Minderjährigen lediglich rechtlich vorteilhafte Geschäft, JuS 2006, 305; *Rolfs,* Neues zur Deliktshaftung Minderjähriger, JZ 1999, 233; *Schmitt*, Der Begriff der lediglich rechtlich vorteilhaften Willenserklärung, NJW 2005, 1090; *Schreiber,* Geschäftsfähigkeit, JURA 1991, 24; *Schreiber,* Neutrale Geschäfte Minderjähriger, JURA 1987, 221 f.; *Stürner,* Der lediglich rechtliche Vorteil, AcP 173 (1973), 402; *Wieser,* Der Anwendungsbereich des »Taschengeldparagraphen« (§ 110 BGB), FamRZ 1973, 434 f.; *Wittkowski,* »Der gescheiterte Motorradkauf«, JuS-Lernbogen 1989, L 20.

11. Fall: Das beschädigte Weinfass

Sachverhalt

Der Winzer W verkaufte anlässlich der Grünen Woche in Berlin dem Weinhändler H sein letztes Fass 2009er »Zeltinger Bocksberg« Riesling Spätlese. Der Kaufpreis iHv 1.500 EUR sollte bei Erhalt der Lieferung entrichtet werden.

Als W nach der Heimkehr seinen Gehilfen G anwies, das Fass an H abzusenden, stellte sich heraus, dass dieses schon vor der Reise des W nach Berlin infolge einer Beschädigung ausgelaufen war. G hatte dem W eine entsprechende Notiz auf den Schreibtisch gelegt, die W wegen seiner Reisevorbereitungen jedoch nicht mehr beachtet hatte.

Da H den Wein für insgesamt 2.000 EUR hätte weiterverkaufen können und ein Wein dieser Lage und des Jahrgangs 2009 nicht mehr erhältlich ist, verlangt er von W 500 EUR Schadensersatz.

Fallabwandlung:

Wie ist die Rechtslage, wenn das Fass kurz nach der Grünen Woche aufgrund einer Unachtsamkeit des G ausgelaufen wäre.

Lösungsvorschlag

A. Grundfall

I. H könnte gegen W einen Anspruch auf **Schadensersatz** iHv 500 EUR gem. **§ 311a II BGB** haben.

1. Voraussetzung ist, dass zwischen H und W ein wirksamer Kaufvertrag über das Fass 2009er »Zeltinger Bocksberg« Riesling Spätlese zum Preis von 1.500 EUR bestand. Ein solcher Kaufvertrag wurde auf der Grünen Woche in Berlin geschlossen. Dieser Kaufvertrag ist auch nicht deshalb unwirksam, weil der Wein schon vor Vertragsschluss nicht mehr existiert hat.[1] Das Gesetz geht in § 311a I BGB ausdrücklich von der Wirksamkeit eines solchen Vertrages aus.

2. Weiterhin ist erforderlich, dass der Schuldner nach § 275 I–III BGB nicht mehr zu leisten braucht.

Dies ist nach § 275 I BGB der Fall, wenn die Leistung für den Schuldner oder für jedermann unmöglich ist. Es handelt sich bei dem geschuldeten Weinfass um ein Einzelstück, welches im Übrigen nicht mehr erhältlich ist. Nachdem es ausgelaufen ist, konnte folglich kein Ersatz beschafft werden. Die Leistung ist daher für jedermann unmöglich. Der W braucht daher gem. § 275 I BGB nicht mehr zu leisten.

3. Nächste Voraussetzung ist, dass das Leistungshindernis schon bei Vertragsschluss vorgelegen hat. Als der W auf der Grünen Woche den Wein verkauft hat, war das entsprechende Fass schon ausgelaufen. Das Leistungshindernis des § 275 I BGB bestand mithin schon vor dem Vertragsschluss.

4. Der Anspruch ist nach § 311a II 2 BGB ausgeschlossen, wenn der Schuldner das Leistungshindernis bei Vertragsschluss nicht kannte und seine Unkenntnis auch nicht zu vertreten hat. Der Schuldner trägt insoweit die Beweislast.

Dass der Wein ausgelaufen war, wusste W nicht. Er hätte es aber wissen können, da ihm G diese Tatsache durch einen Zettel auf seinem Schreibtisch mitgeteilt hat. Es kann von einem Geschäftsmann erwartet werden, dass er, auch wenn er eine Reise vorbereitet, sich um den gewöhnlichen Geschäftsgang kümmert, insbesondere schriftliche Notizen auf seinem Schreibtisch zur Kenntnis nimmt. Indem er dies nicht getan hat, ließ er die im Verkehr erforderliche Sorgfalt außer Acht. Die Unkenntnis des W beruht somit auf Fahrlässigkeit iSd § 276 II BGB. Er hat seine Unkenntnis folglich zu vertreten, sodass ein Ausschluss des Anspruchs nach § 311a II 2 BGB nicht in Betracht kommt.

5. H kann folglich von W gem. § 311a II BGB Schadensersatz statt der Leistung verlangen. Dies entspricht dem positiven Interesse,[2] dh H muss so gestellt werden, als ob W ordnungsgemäß erfüllt hätte. Hätte W den Wein geliefert, hätte H diesen für

---

1 **Hinweis:** Anfängliche objektive und subjektive Unmöglichkeit. Es handelt sich um einen Vertrag ohne Primärleistungspflichten. Der Vertrag bildet allein die Grundlage für Sekundäransprüche.

2 Folgerichtig, weil der Anspruch aus der Nichterfüllung des Leistungsversprechens folgt und nicht aus einer Pflichtverletzung, *Jacoby/v. Hinden* § 311a Rn. 3, 4; *Senne* JA 2002, 424 (431); *Otto* JURA 2002, 1 (5) dort mwN in Fn. 58.

2.000 EUR weiterverkaufen können. Er hätte also einen Gewinn von 500 EUR gemacht, den er jetzt als Schadensposten geltend machen kann.

H kann von G Zahlung von 500 EUR gem. § 311a II BGB verlangen.

II. Ein **Schadensersatzanspruch** könnte sich auch **aus § 280 I BGB** ergeben. Der Anspruch setzt aber voraus, dass der Schuldner eine sich aus dem Schuldverhältnis ergebende Pflicht verletzt hat. Hierbei kann nur an die Leistungspflicht angeknüpft werden. Diese bestand jedoch wegen § 275 I BGB zu keinem Zeitpunkt. Eine Pflicht die nie bestand, kann auch nicht verletzt werden.

Aus diesem Grunde hat der Gesetzgeber die Regelung des § 311a II 1 BGB geschaffen.[3] Diese Schadensersatznorm knüpft nicht an die Verletzung der Leistungspflicht an, sondern an die Pflicht, sich vor Vertragsschluss über seine Leistungsfähigkeit zu informieren.[4]

Ist folglich der Anwendungsbereich des § 311a II 1 BGB eröffnet, bleibt für die Anwendung des § 280 I BGB kein Raum.[5]

III. W ist zum Ersatz des dem H entgangenen Gewinnes verpflichtet, wenn er aus **unerlaubter Handlung gem. §§ 823 I, II, 249, 252 BGB** haftet.

1. Einen Schadensersatzanspruch aus § 823 I BGB hat H nicht. W hat kein absolutes Recht des H verletzt.

2. Ein Schadensersatzanspruch aus § 823 II BGB scheidet ebenfalls aus. W hat nicht gegen ein zugunsten des H bestehendes Schutzgesetz verstoßen.

IV. Gesamtergebnis: H kann von W Zahlung der 500 EUR verlangen, aus § 311a II BGB.

B. Fallabwandlung

I. H könnte gegen W einen Anspruch auf Zahlung von 500 EUR gem. **§§ 280 I, 280 III, 283 S. 1 BGB** haben.

1. Voraussetzung ist zunächst, dass zwischen H und W ein Schuldverhältnis bestand. H und W haben auf der Grünen Woche in Berlin einen Kaufvertrag über den Erwerb eines Fasses 2009er »Zeltinger Bocksberg« Riesling Spätlese zum Preis von 1.500 EUR geschlossen. Unwirksamkeitsgründe sind nicht ersichtlich. Es bestand daher ein Schuldverhältnis iSv § 311 I BGB

2. W muss eine sich aus dem Schuldverhältnis ergebende Pflicht verletzt haben. Gemeint ist, dass der Schuldner sich objektiv nicht wie gemäß dem Schuldverhältnis ge-

3 BT-Drs. 14/6040, 165.

4 Vgl. zur umstrittenen dogmatischen Einordnung *Schwarze* JURA 2002, 73 (80 f.) und *Mattheus* JuS 2002, 209 (214).

5 **Hinweis:** Der Schadensersatzanspruch soll nach dem Willen des Gesetzgebers immer aus § 280 I BGB folgen (zentrale Norm mit der Voraussetzung einer *Pflichtverletzung*), ggf. iVm weiteren Vorschriften. Einzige Ausnahme davon ist § 311a II BGB (eigenständige Anspruchsgrundlage) für Schadensersatzansprüche bei anfänglicher Unmöglichkeit – die Schadensersatzpflicht beruht darauf, den Schuldner an seinem Erfüllungsversprechen festzuhalten, BT-Drs. 14/6040, 380 f.; *Schwab* JuS 2002, 1 (3) mwN.

schuldet verhalten hat.[6] Der Kaufvertrag verpflichtet W gem. § 433 I 1 BGB, das geschuldete Fass Wein zu übergeben und dem H Eigentum daran zu verschaffen. Dies hat er nicht bewirkt. Durch die Nichtleistung hat er eine **Pflichtverletzung iSd § 280 I BGB** begangen.[7]

3. W muss die Pflichtverletzung gem. § 280 I 2 BGB zu **vertreten** haben. Das Vertretenmüssen wird, wie sich aus der gesetzlichen Formulierung ergibt, vermutet. Darüber hinaus muss sich der W das Verschulden seines Gehilfen G gem. §§ 276, 278 BGB zurechnen lassen. W kann ein fehlendes Verschulden nicht belegen, sich nicht entlasten. Der W hat folglich die Pflichtverletzung zu vertreten.

4. H begehrt von W den ihm **entgangenen Gewinn**. Ein solcher Schadensersatz statt der Leistung kann nur unter den Voraussetzungen der §§ 280 III, 283 S. 1 BGB verlangt werden.

Erforderlich ist, dass W gem. § 275 I–III BGB nicht mehr zu leisten braucht. Er braucht nach § 275 I BGB dann nicht mehr zu leisten, wenn dies für ihn oder für jedermann unmöglich ist. Das Weinfass des W ist zerstört worden. Ein anderes Fass dieser Sorte ist am Markt nicht mehr erhältlich. Die Leistung ist somit für jedermann unmöglich. Der W braucht gem. § 275 I BGB nicht mehr zu leisten. Der H kann folglich Schadensersatz statt der Leistung verlangen.

5. Der Schadensersatzanspruch betrifft das **positive Interesse**. Dieses beträgt, wie schon dargelegt,[8] 500 EUR.

II. Ergebnis der Fallabwandlung

H kann von W Zahlung von 500 EUR verlangen.

Zur Vertiefung: *Coester-Waltjen,* Die Gegenleistungsgefahr, JURA 2007, 110; *Coester-Waltjen,* Verzögerungsgefahr, Sachgefahr, Leistungsgefahr, JURA 2006, 829; *Koppenfels,* Pech mit dem Examensgeschenk, JuS 2002, 569; *Lorenz,* Grundwissen-Zivilrecht: Was ist eine Pflichtverletzung (§ 280 I BGB)?, JuS 2007, 213; *Mattheus,* Schuldrechtsmodernisierung 2001/2002 – Die Neuordnung des allgemeinen Leistungsstörungsrechts, JuS 2002, 209; *Medicus,* Die Leistungsstörungen im Neuen Schuldrecht, JuS 2003, 521; *Meier,* Neues Leistungsstörungsrecht: Nachträgliche Unmöglichkeit und nachträgliches Unvermögen in der Fallbearbeitung, JURA 2002, 118; *Schwab,* Das neue Schuldrecht im Überblick, JuS 2002, 1; *Schwarze,* Unmöglichkeit, Unvermögen und ähnliche Leistungshindernisse im neuen Leistungsstörungsrecht, JURA 2002, 73; *Senne,* Das Recht der Leistungsstörungen nach dem Schuldrechtsmodernisierungsgesetz, JA 2002, 424; *Sutschet,* Haftung für anfängliches Unvermögen, NJW 2005, 1404.

6 *Medicus/Lorenz* SchuldR AT Rn. 327 – Abweichen vom objektiven Pflichtenprogramm des Schuldverhältnisses (Nichtleistung, Verspätung, Mangelhaftigkeit); *Lorenz* JuS 2007, 213 (214, unter IV.).

7 **Hinweis:** Der dogmatische Ansatzpunkt für die Haftung nach § 280 I BGB ist streitig. Der Gesetzgeber sieht die Pflichtverletzung darin, dass der Schuldner seine Pflicht objektiv nicht erbringt (BT-Drs. 14/6040, 134). Nach verbreiteter Meinung in der Literatur liegt die Pflichtverletzung im Tun oder Unterlassen, welches die Unmöglichkeit herbeiführt (s. *Mattheus* JuS 2002, 209 [213]).

8 S. A. I. 5.

12. Fall: Der Totalschaden

Sachverhalt

Gebrauchtwagenhändler V verkauft K am 30.10. einen Gebrauchtwagen im Wert von 9.000 EUR mit der Fahrgestellnummer 362 3009330 für 7.000 EUR. Auf Wunsch des K sollen noch einige Extras eingebaut, der Pkw daher erst am 15.11. gegen Zahlung des Kaufpreises übergeben werden. Da K bisher einen Wagen anderen Typs gefahren hat, unternehmen V und K eine Probefahrt in die nähere Umgebung, wobei der Wagen infolge eines schweren Unfalles einen Totalschaden erleidet. V und K bleiben unverletzt.

Welche Rechte haben V und K, wenn:

a) V den Pkw gefahren und den Unfall verschuldet hat?

b) K den Wagen gefahren und den Unfall verschuldet hat?

c) Der Unfall von einem anderen Verkehrsteilnehmer, D, verschuldet worden ist, der nach dem Unfall unerkannt flüchtete?

V verweigert die Lieferung eines anderen Fahrzeuges zu dem vereinbarten Preis, da der zerstörte Pkw ein Gelegenheitskauf gewesen sei und ein entsprechendes Fahrzeug mindestens 9.000 EUR kosten würde.

Lösungsvorschlag

1. Fallvariante: V hat den Pkw gefahren und den Unfall verschuldet.

A. Ansprüche des K gegen V

I. Ein Anspruch des K gegen V auf **Lieferung eines Gebrauchtfahrzeuges** kann sich aus § 433 I 1 BGB ergeben.

1. K und V haben am 30.10. einen Vertrag geschlossen, nach dem V verpflichtet sein sollte, dem K am 15.11. (Fälligkeit) einen gebrauchten Pkw zu übergeben und zu übereignen. Die von K übernommene Verpflichtung bestand in der Zahlung von 7.000 EUR. Es handelt sich somit um einen Kaufvertrag iSd § 433 BGB.

Gegenstand des Kaufvertrages ist der Gebrauchtwagen als ein bestimmtes Einzelexemplar. Es handelt sich nicht um einen lediglich nach allgemeinen Merkmalen bestimmten Pkw im Sinne einer Gattungsschuld, sondern um einen individuellen Leistungsgegenstand im Sinne einer Speziesschuld. Die Leistungspflicht des V beschränkt sich auf den Pkw mit der Fahrgestellnummer 362 3009330. Ein Anspruch des K gegen V auf Lieferung nur dieses Pkw zum 15.11. gem. § 433 I 1 BGB ist mit dem Abschluss des Kaufvertrages am 30.10. entstanden.

2. Es fragt sich jedoch, ob der Anspruch des K untergegangen ist.

a) Der Anspruch des K ist nicht durch Erfüllung gem. § 362 I BGB untergegangen, die von V gem. § 433 I 1 BGB herbeizuführende Übergabe des Gebrauchtwagens und Eigentumsübertragung an K ist nicht erfolgt.

b) Der geschuldete Pkw ist durch den Unfall zerstört worden (Totalschaden). In Betracht zu ziehen ist eine Leistungsbefreiung des V nach § 275 I BGB. Diese tritt ein, wenn die Leistung für den Schuldner oder für jedermann unmöglich ist. Sie ist für jedermann unmöglich, wenn sie überhaupt nicht mehr erbracht werden kann (dauernde, nicht nur zeitweilige Unmöglichkeit[1]). Ein durch Totalschaden zerstörtes Auto ist nicht reparierbar. Die Leistung ist damit für jedermann tatsächlich und endgültig unmöglich geworden.

c) Der Anspruch des K wird damit durch § 275 I BGB ausgeschlossen.

3. K hat gegen V keinen Anspruch auf Lieferung eines Gebrauchtwagens gem. § 433 I 1 BGB.

II. K könnte gegen V jedoch Anspruch auf **Schadensersatz** iHv 2.000 EUR gem. **§§ 280 I, 280 III, 283 S. 1 BGB** haben.

1. Erste Voraussetzung für den Anspruch aus § 280 I BGB ist das Bestehen eines Schuldverhältnisses iSd § 311 BGB. Dieses Merkmal ist mit dem bereits festgestellten Kaufvertrag zwischen V und K gegeben.

1 Erman/*H. P. Westermann* Vor §§ 275–292 Rn. 7, § 275 Rn. 3.

2. Aus diesem Kaufvertrag obliegt V die Hauptleistungspflicht auf Übereignung und Übergabe des Gebrauchtfahrzeuges mit der Fahrgestellnummer 362 3009330. Diese Pflicht hat er durch seine Nichtleistung verletzt.[2]

3. Der Anspruch setzt letztlich noch voraus, dass der Schuldner die Pflichtverletzung zu vertreten hat. Was der Schuldner zu vertreten hat, richtet sich wiederum nach §§ 276 ff. BGB.[3] Grundsätzlich muss der Schuldner die Pflichtverletzung vertreten, wenn er sie verschuldet hat. Dem V ist die ihm obliegende Leistung durch den von ihm verschuldeten Verkehrsunfall unmöglich geworden.

Damit sind alle Voraussetzungen für einen Anspruch aus § 280 I BGB erfüllt.

4. K kann die Lieferung nicht mehr verlangen, er ist daher an Schadensersatz statt der Leistung interessiert. Diesen erhält er nur unter den besonderen Voraussetzungen der §§ 280 III, 283 BGB, wenn der Schuldner wegen § 275 I–III BGB nicht mehr zu leisten braucht. Wie schon dargelegt, tritt eine Leitungsbefreiung durch § 275 I BGB ein. Die Voraussetzungen der §§ 280 III, 283 BGB sind erfüllt.

5. Der Anspruch aus §§ 280 I, 280 III, 283 BGB soll den Schaden ausgleichen, der dem Gläubiger durch die Nichterfüllung der Schuldverpflichtung entstanden ist. Der Schaden des K berechnet sich nach dem Unterschied (Differenz) zwischen dem durch die Nichterfüllung seitens des V entstandenen Nachteil und dem Wert der von K versprochenen Gegenleistung.[4] K hätte für 7.000 EUR einen Pkw erhalten, der 9.000 EUR wert ist, dh sein Vermögen wäre bei Erfüllung durch V um 2.000 EUR erhöht. Diesen Differenzbetrag muss er nun aufwenden, um den Zustand herzustellen, der bei Erfüllung durch V bestanden hätte. Der Schaden des K beläuft sich damit auf 2.000 EUR.

6. Ergebnis: K kann von V gem. §§ 280 I, 280 III, 283 BGB die Zahlung von 2.000 EUR verlangen.

III. K kann auch noch vom Vertrag gem. §§ 326 V, 323 BGB zurücktreten. Da K aber noch nichts gezahlt hat, ergeben sich insoweit keine **Rückzahlungsansprüche** gem. § 346 I BGB.

IV. Ein Anspruch aus **§ 823 I BGB** auf Schadensersatz steht K gegen V nicht zu. V hat kein absolutes Recht des K verletzt. Zur Zeit des Unfalls war V Eigentümer des Pkw und nicht K. Der Anspruch auf Vertragserfüllung ist ein sog. relatives Recht und wird nicht von § 823 I BGB erfasst.[5]

B. Ansprüche des V gegen K

I. Zu prüfen ist zunächst ein Anspruch des V gegen K auf Zahlung des vereinbarten **Kaufpreises von 7.000 EUR gem. § 433 II BGB.**

---

2 Vgl. Fall 11 Fn. 4.

3 Erman/*H. P. Westermann* § 280 Rn. 16; Staudinger/*Schwarze*, 2014, § 280 Rn. D6.

4 Sog. Differenztheorie, vgl. zur Schadensberechnung im neuen Schuldrecht *Meier* JURA 2002, 118 (124).

5 Palandt/*Sprau* Einf. v. § 823 Rn. 9.

1. Zwischen V und K ist ein Kaufvertrag abgeschlossen worden, aufgrund dessen K verpflichtet ist, an V 7.000 EUR zu zahlen.[6] Ein entsprechender Anspruch des V ist somit entstanden.

2. Da V jedoch selbst gem. § 275 I BGB nicht mehr zu leisten braucht, entfällt gem. § 326 I 1 BGB von Gesetzes wegen der Anspruch auf die Gegenleistung, hier der Kaufpreis.

3. V kann von K nicht die Zahlung von 7.000 EUR verlangen.

II. Ein Anspruch des V gegen K aus **§ 280 I BGB** ist nicht begründet. Eine dem K vorwerfbare Pflichtverletzung ist nicht ersichtlich.

C. Ergebnis der 1. Fallvariante:

I. K hat gegen V einen Anspruch auf Zahlung von 2.000 EUR gem. §§ 280 I, 280 III, 283 BGB. Er kann außerdem vom Vertrag gem. §§ 326 V, 323 BGB zurücktreten.

II. V hat gegen K keine Ansprüche.

2. Fallvariante: K hat den Pkw gefahren und den Unfall verschuldet.

A. Ansprüche des K gegen V

I. Zunächst ist ein Anspruch des K gegen V auf Lieferung eines Pkw gem. **§ 433 I 1 BGB** zu prüfen.

1. Mit dem Abschluss des Kaufvertrages über den Gebrauchtwagen am 30.10. ist der Anspruch entstanden.[7]

2. V könnte von seiner Leistungspflicht nach § 275 I BGB frei geworden, der Anspruch des K damit untergegangen sein. Eine Unmöglichkeit der Leistung des V iSd § 275 I BGB ist – wie bereits in der 1. Fallvariante (A. I. 2b aa, bb) geprüft – gegeben.

3. K kann von V nicht Lieferung des Pkw verlangen.

II. Ein Anspruch des K gegen V aus **§§ 280 I, 280 III, 283 BGB** auf Schadensersatz ist nicht gegeben. Zwar besteht zwischen beiden ein Schuldverhältnis in Form des Kaufvertrages. Auch liegt in der Nichtleistung durch V eine Pflichtverletzung. Diese hat jedoch nicht V, sondern K verschuldet iSd § 276 BGB. Der V kann daher die gesetzliche Vermutung des § 280 I 2 BGB, die bei einer Pflichtverletzung des Schuldners grundsätzlich von dessen Vertretenmüssen ausgeht, widerlegen.

III. Dem K könnte ein **Rücktrittsrecht nach § 326 V BGB** zustehen. V braucht nach § 275 I BGB nicht zu leisten, sodass die Voraussetzungen grundsätzlich erfüllt sind. § 326 V BGB verweist jedoch für den Rücktritt auf § 323 BGB und somit auch auf die Regelung des § 323 VI Alt. 1 BGB. Ein Rücktritt ist danach ausgeschlossen, wenn der Gläubiger für den rücktrittsbegründenden Umstand allein oder weit über-

6 Vgl. 1. Fallvariante A. I. 1.
7 Vgl. 1. Fallvariante A. I. 1.

wiegend verantwortlich ist.[8] Verantwortlich ist der Gläubiger für die Unmöglichkeit der Schuldnerleistung, wenn er diese herbeigeführt hat (1.) durch eine von ihm begangene schuldhafte unerlaubte Handlung oder (2.) durch schuldhafte Verletzung einer dem Schuldner gegenüber obliegende Verpflichtung oder (3.) wenn das Leistungshindernis aus der Risikosphäre des Gläubigers stammt.[9] Der Begriff »weit überwiegend« umschreibt den Grad der Mitverantwortung, der auch über § 254 BGB einen Schadensersatzanspruch ausschließen würde.[10]

K hat durch eine schuldhafte unerlaubte Handlung gem. § 823 I BGB das Fahrzeug des V zerstört, sodass eine Leistungsbefreiung nach § 275 I BGB eintrat. Er ist daher für den Umstand, der den Rücktritt begründet, verantwortlich. Ein Rücktrittsrecht nach § 326 V BGB steht dem K gem. § 323 VI Alt. 1 BGB nicht zu.

B. Ansprüche des V gegen K

I. Ein Anspruch des V gegen K auf Zahlung des vereinbarten **Kaufpreises** iHv 7.000 EUR kann sich aus **§ 433 II BGB** ergeben.

1. Mit Abschluss des Kaufvertrages ist der Kaufpreisanspruch des V aus § 433 II BGB entstanden.[11]

2. Es fragt sich, ob dieser Anspruch des V gem. § 326 I 1 BGB untergegangen ist.

a) Voraussetzung ist zunächst, dass zwischen den Parteien ein gegenseitiger Vertrag besteht. Dies ist bei dem Kaufvertrag zwischen K und V der Fall.

b) Erforderlich ist weiterhin, dass der Schuldner nach § 275 I–III BGB nicht zu leisten braucht. Der V ist von seiner Leistungspflicht gem. § 275 I BGB befreit.

c) Grundsätzlich entfällt dann nach § 326 I 1 BGB der Anspruch des V auf die Gegenleistung, hier Zahlung des Kaufpreises.

Der Anspruch könnte jedoch durch § 326 II 1 BGB aufrechterhalten worden sein. Danach bleibt der Anspruch bestehen, wenn der Gläubiger für den Umstand, aufgrund dessen der Schuldner nach § 275 I–III BGB nicht mehr zu leisten braucht, allein oder weit überwiegend verantwortlich ist. K ist durch seine schuldhafte unerlaubte Handlung, wie oben schon dargelegt,[12] für die Unmöglichkeit verantwortlich. Der Anspruch des V auf die Gegenleistung bleibt daher gem. § 326 II 1 BGB bestehen.

d) Der Anspruch des V auf Kaufpreiszahlung gem. § 433 II BGB ist nicht untergegangen.

3. Ergebnis: V kann von K gem. § 433 II BGB Zahlung der 7.000 EUR verlangen.

---

8 **Hinweis:** Grundüberlegung der Norm ist, dass die Gläubigerverantwortung auch dann, wenn die Nichtleistung auf anderen Gründen als den in § 275 BGB genannten beruht, nicht unberücksichtigt bleiben soll. NK-BGB/*Dauner-Lieb/Dubovitskaya* § 323 Rn. 48, dort auch zu § 324 aF.

9 Erman/*H. P. Westermann* § 323 Rn. 30; NK-BGB/*Dauner-Lieb/Dubovitskaya* § 323 Rn. 48; Staudinger/*Schwarze*, 2015, § 323 Rn. E6 f., § 326 Rn. C5, 106; F5 ff.; *Dauner-Lieb/Arnold/Dötsch/Kitz*, Fälle zum neuen Schuldrecht, 2002, 23; *Emmerich* LeistungsstörungsR § 13 II; *Medicus/Petersen* BürgerlR Rn. 269.

10 *Jacoby/v. Hinden* § 323 Rn. 8; *Palandt/Grüneberg* § 323 Rn. 29, § 326 Rn. 9.

11 Vgl. 1. Fallvariante B. I. 1.

12 Vgl. 2. Fallvariante A. III.

II. Ein **Schadensersatzanspruch** des V gegen K aus **§§ 280 I, 280 III, 283 S. 1 BGB** besteht nicht, die dem K obliegende Leistung (Zahlung der 7.000 EUR) ist nicht unmöglich geworden.

III. V könnte gegen K einen Anspruch auf **Schadensersatz** für den zerstörten Pkw gem. **§ 823 I BGB** haben.

1. K hat rechtswidrig und schuldhaft den dem V gehörenden Pkw zerstört und damit das Eigentum als **absolutes Recht** des V verletzt.

2. Fraglich ist, ob und in welcher Höhe dem V durch dieses Verhalten des K ein **Schaden** entstanden ist. Dies richtet sich nach §§ 249 ff. BGB. Da Naturalrestitution unmöglich ist, muss K Schadensersatz in Geld leisten, § 251 I BGB. Soweit es um die Verletzung des Eigentums geht, ist das Eigentumsinteresse auszugleichen, dh bei Zerstörung einer Sache ist der Eigentumswert in Geld zu erstatten.

Der zerstörte Pkw hatte einen Eigentumswert von 9.000 EUR. Nach §§ 823 I, 249 ff. BGB ist nur der Schaden zu ersetzen, der dem V durch die Handlung des K tatsächlich entstanden ist (haftungsausfüllende Kausalität). Ohne den Unfall hätte V den Pkw an K übergeben und übereignen müssen und dafür lediglich einen Preis von 7.000 EUR erhalten. Diesen Kaufpreisanspruch hat V auch weiterhin gegen K. Durch § 326 II 1 BGB wurde er dem K gegenüber so gestellt, als habe er den Pkw geliefert,[13] dh insoweit macht sich für V der Untergang des Pkw nicht bemerkbar. Er wird von seiner Leistungspflicht an K frei und erhält trotzdem den Kaufpreis. V steht damit nicht anders, als wäre der Pkw nicht untergegangen. Ihm ist damit kein Schaden entstanden. Ein Anspruch aus § 823 I BGB ist nicht begründet.

IV. Mangels eines Schadens ist auch ein Anspruch aus **§ 823 II BGB iVm § 303 StGB** nicht gegeben.[14]

C. Ergebnis zur 2. Fallvariante

I. K hat gegen V keinen Anspruch.

II. V kann von K Zahlung des Kaufpreises gem. § 433 II BGB verlangen. Schadensersatzansprüche bestehen nicht.

3. Fallvariante: Der Unfall ist von einem anderen Verkehrsteilnehmer D verschuldet worden.

A. Ansprüche des K gegen V[15]

I. Zu prüfen ist zunächst, ob K von V **Lieferung eines Pkw nach § 433 I 1 BGB** verlangen kann.

---

13 Vgl. 2. Fallvariante B. I. 2c.

14 **Klausurtipp:** Steht fest, dass ein Schaden nicht entstanden ist, brauchen die anderen Tatbestandsmerkmale einer Schadensersatznorm nicht geprüft werden.

15 **Klausurtipp:** Ansprüche des V bzw. des K gegen D sind nicht zu prüfen, da D nicht greifbar ist. Derartige Ansprüche wären ggf. vor denen des K gegen V und V gegen K zu prüfen, denn von ihrem Bestehen wäre es abhängig, ob K von V das von D erhaltene Surrogat herausverlangen könnte (vgl. A. III.) bzw. ob K den Weg über § 326 III 1 BGB gehen wird (vgl. B. I. 2c).

1. Der Anspruch ist mit Abschluss des Kaufvertrages zwischen K und V entstanden.[16]

2. Wie zuvor ist V auch hier von seiner Leistungspflicht gem. § 275 I BGB frei geworden.

3. K hat gegen V keinen Anspruch aus § 433 I 1 BGB.

II. Wie in der 2. Fallvariante hat K **keinen Anspruch aus §§ 280 I, 280 III, 283 S. 1 BGB** gegen V, da V die Pflichtverletzung nicht zu vertreten hat.

III. Ein Anspruch aus **§ 285 BGB** auf Herausgabe dessen, was V von D wegen Zerstörung des Pkw verlangen kann,[17] ist nicht zu erörtern, da D unbekannt ist und - Ansprüche gegen ihn daher nicht durchgesetzt werden können.

B. Ansprüche des V gegen K

I. V könnte von K gem. **§ 433 II BGB Zahlung des Kaufpreises** iHv 7.000 EUR verlangen.

1. Der Anspruch aus § 433 II BGB ist mit Abschluss des Kaufvertrages entstanden.[18]

2. Es fragt sich, ob der Anspruch gem. § 326 I 1 BGB erloschen ist. Ein gegenseitiger Vertrag liegt vor und der Schuldner V ist von seiner Leistungspflicht nach § 275 I BGB befreit. Eine Verantwortlichkeit des Gläubigers, die zu einer Anspruchserhaltung gem. § 326 II 1 BGB führen könnte, ist nicht ersichtlich.

Als Wirkung des § 326 I 1 BGB verliert der Schuldner der unmöglich gewordenen Leistung seinen Anspruch auf die Gegenleistung, dh der Schuldner trägt die Gegenleistungsgefahr (Preisgefahr), der Gläubiger die Leistungsgefahr (§ 275 BGB, vgl. A. I. 2., 3.).[19] V als Schuldner der unmöglich gewordenen Leistung hat somit keinen

---

16 Vgl. 1. Fallvariante A. I. 1.

17 **Klausurtipp:** V könnte von D gem. § 823 I BGB Schadensersatz wegen Zerstörung des Pkw iHv 9.000 EUR verlangen. Ein Anspruch aus § 823 II BGB iVm § 303 StGB wird kaum in Betracht kommen, denn § 303 StGB erfasst nur eine vorsätzliche Sachbeschädigung (vgl. § 15 StGB). Die Schuldform des Schutzgesetzes ist auch für § 823 II BGB maßgebend (RGZ 118, 312 [315]; BGH NJW 1962, 910 [911]; *Medicus/Petersen* BürgerlR Rn. 621, 623). Bei einem Verkehrsunfall dürfte eine vorsätzliche Sachbeschädigung kaum nachweisbar sein.

18 Vgl. 1. Fallvariante B. I. 1.

19 **Definition: Gefahrtragung** bedeutet die Zuordnung des Risikos bei Untergang, bei Unmöglichkeit der Leistung zu einer Partei. Sie entscheidet die Frage, wer den Schaden zu tragen hat. Besondere Bedeutung erlangt diese Problematik bei Leistungshindernissen, die weder vom Gläubiger noch vom Schuldner zu vertreten sind (*Jacoby/v. Hinden* Vor § 320 Rn. 5; *Medicus/Petersen* BürgerlR Rn. 271). Erfasst wird der Zeitraum zwischen Entstehung des Schuldverhältnisses (Vertragsschluss) bis zum Eintritt des Erfüllungserfolges. Nach Eintritt des Leistungserfolges, wenn also der Schuldner ordnungsgemäß geleistet hat, besteht keine Leistungsgefahr mehr. Nach allgemeinen Grundsätzen hat der Inhaber eines jeweiligen Rechtes das Risiko für den Untergang seines Rechtes zu tragen (casus sentit dominus).
Leistungsgefahr erfasst die Frage, ob der Schuldner bei Unmöglichkeit oder eigenem Unvermögen zur Leistung dem Gläubiger weiterhin zur Leistung (Ersatzleistung) bzw. auf das Erfüllungsinteresse (Schadensersatz) verpflichtet ist. Eine solche Regelung der Leistungsgefahr enthalten zB §§ 275, 300 II BGB (MüKoBGB/*Ernst* § 275 Rn. 25; *Brox/Walker* SchuldR AT § 22 Rn. 30; *Medicus/Petersen* BürgerlR Rn. 271; *Medicus/Lorenz* SchuldR AT Rn. 198; *Reinicke/Tiedtke* KaufR Rn. 147 f.; *Looschelders* SchuldR AT Rn. 234).

Zahlungsanspruch gegen K.[20] Da D flüchtig ist, wird V keinen Ersatzanspruch gegen diesen durchsetzen können, sodass der Weg über § 326 III 1 BGB für K uninteressant ist.

3. Ein Anspruch des V gem. § 433 II BGB ist nicht gegeben.

II. Ein Schadensersatzspruch aus **§ 280 I, 280 III, 283 S. 1 BGB** ist wie in den anderen Fallvarianten nicht gegeben, weil K die Leistung des Kaufpreises nicht unmöglich geworden ist.

C. Ergebnis der 3. Fallvariante

K und V haben gegeneinander keine Ansprüche.

Zur Vertiefung: *Canaris,* Die Bedeutung des Übergangs der Gegenleistungsgefahr im Rahmen von § 243 II BGB und § 275 II BGB, JuS 2007; *Coester-Waltjen,* Die Gegenleistungsgefahr, JURA 2007, 110; *Coester-Waltjen,* Verzögerungsgefahr, Sachgefahr, Leistungsgefahr, JURA 2006, 829; *Freitag,* Rechtsfolgen der Unmöglichkeit und Unzumutbarkeit der Leistung, NJW 2014, 113; *Herresthal,* Der Ersatz des Verzugsschadens beim Rücktritt vom Vertrag, JuS 2007, 798; *Koppenfels,* Pech mit dem Examensgeschenk, JuS 2002, 569; *Looschelders,* Unmöglichkeit und Schadensersatz statt der Leistung, JuS 2010, 849; *Mattheus,* Schuldrechtsmodernisierung 2001/2002 – Die Neuordnung des allgemeinen Leistungsstörungsrechts, JuS 2002, 209; *Medicus,* Die Leistungsstörungen im neuen Schuldrecht, JuS 2003, 521; *Meier,* Neues Leistungsstörungsrecht: Nachträgliche Unmöglichkeit und nachträgliches Unvermögen in der Fallbearbeitung, JURA 2002, 118; *Mückl,* Unmöglichkeit und Pflichtverletzung – Zum Begriff der »Pflichtverletzung« im Leistungsstörungsrecht des BGB, JA 2004, 928; *Reischl,* Grundfälle zum neuen Schuldrecht, JuS 2003, 40; *Schnauder,* Der kausale Schuldvertrag im System der Güterbewegung, JZ 2002, 1080; *Schwarze,* Unmöglichkeit, Unvermögen und ähnliche Leistungshindernisse im neuen Leistungsstörungsrecht, JURA 2002, 73; *Wilmowski,* Pflichtverletzungen im Schuldverhältnis, JuS-Beilage zu Heft 1/2002, 3 ff.; *Zimmer,* Das neue Recht der Leistungsstörungen, NJW 2002, 1.

Gegenleistungsgefahr – auch Preisgefahr oder Vergütungsgefahr genannt – erfasst die Frage nach dem Schicksal der Gegenleistung des Gläubigers, wenn beim gegenseitigen Vertrag die Leistung des Schuldners unmöglich geworden ist. Zum einen beschreibt sie das Risiko einer Partei, die Gegenleistung (zB Kaufpreis) erbringen zu müssen, obwohl sie die Leistung (zB Kaufgegenstand) nicht erhält (*Medicus/Petersen* BürgerlR Rn. 272; *Medicus/Lorenz* SchuldR AT Rn. 198; *Reinicke/Tiedtke* KaufR Rn. 147 f.). Zum anderen bedeutet sie das Risiko, bei Befreiung von der eigenen Verpflichtung wegen Unmöglichkeit der eigenen Leistung den Gegenanspruch zu verlieren. Die Regelungen der Gegenleistungsgefahr geben damit Antwort auf die Frage, ob die Gegenleistung trotz Unmöglichkeit der Leistung erbracht werden muss, zB der Käufer trotz Unterganges der Kaufsache den Kaufpreis zahlen muss. Verliert der Schuldner der unmöglich gewordenen Leistung seinen Anspruch auf die Gegenleistung, dann trägt der Schuldner die Preisgefahr. Behält er den Anspruch, muss also der Gläubiger die Gegenleistung (zB Kaufpreis) erbringen, obwohl er die Leistung des Schuldners (zB Kaufgegenstand) wegen § 275 BGB nicht mehr erhält, dann trägt der Gläubiger die Gegenleistungsgefahr. Die Gegenleistungsgefahr ist in ihrem Grundsatz in § 326 I 1 BGB geregelt, bzw. in abweichenden Spezialbestimmungen zB in §§ 326 II, 446, 447, 615, 644, 2380 BGB (MüKoBGB/*Ernst* § 275 Rn. 32; *Brox/Walker* SchuldR AT § 22 Rn. 30, 45, 47; *Enneccerus/Lehmann* SchuldR § 46 III 1a; *Larenz* SchuldR AT I § 21 Ib; *Medicus/Lorenz* SchuldR AT Rn. 198).

20 **Klausurhinweis:** Ebenso wenig wie K einen Leistungsanspruch gegen V aus § 433 I 1 BGB hat, vgl. A. I.

13. Fall: Die Möbel für das Studentenzimmer

Sachverhalt

E wohnt in einer Universitätsstadt und wollte in ihrem Haus ein möbliertes Zimmer an eine Studentin vermieten. Die zur Einrichtung erforderlichen Möbel kaufte sie im Januar für 5.000 EUR im Möbelhaus M. Die Anlieferung sollte im Laufe des Monats März erfolgen.

Als die Möbel nach Ablauf des Monats April noch nicht eingetroffen waren, setzte E mit Schreiben vom 5.5. dem M eine Lieferfrist bis zum 20.5. Als M am 25.5. die Möbel anliefern wollte, verweigerte E die Abnahme und Bezahlung.

Am 27.5. kaufte E Möbel gleichen Fabrikats im Einrichtungshaus H. Durch zwischenzeitliche Preiserhöhung musste sie einen Mehrpreis von 300 EUR zahlen. Diesen Betrag möchte E von M ersetzt bekommen. Ferner konnte sie wegen der Nichtlieferung der Möbel durch M das Zimmer nicht wie beabsichtigt ab April vermieten. Dadurch ist ihr ein Mietausfall iHv monatlich 200 EUR entstanden. Die bei H gekauften Möbel sind Ende Juni angeliefert worden, sodass das Zimmer erst ab Juli an die Studentin S vermietet werden konnte.

Welche Ansprüche stehen den Beteiligten gegeneinander zu?

Lösungsvorschlag

A. Ansprüche des M gegen E

I. **Anspruchsgrundlage** für einen Anspruch des M gegen E auf Bezahlung und Abnahme der Möbel ist **§ 433 II BGB.**

1. M und E haben im Januar einen **Kaufvertrag** über bestimmte Möbel zu einem bestimmten Preis geschlossen. Mit diesem Vertragsschluss war der Anspruch des M gegen E aus § 433 II BGB entstanden.

2. Dieser Anspruch des M könnte durch **Rücktritt** der E untergegangen sein. Durch Ausübung des Rücktritts wird das Vertragsverhältnis aufgelöst, die beiderseitigen Leistungspflichten erlöschen.[1] Voraussetzung für einen wirksamen Rücktritt ist die Erklärung des Rücktritts und das Bestehen eines Rücktrittsgrundes.

a) Die Ausübung des Rücktrittsrechts erfolgt durch **Erklärung des Rücktritts,** § 349 BGB. Diese ist eine nicht formgebundene empfangsbedürftige Willenserklärung, die den Willen des Erklärenden erkennen lassen muss, sich vom Vertrag lösen zu wollen.[2] Insoweit gilt die Auslegungsregel des § 133 BGB.

In ihrer Weigerung, die Möbel abzunehmen und den Kaufpreis zu zahlen, ließ E erkennen, auf keinen Fall mehr an den Vertrag gebunden sein zu wollen. Sie betrachtete ihn als aufgelöst. In diesem Verhalten lag eine konkludente Rücktrittserklärung gegenüber M.

b) Ob E berechtigt war, vom Vertrag zurücktreten, dh ihre Rücktrittserklärung zur Auflösung des Vertragsverhältnisses geführt hat, ist davon abhängig, inwieweit zu ihren Gunsten ein **Rücktrittsgrund** vorlag. Ein Rücktritt vom Vertrag ist nur zulässig, wenn ein Rücktrittsrecht vereinbart wurde (vertragliches Rücktrittsrecht) oder kraft Gesetzes eröffnet ist (gesetzliches Rücktrittsrecht). Ein Rücktrittsrecht haben E und M nicht vereinbart. Ein gesetzliches Rücktrittsrecht könnte sich hier aus § 323 I BGB ergeben.

aa) Der zwischen E und M geschlossene Kaufvertrag ist ein **gegenseitiger Vertrag** iSd § 323 I BGB.

bb) Weiterhin muss der Schuldner eine fällige Leistung nicht erbracht haben, diese aber noch möglich sein, weil sonst § 326 V BGB als lex specialis eingreift. Diese Leistung muss nicht im Gegenseitigkeitsverhältnis (Synallagma) stehen.

Eine genaue Leistungszeit war nicht festgelegt, wohl aber sollte die Erfüllung des Vertrages durch M im Laufe des Monats März erfolgen. Vor Ablauf des Monats März konnte E die Leistung nicht verlangen, jedoch nach Ablauf dieses Monats, sodass dies auch der **Fälligkeitstermin** war. Nach Ablauf des Monats März hatte M noch immer nicht geliefert. Er hat somit eine fällige und noch mögliche Leistung nicht erbracht.

---

1 **Hinweis:** Der Rücktritt lässt die durch den Vertrag begründeten primären Leistungspflichten, soweit sie nicht erfüllt sind, ex nunc erlöschen (Befreiungswirkung) und begründet zugleich für beide Vertragsteile eine Pflicht zur Rückgewähr der empfangenen Leistungen, BT-Drs. 14/6040, 189. Ziel ist die Wiederherstellung des Zustandes nach Vertragsschluss, aber vor dem Leistungsaustausch, Erman/*Röthel* Vor §§ 346–354 Rn. 2, § 346 Rn. 1.

2 Erman/*Röthel* § 349 Rn. 2.

cc) Voraussetzung für die Anwendung des § 323 I BGB ist schließlich noch, dass E dem M eine angemessene Frist zur Leistung bestimmt hat.

Die Nachfrist hat nicht den Zweck, den Schuldner zu veranlassen, nun erst die Bewirkung der Leistung in die Wege zu leiten. Ihm soll vielmehr eine letzte Gelegenheit gegeben werden, die bereits begonnene Erfüllung zu vollenden, die letzten Leistungshandlungen vorzunehmen.[3] Zudem dürfen nicht einseitig die Interessen des Schuldners berücksichtigt werden.

E hatte die Möbel im Januar bestellt, der Fälligkeitstermin war am 5.5. bereits um einen Monat überschritten. M musste innerhalb der vorangegangenen vier Monate seine Leistung soweit vorbereiten, dass eine kurzfristige Anlieferung bei E möglich sein konnte. Die Frist von zwei Wochen war für die Anlieferung einer Zimmereinrichtung ausreichend und angemessen. Im Übrigen würde eine zu kurz angesetzte Frist lediglich eine angemessene Frist in Gang setzen.[4] Diese gesetzte Frist war jedenfalls am Tage der Lieferung am 25.5. abgelaufen.

dd) E war, da alle Voraussetzungen des § 323 I BGB erfüllt sind, nach fruchtlosem Ablauf der Frist zum Rücktritt von dem geschlossenen Kaufvertrag berechtigt. Mit dem von ihr am 25.5. konkludent erklärten Rücktritt ist ihre Verpflichtung aus § 433 II BGB auf Abnahme der Möbel und deren Bezahlung erloschen.

II. Ergebnis: M kann von E nicht Abnahme und Bezahlung der Möbel verlangen.

B. Ansprüche des E gegen M

I. E könnte gegen M Anspruch auf Ersatz des **Verzögerungsschaden gem. §§ 280 I, 280 II, 286 I BGB** haben.

1. Voraussetzung ist zunächst, dass zwischen E und M ein Schuldverhältnis besteht. Dies ist mit dem Kaufvertrag der Fall.

2. Weiterhin muss M eine Pflicht aus dem Schuldverhältnis verletzt haben. M hatte sich verpflichtet, im Laufe des Monats März die Möbel zu liefern. Dies hat er nicht getan und damit eine Pflichtverletzung begangen.

3. Der Anspruch wäre ausgeschlossen, wenn M die Pflichtverletzung nicht zu vertreten hat, § 280 I 2 BGB. Für ein fehlendes Verschulden (Beweislast des Schuldners) gibt der Sachverhalt keine Hinweise, ein Ausschluss nach § 280 I 2 BGB kommt daher nicht in Betracht.

4. Die Voraussetzungen des § 280 I BGB sind erfüllt. Der Verzögerungsschaden kann aber nur unter den zusätzlichen Voraussetzungen des § 286 BGB verlangt werden, § 280 II BGB. Erforderlich ist somit, dass sich M gem. § 286 BGB in Verzug befand.

a) Die Leistung war – wie schon dargestellt – spätestens mit Ablauf des Monats März fällig.

b) Ist mit dem Ablauf des Monats März der Fälligkeitstermin bestimmt, fragt es sich, ob darin zugleich eine Bestimmung der Leistungszeit nach dem Kalender liegt, die

3 RGZ 89, 123 (125).

4 Unstr. RGZ 106, 89; BGH NJW 1985, 2640; Erman/*H. P. Westermann* § 323 Rn. 15.

eine **Mahnung** nach § 286 II Nr. 1 BGB entbehrlich macht. Die Fälligkeit ist nur dann nach dem Kalender bestimmt, wenn der Fälligkeitstag sich unmittelbar aus dem Kalender ergibt, zumindest sich ein solcher Tag bestimmen lässt.[5] Bei der vereinbarten Leistungszeit »im Laufe des Monats März« lässt sich kein bestimmter Tag dieses Monats als Leistungszeit bestimmen. Jedoch ist zumindest das Ende der Frist nach dem Kalender bestimmbar, nämlich der 31.3. Dies genügt für die Anwendung des § 286 II Nr. 1 BGB.[6] Eine Mahnung war nicht erforderlich.

c) M hatte nach Ablauf des Monats März seine Verpflichtung gegenüber E noch nicht erfüllt. Er kam gem. § 286 IV BGB nach Eintritt der Fälligkeit und bei Entbehrlichkeit der Mahnung[7] nur dann nicht in Schuldnerverzug, wenn er die nicht rechtzeitige Lieferung, dh die Verzögerung der Leistung, nicht zu vertreten hatte.[8] Die negative Formulierung des § 286 IV BGB zeigt ähnlich wie bei § 280 I 2 BGB, dass die Verantwortlichkeit des Schuldners für die Verzögerung vermutet wird, er muss Tatsachen anführen, die sein Verschulden ausschließen.[9] Derartige Entschuldigungsgründe sind zugunsten des M nicht ersichtlich. M befand sich damit seit dem 1.4. in Verzug.

5. Der gem. §§ 280 I, 280 II, 286 I BGB vom Schuldner auszugleichende **Schaden des Gläubigers** muss während der Leistungsverzögerung und durch diese (Kausalität) entstanden sein. Aufgrund der Nichtlieferung der Möbel konnte E das Zimmer nicht möblieren und vermieten. Der Mietausfall beruhte demnach auf einer Leistungsverzögerung.

Verzug besteht aber nur, solange der Schuldner zur Leistung verpflichtet ist. E machte am 25.5. von ihrem Rücktrittsrecht Gebrauch. Damit ist der Anspruch auf Erfüllung der Schuldnerverpflichtung erloschen. Der Vertrag mit dem Schuldner ist beendet. Der nach diesem Zeitpunkt eintretende Schaden ist kein Verzugs-, sondern Nichterfüllungsschaden. Den Verzugsschaden kann E nur für die Zeit vom 1.4. bis zum 25.5. verlangen, also für die Nichtvermietung in den Monaten April und Mai. Ihr Anspruch beläuft sich lediglich auf 400 EUR.

6. Ergebnis: E kann von M 400 EUR gem. §§ 280 I, 280 II, 286 I BGB verlangen.

II. E könnte gegen M einen Anspruch auf Schadensersatz statt der Leistung gem. §§ 280 I, 280 III, 281 I 1 BGB haben.

1. E ist vom Vertrag zurückgetreten. Dies schließt den Anspruch auf Schadensersatz jedoch nicht aus, § 325 BGB.

---

5 Erman/*Hager* § 286 Rn. 41; *Krause* JURA 2002, 217 (218).

6 Unstr. schon im alten Recht vgl. RG JW 1933, 2205; Erman/*Hager* § 286 Rn. 41; Staudinger/*Löwisch/Feldmann*, 2015, § 286 Rn. 70; Jauernig/*Stadler* § 286 Rn. 27.

7 **Klausurhinweis:** Bzw. bei Erforderlichkeit einer Mahnung durch diese selbst.

8 **Klausurhinweis:** Eine erneute Prüfung des Vertretenmüssens (§ 286 IV BGB) ist auch bei Anwendung des § 286 IV BGB über die Verweisung des § 280 I, II BGB erforderlich. Die Verweisung in § 280 II meint »unter allen zusätzlichen Voraussetzungen des § 286«. Damit sind insbes. die Voraussetzungen des Verzuges gemeint, Erman/*H. P. Westermann*, § 280 Rn. 10; *Jacoby/v. Hinden* § 280 Rn. 5; *Medicus/Petersen* BürgerlR Rn. 245. Die Prüfung des § 286 IV neben § 280 I 2 BGB ist erforderlich, um sicherzustellen, dass auch die anderen Verzugsfolgen (Verzinsung, Haftungsverschärfung) an das Erfordernis des Zuvertretenhabens gebunden bleiben, MüKoBGB/*Ernst* § 286 Rn. 105. Zu den Verzugsvoraussetzungen auch BGH JuS 2008, 373 mAnm *Faust*. **Klausurhinweis:** Für das Verschulden sind nicht etwa unterschiedliche Zeitpunkte zu prüfen, sondern derjenige der Pflichtverletzung, zu dem die objektiven Verzugsvoraussetzungen vorliegen.

9 *Krause* JURA 2002, 217 (222).

2. Die Voraussetzungen des § 280 I BGB sind – wie schon gezeigt[10] – erfüllt. Schadensersatz statt der Leistung kann E aber nur unter den zusätzlichen Voraussetzungen des § 281 BGB verlangen, § 280 III BGB.

Wie bei § 323 I BGB ist es gem. § 281 I 1 BGB erforderlich, dass M eine fällige Leistung nicht erbracht hat und E ihm erfolglos eine angemessene Nachfrist gesetzt hat. Dies ist – wie schon dargestellt[11] – der Fall.

3. E hat somit Anspruch auf Schadensersatz statt der Leistung. Dies entspricht dem positiven Interesse, dh die E muss so gestellt werden, wie sie stehen würde, wenn M ordnungsgemäß erfüllt hätte.

Hätte M ordnungsgemäß geleistet, hätte sich E nicht anderweitig mit Möbeln eindecken müssen. Ihr wäre daher der Mehraufwand von 300 EUR nicht entstanden. Diesen Betrag kann sie als Schaden geltend machen.

Der Mietausfall im Juni iHv 200 EUR beruht, wie schon dargestellt, nicht auf der Verzögerung, sondern auf der Nichtleistung. Diese 200 EUR stellen damit ebenfalls einen Schadensposten im Rahmen des §§ 280 I, 280 III, 281 I 1 BGB dar.

Hätte M ordnungsgemäß, also auch zum richtigen Zeitpunkt geleistet, hätte E das Zimmer schon im April vermieten können. Der Mietausfall für April und Mai lässt sich begrifflich unter Schadensersatz statt der Leitung fassen. Dies ist jedoch bedenklich. Der Mietausfall tritt aufgrund der Verzögerung ein und ist nicht in der endgültigen Nichtleistung begründet. Es handelt sich um einen Verzögerungsschaden. Ein solcher ist aber nur unter den Voraussetzungen der §§ 280 I, 280 II, 286 BGB zu ersetzen. Es ist im Gegensatz zu § 281 BGB Verzug erforderlich. Wenn der Gesetzgeber den Verzögerungsschaden aber nur unter den Voraussetzungen des § 286 BGB als Schadensposten anerkennt, darf dieser Weg nicht durch § 281 BGB umgangen werden. Der Mietausfall für April und Mai stellt daher keinen von § 281 I 1 BGB erfassten Schadensposten dar.

4. Ergebnis: E hat gegen M einen Anspruch auf Schadensersatz iHv insgesamt 500 EUR nach §§ 280 I, 280 III, 281 I 1 BGB.

Zur Vertiefung: *Coester-Waltjen,* Die Gegenleistungsgefahr, JURA 2007, 110; *Coester-Waltjen,* Verzögerungsgefahr, Sachgefahr, Leistungsgefahr, JURA 2006, 829; *Dauner-Lieb/Arnold/Dötsch/Kitz,* Fälle 35 bis 52; *Faust,* Haftung bei Störungen im Rückgewährschuldverhältnis, JuS 2009, 481; *Kohler* JZ 2002, 682; *Krause,* Die Leistungsverzögerung im neuen Schuldrecht, JURA 2002, 217 und 299; *Löhnig,* Schuldrechtsreform – Update 3 Verzögerung der Leistung, JA 2002, 206; *Lorenz*: Grundwissen – Zivilrecht: Rechtsfolgen von Rücktritt und Widerruf JuS 2011, 871; *Lorenz,* Das »Zurückspringen« der Gefahr auf den Verkäufer und seine Folgen, NJW 2015, 1725; *Mattheus,* Schuldrechtsmodernisierung 2001/2002 – Die Neuordnung des allgemeinen Leistungsstörungsrechts, JuS 2002, 209 (215); *Medicus,* Die Leistungsstörungen im Neuen Schuldrecht, JuS 2003, 521; *Meier,* Neues Leistungsstörungsrecht: Anfängliche Leistungshindernisse, Gattungsschuld und Nichtleistung trotz Möglichkeit, JURA 2002, 187 (193 ff.); *Mückl,* Unmöglichkeit und Pflichtverletzung – Zum Begriff der »Pflichtverletzung« im Leistungsstörungsrecht des BGB, JA 2004, 928; *Reischl,* Grundfälle zum neuen Schuldrecht, JuS 2003, 40; *Schnauder,* Der kausale Schuldvertrag im System der Güterbewegung, JZ 2002, 1080; *Schwab,* Schuldrechtsmodernisierung 2001/2002 – Die Rückabwicklung von Verträgen nach §§ 346 ff. BGB nF, JuS 2002, 630; *Wiese/Hauser,* Empfangene Leistungen i.S. des § 346 BGB und Gefahrübergang, JuS 2011, 301; *Wilhelm,* Die Pflichtverletzung nach dem neuen Schuldrecht, JZ 2004, 1055.

10 Vgl. B. I.
11 Vgl. A. Ib.

14. Fall: Der lahme Sportwagen

Sachverhalt

K ließ sich von dem Automobilhändler V einen Luxussportwagen vorführen, wobei dieser auf Anfrage des K bestätigte, dass das Modell ohne Weiteres 250 km/h erreiche. Daraufhin kaufte K den Wagen gegen Zahlung von 90.000 EUR.

Wie sich nach kurzer Zeit herausstellte, erreichte der Sportwagen nicht mehr als 240 km/h, da – was V nicht wusste – ein für die zugesagte Geschwindigkeit viel zu schwacher Motor eingebaut war. Zudem überstieg der Benzinverbrauch weit das übliche Maß.

Welche Rechte hat K?

Abwandlung: Wie ist der Fall zu entscheiden, wenn der Wagen nicht zu reparieren und ein anderes Modell nicht lieferbar ist?

Lösungsvorschlag

A. Grundfall

I. K könnte gegen V einen Anspruch auf Nacherfüllung gem. §§ 439 I, 437 Nr. 1, 434, 433 BGB haben.

1. Erforderlich ist zunächst ein Kaufvertrag iSd § 433 BGB. Ein solcher wurde zwischen V und K geschlossen, demnach V dem K einen bestimmten Luxussportwagen zum Preis von 90.000 EUR übergeben und übereignen musste.

2. Weiterhin muss der Sportwagen mit einem **Sachmangel iSd § 434 BGB** behaftet sein.

a) Ein Sachmangel liegt gem. § 434 I 1 BGB vor, wenn die Sache bei Gefahrübergang nicht die vereinbarte Beschaffenheit hat.

V hatte dem K zugesagt, dass der Wagen eine Geschwindigkeit von 250 km/h erreichen kann. Hierdurch ist dieser Punkt Teil der Vereinbarung zwischen K und V geworden. Der Wagen erreicht aber nur 240 km/h, er weist folglich nicht die vereinbarte Beschaffenheit auf. Ein Sachmangel gem. § 434 I 1 BGB liegt vor.

Über den Benzinverbrauch haben V und K nicht gesprochen. Dieser gehört somit nicht zur vereinbarten Beschaffenheit, sodass der zu hohe Verbrauch einen Sachmangel nach § 434 I 1 BGB nicht begründen kann.

b) Ein Sachmangel liegt aber gem. § 434 I 2 Nr. 1 BGB auch vor, wenn sich die Sache nicht für die vom Vertrag vorausgesetzte Verwendung eignet. Der K hat sich den Sportwagen gekauft, um damit fahren zu können. Dies kann er auch bei zu hohem Benzinverbrauch. Der Wagen eignet sich somit für die vom Vertrag vorausgesetzte Verwendung. Ein Sachmangel nach § 434 I 2 Nr. 1 BGB ist nicht gegeben.

c) Der zu hohe Benzinverbrauch könnte jedoch einen Sachmangel nach § 434 I 2 Nr. 2 BGB begründen. Danach ist ein Sachmangel auch gegeben, wenn die Sache eine Beschaffenheit aufweist, die bei Sachen der gleichen Art unüblich ist. Laut Sachverhalt liegt der Benzinverbrauch weit über dem üblichen Maß. Ein Sachmangel nach § 434 I 2 Nr. 2 BGB ist folglich zu bejahen.

3. K hat gem. §§ 437 Nr. 1, 439 I BGB einen Anspruch auf Nacherfüllung. Er kann nach seiner Wahl die Reparatur des Wagens (Einbau eines neuen Motors mit mehr Leistung und weniger Verbrauch) oder Lieferung eines mangelfreien Autos verlangen.

II. K könnte gegen V einen Anspruch auf Rückzahlung des Kaufpreises gem. §§ 346 I, 323 I, 437 Nr. 2, 434, 433 BGB haben.

1. Voraussetzung ist zunächst ein wirksamer Kaufvertrag.

a) Ein solcher wurde zwischen K und V geschlossen.

b) Der Kaufvertrag ist durch **Anfechtung** der von K abgegebenen Vertragserklärung gem. § 142 I BGB nichtig, wenn K die Anfechtung fristgerecht erklärt hat und ein Anfechtungsgrund besteht.

aa) Eine **Anfechtungserklärung** iSd § 143 I BGB gegenüber V gab K nicht ausdrücklich ab, sie könnte aber konkludent in einem Verlangen auf Rückzahlung des

Kaufpreises gesehen werden. Darin käme der Wille des K zum Ausdruck, den Vertrag nicht mehr bestehen zu lassen.[1]

bb) Ein **Anfechtungsgrund** ergibt sich bei arglistiger Täuschung des K durch V aus § 123 BGB, bei einem Irrtum des K aus § 119 BGB.

(1) Arglistige Täuschung erfordert ein Verhalten des Erklärungsempfängers – hier V –, durch das beim Erklärenden – hier K – eine falsche Vorstellung über Tatsachen hervorgerufen, bestärkt oder aufrechterhalten wurde.[2] Der Täuschende muss arglistig (dolos = vorsätzlich) handeln, dh in dem Bewusstsein, dass die von ihm gemachten Angaben oder die von ihm bei dem anderen aufrechterhaltenen Vorstellungen falsch sind oder falsch sein können.[3] V hatte keine Kenntnis von dem zu schwachen Motor und dem überhöhten Benzinverbrauch des verkauften Sportwagens. Er hat seine Angaben nach eigener Überzeugung richtig gemacht und damit nicht arglistig iSd § 123 I BGB gehandelt.

(2) Da die Kauferklärung des K seinem Willen entsprechend abgegeben und verstanden wurde, kommt allenfalls ein **Eigenschaftsirrtum iSd § 119 II BGB** in Betracht. Insoweit haben aber die Gewährleistungsvorschriften der §§ 434 ff. BGB ausschließlich Geltung. Der Käufer kann nach Übergabe der Sache den Vertrag nicht mehr wegen eines Eigenschaftsirrtums gem. § 119 II BGB anfechten.[4] Der Ausschluss der Anfechtbarkeit bei gleichzeitiger Möglichkeit, Gewährleistungsrechte geltend zu machen, rechtfertigt sich aus den für beide Institute unterschiedlichen Verjährungsfristen.[5] Die gewährleistungsrechtliche Sonderverjährung beträgt nach § 438 I Nr. 3 BGB in der Regel zwei Jahre nach Ablieferung. Eine Anfechtung nach § 119 II BGB wäre dagegen gem. § 121 II BGB innerhalb von zehn Jahren seit Kaufabschluss möglich durch unverzügliche Anfechtung nach Kenntnis des Mangels der Kaufsache, dh der Verkäufer müsste zehn Jahre lang mit einem Rückzahlungsanspruch aus §§ 812 ff. BGB rechnen. Die kurze Verjährung des § 438 BGB soll eine rasche und endgültige Abwicklung der Kaufgeschäfte herbeiführen. Dieser Zweck würde durch eine zehnjährige Anfechtungsmöglichkeit vereitelt. Die kurze Verjährungsfrist des § 438 BGB kann ihre Aufgabe daher nur erfüllen, wenn die Gewährleistungsvorschriften der §§ 434 ff. BGB ausschließlich Geltung haben und eine Anfechtung nach §§ 142 I, 119 II BGB verdrängen.

cc) Mangels eines Anfechtungsgrundes kann K den Kaufvertrag nicht über § 142 I BGB vernichten. Sein Rückzahlungsverlangen kann nicht als Anfechtungserklärung verstanden werden. Es besteht ein wirksamer Kaufvertrag zwischen V und K, der den Weg zu den Gewährleistungsvorschriften der §§ 434 ff. BGB eröffnet.

2. Als weitere Voraussetzung für einen Rückzahlungsanspruch des K müsste der Kaufgegenstand mit einem **Sachmangel iSd § 434 BGB** behaftet sein. Dies ist, wie schon ausgeführt,[6] der Fall.

1 Vgl. 3. Fall A. I. 2a.
2 *Diederichsen* BGB AT Rn. 400.
3 RGZ 134, 53; BGH NJW 1957, 988; *Diederichsen* BGB AT Rn. 400.
4 Heute unstr. BGHZ 34, 32 (34) = NJW 1961, 772; BGH WM 1966, 1183 (1185); *Enneccerus/Nipperdey* BGB AT § 168 Fn. 39; *Enneccerus/Lehmann* SchuldR § 112 III 2; *Medicus/Petersen* BGB AT Rn. 775.
5 **Hinweis:** Dies soll auch durch das Schuldrechtsmodernisierungsgesetz nicht geändert werden, vgl. BT-Drs. 14/6040, 210.
6 Vgl. I. 2.

3. K kann somit unter den Voraussetzungen der §§ 437 Nr. 2, 323, 346 BGB vom Vertrag zurücktreten.

a) Hierfür müsste er gem. § 349 BGB den **Rücktritt erklärt** haben. In dem Verlangen auf Rückzahlung des Kaufpreises liegt konkludent die Erklärung, den Vertrag rückgängig machen zu wollen. Dies ist gem. § 133 BGB als Rücktrittserklärung auszulegen.

b) Weiterhin müsste ein **Rücktrittsgrund** bestehen. Dieser kann vertraglich vereinbart oder gesetzlich angeordnet sein. Ein vereinbartes Rücktrittsrecht ist nicht ersichtlich, als gesetzlicher Rücktrittsgrund kommt nur § 323 I BGB in Betracht.

aa) Bei dem Kaufvertrag zwischen K und V handelt es sich um einen gegenseitigen Vertrag.

bb) Es ist außerdem erforderlich, dass der Schuldner eine fällige Leistung nicht vertragsgemäß erbracht hat. Der V hat entgegen § 433 I 2 BGB einen Sportwagen geliefert, der mit Sachmängeln behaftet war. Er hat somit nicht vertragsgemäß geleistet.

cc) Der K müsste dem V erfolglos eine angemessene Frist zur Nacherfüllung gesetzt haben. Dies hat er aber bisher nicht getan. Die Voraussetzungen der §§ 323 II, 440 BGB, nach denen eine Fristsetzung entbehrlich ist, liegen nicht vor.

dd) Ein Rücktrittsgrund nach § 323 I BGB kommt zurzeit nicht in Betracht.

c) K ist nicht wirksam vom Vertrag zurückgetreten.

4. Mangels wirksamen Rücktritts hat K keinen Anspruch auf Rückzahlung des Kaufpreises gem. §§ 346, 323, 437 Nr. 2, 434, 433 BGB.

III. K könnte noch einen Anspruch auf **Minderung gem. §§ 441, 437 Nr. 2, 434, 433 BGB** haben. Aus dem Wortlaut des § 441 BGB (»statt zurückzutreten«) folgt jedoch, dass die Voraussetzungen eines Rücktrittsrechts gegeben sein müssen. Dies ist – wie schon dargestellt[7] – nicht der Fall. K kann somit keine Minderung verlangen.

IV. Ein Anspruch auf **Schadensersatz gem. §§ 280 I, 437 Nr. 3, 434, 433 BGB** kommt schon deswegen nicht in Betracht, weil dem K kein Schaden entstanden ist.

V. Ergebnis Grundfall:

K kann von V Nacherfüllung gem. §§ 439 I, 437 Nr. 1, 434, 433 BGB verlangen. Ansprüche auf Rückzahlung oder Minderung stehen ihm, solange er nicht dem V erfolglos eine Nachfrist gesetzt hat, nicht zu.

B. Fallabwandlung

I. Ein Anspruch auf **Nacherfüllung gem. §§ 439 I, 437 Nr. 1, 434, 433 BGB** ist auch hier entstanden. Da der Wagen aber nicht zu reparieren und ein gleichwertiger Ersatz nicht zu beschaffen ist, ist dem V die Nacherfüllung unmöglich geworden. Er ist daher von seiner Leistungspflicht gem. § 275 I BGB frei geworden.

II. K könnte jedoch einen Anspruch auf Rückzahlung des Kaufpreises gem. §§ 346, 326 V, 437 Nr. 2, 434, 433 BGB haben.

7 Vgl. II. 3.

1. K und V haben einen Kaufvertrag geschlossen. V hat einen Luxuswagen geliefert, der mit Sachmängeln gem. § 434 BGB behaftet war.[8]

2. K kann unter den Voraussetzungen der §§ 346, 326 V, 437 Nr. 2 BGB vom Vertrag zurücktreten.

a) In dem Rückzahlungsverlangen liegt konkludent eine Rücktrittserklärung iSd § 349 BGB.

b) Als Rücktrittsgrund kommt wiederum § 323 I BGB in Betracht. Dieser allgemeinen Regelung geht jedoch § 326 V BGB als lex specialis vor.[9]

aa) Voraussetzung hierfür ist, dass der Schuldner nach § 275 I–III BGB nicht mehr zu leisten braucht. Der Nacherfüllungsanspruch gem. 439 BGB modifiziert lediglich den kaufvertraglichen Anspruch aus § 433 I 1 BGB. Dieser ist gem. § 275 I BGB untergegangen.

bb) Gemäß § 326 V BGB findet nun § 323 BGB Anwendung, wobei eine Fristsetzung entbehrlich ist. Diese Voraussetzungen sind erfüllt.[10]

cc) Der Rücktrittsgrund des § 326 V BGB liegt vor.

c) K ist wirksam vom Vertrag zurückgetreten. Das ursprüngliche Vertragsverhältnis hat sich dadurch in ein Rückgewährschuldverhältnis umgewandelt, bei dem beide Vertragsparteien die empfangenen Leistungen zurückgewähren müssen, § 346 I BGB.

3. Ergebnis: K hat gegen V einen Anspruch auf Rückzahlung des Kaufpreises iHv 90.000 EUR gem. §§ 346, 326 V, 437 Nr. 2, 434, 433 BGB.

III. Anstatt zurückzutreten, kann K den Kaufpreis auch gem. **§§ 441, 437 Nr. 2, 434, 433 BGB mindern**, wobei sich der Umfang der Minderung nach § 441 III BGB bestimmt.

IV. Ein Schadensersatzanspruch besteht auch hier mangels Schadens nicht.

V. Ergebnis Abwandlung:

K kann von V Rückzahlung des Kaufpreises gem. §§ 346, 326 V, 437 Nr. 2, 434, 433 BGB oder Minderung gem. §§ 441, 437 Nr. 2, 434, 433 BGB verlangen.

Zur Vertiefung: *Alexander,* Die Entlastung des Verkäufers gem. § 434 Abs. 1 Satz 3 BGB, WM 2005, 2311; *Dauner-Lieb/Arnold/Dötsch/Kitz,* Fälle 53–87; *Petersen,* Die Nacherfüllung, JURA 2002, 461; *Lettl,* Die Falschlieferung durch den Verkäufer nach der Schuldrechtsreform, JuS 2002, 866; *Muthers,* Rücktritt vom Vertrag – Verschweigen von Informationen über die Kaufsache, MDR 2004, 492; *Schubel,* Schuldrechtsmodernisierung 2001/2002 – Das neue Kaufrecht, JuS 2002, 313; *Tröger,* Der Sachmangel im Kaufrecht, JuS 2005, 503; *Windel,* Mankoleistungen im modernisierten Schuldrecht, JURA 2003, 793; *Zimmer/Eckhold,* Das neue Mängelgewährleistungsrecht beim Kauf, JURA 2002, 145.

8 Vgl. Grundfall I. 2.
9 MüKoBGB/*Ernst* § 326 Rn. 104.
10 Grundfall II. 3b.

15. Fall: Der miese Makler

Sachverhalt

Aus beruflichen Gründen muss X den Wohnort wechseln. In seinem neuen Arbeitsort möchte er ein Einfamilienhaus erwerben und wendet sich an den Makler M, der ihm die Pläne eines ihm gehörenden halbfertigen Wohnhauses mit dem Hinweis zusendet, dass Änderungswünsche ohne Weiteres berücksichtigt werden könnten. Da das Objekt den X interessiert, fragt er bei M an, ob das Haus noch zum Verkauf stehe. Als M dies bejaht, verabreden sie einen Besichtigungstermin. M holt X und dessen Familie am Bahnhof ab und sagt: »Bevor wir zu der Baustelle fahren, zeige ich ihnen noch andere Häuser von Kunden, die mir Maklerauftrag erteilt haben«. Diese gefallen dem X nicht. Nach Besichtigung des Rohbaus auf dem Grundstück des M und nach Besprechung einiger Änderungen erklärt X seine Kaufbereitschaft. Weiterhin wird der Zeitpunkt des Vertragsschlusses vor einem Notar erörtert.

Vereinbarungsgemäß übersendet X am Tage nach der Besichtigung dem M eine Liste mit den abgesprochenen Änderungen und bittet um Berechnung der Änderungswünsche, Zusendung der Baubeschreibung und genauer Angaben über die Drainage. Bereits zwei Tage später teilt M dem X schriftlich mit, das Haus sei bereits einige Wochen vor der Besichtigung einem anderen Kunden versprochen gewesen und am Tag nach der Besichtigung notariell verkauft worden. Er empfehle ihm, doch eines der anderen besichtigten Objekte zu erwerben.

1. X verlangt von M Erstattung der Reisekosten für sich und seine Familie iHv 500 EUR, da er bei Kenntnis der fehlenden Verkaufsbereitschaft die Besichtigungsreise nicht unternommen hätte.
2. Kann X – als sich herausstellt, dass der Verkauf an den anderen Interessenten nicht erfolgt ist – von M Verkauf bzw. Übereignung des Grundstückes verlangen?

Lösungsvorschlag

A. Grundfall

I. X hat mit M keinen Vertrag über eine Reisekostenerstattung geschlossen. Sein Begehren stellt sich nicht als Erfüllungsverlangen einer primären Vertragspflicht dar. Er verlangt vielmehr die Erstattung seiner Aufwendungen als **Schadensersatz**, da ihm die Reisekosten bei Kenntnis der fehlenden Verkaufsbereitschaft des M nicht entstanden wären. Als Anspruchsgrundlage hierfür bieten sich die §§ 280 I, 311 II, 241 II BGB (**culpa in contrahendo, kurz: c.i.c.**) an.[1]

1. Das Rechtsinstitut der c.i.c erkennt an, dass bei willentlicher Kontaktaufnahme, Ernsthaftigkeit der Vertragsverhandlungen und Redlichkeit des Partners, gerichtet auf die Begründung eines vertraglichen Schuldverhältnisses, ein vorvertragliches Vertrauensverhältnis entsteht. Aufgrund dessen haben die potenziellen Vertragspartner alles zu unterlassen, was dem beabsichtigten Vertragsschluss entgegensteht oder den anderen Teil schädigt. Der Schutz erstreckt sich somit auf Störungen vor Vertragsschluss.[2]

2. Die Herleitung über eine auf Rechtsanalogie begründete Rechtsfortbildung bedingte, dass die Grundsätze der c.i.c. nur anwendbar waren, wenn eine Regelungslücke bestand, also der der Pflichtverletzung zugrundeliegende Tatbestand nicht von einer konkreten abschließenden gesetzlichen Regelung erfasst wurde (**Subsidiarität der c.i.c.**), wobei vornehmlich an die Regelungen der Leistungsstörungen (Verzug, Nichterfüllung, Unmöglichkeit) und der Gewährleistung (§§ 434 ff. BGB) zu denken war.[3]

Ob dies nach der Kodifizierung auch noch gelten soll, ist ungeklärt, die Gesetzesbegründung enthält insoweit keinen Hinweis.[4] Dieser Punkt bedarf aber keiner Erörterung, da eine anderweitige Regelung hier nicht in Betracht kommt.

---

1 Vgl. 7. Fall A. II. **Hinweis:** Die culpa in contrahendo war bis zum 1.1.2002 nicht gesetzlich geregelt. Es war jedoch gewohnheitsrechtlich, aufgrund Rechtsfortbildung etwa des Vertrauensschutzgedankens in §§ 122, 179, 307 aF, 309 aF, 523 I, 524 I, 600, 694 BGB sowie des allgemeinen Gedankens von Treu und Glauben, § 242 BGB, anerkannt, dass bereits mit Aufnahme der Vertragsverhandlungen ein schutzwürdiges Vertrauensverhältnis existiert. Erman/*Kindl* § 322 Rn. 15 ff. Eine inhaltliche Änderung ist durch die Kodifizierung nicht beabsichtigt, BT-Drs. 14/6040, 162 ff. Vormals ergangene Rechtsprechung und Beiträge behalten ihre Aussagekraft. RGZ 78, 239 (umstürzende Linoleumrolle); BGHZ 6, 330 = NJW 1952, 1130 (nutzlose Aufwendungen); BGHZ 66, 51 = NJW 1976, 712 (Ausgleiten der Begleitperson auf einem Salatblatt); BGH NJW 1979, 1983 (Vertragsabschluss aufgrund Drohung); Jauernig/*Stadler* § 311 Rn. 34; Staudinger/*Löwisch/Feldmann*, 2012, § 311 Rn. 96.

2 **Hinweis:** Die c.i.c. schließt für die Zeit vor einem Vertragsschluss die zwischen dem Vertrags- und dem (insoweit unzulänglichen) Deliktsrecht bestehende Haftungslücke. Denn nur von einer Zufälligkeit hängt es ab, wann eine Schädigung eintritt, bzw. andersherum in welchem Moment ein Vertrag geschlossen wird und damit die »günstigeren« vertraglichen Haftungsnormen zur Anwendung kommen. Erman/*Kindl* § 311 Rn. 15; Jauernig/*Stadler* § 311 Rn. 35; *Medicus/Petersen* BürgerlR Rn. 199.

3 **Hinweis:** Hintergrund dessen sind va unterschiedliche Verjährungsfristen der c.i.c einerseits (Regelverjährung) und der kurzen Mängelverjährung andererseits sowie der Vorrang der Nacherfüllung. Andererseits bietet nur die c.i.c. vollen Ersatz des negativen Interesses.

4 **Hinweis:** Durch das Schuldrechtsmodernisierungsgesetz ist diese Frage nicht entschieden worden. Zum Streitstand: eingehend MüKoBGB/*Emmerich* § 311 Rn. 80 ff. sowie BGHZ 180, 214 (mwN) = NJW 1976, 712; Erman/*Kindl* § 311 Rn. 31; Jauernig/*Stadler* § 311 Rn. 38.

Das Verhalten des M gegenüber X sowie die Letzterem entstandenen Reisekosten sind weder durch eine fehlerhafte, noch durch Nichterfüllung, Unmöglichkeit oder verspätete Erfüllung einer geschuldeten Leistung entstanden, sondern aufgrund des Vertrauens des X auf die Ernsthaftigkeit der Verkaufsbereitschaft bei M. Aus Subsidiaritätsgründen scheidet ein Anspruch damit nicht aus.

3. Grundlage für die Haftung aus § 280 I BGB ist, dass zwischen den Parteien ein Schuldverhältnis zustande gekommen ist.

Gemäß § 311 II Nr. 1 BGB kommt ein Schuldverhältnis auch durch Aufnahme von Vertragsverhandlungen zustande. Ein lediglich sozialer Kontakt genügt nicht.[5] Die Kontaktaufnahme muss zumindest aufseiten der geschützten Partei auf einen Vertragsschluss gerichtet sein und ein solcher möglich erscheinen. Mit ihrer Bereitschaft zu den Vertragsverhandlungen setzt die eine Seite den Vertrauenstatbestand,[6] den sie allein durch Ablehnung jeglichen rechtsgeschäftlichen Kontaktes verhindern kann.

Mit Anfrage des X bei M auf Zusendung der Grundstücksunterlagen, spätestens aber mit der Verabredung zur Besichtigung nach Anfrage der Erwerbsmöglichkeit hat er erkennbar einen solchen, auf Abschluss eines Grundstückskaufvertrages gerichteten Kontakt zu M aufgenommen. Die Zusendung der Unterlagen und die Verabredung des M mit K, insbesondere die Zusage der Verkäuflichkeit belegt die Bereitschaft des M zu Vertragsverhandlungen und erweckt in X das berechtigte Vertrauen auf die Möglichkeit des Zustandekommens eines Vertrages.

Die c.i.c. erstreckt sich auf Schädigungen, die während des vorvertraglichen Vertrauensverhältnisses eintreten, dabei unterscheidet § 311 II drei Fallgruppen: Konkrete Vertragsverhandlungen (Nr. 1 – Fall des klassischen Vertrauensverhältnisses), Anbahnung eines Vertrages (Nr. 2 – Begründung eines rechtsgeschäftlichen Kontaktes, der Grundtatbestand)[7] und ähnliche geschäftliche Kontakte (Nr. 3 – der Auffangtatbestand). Die Haftung beginnt also mit Aufnahme des rechtsgeschäftlichen Kontaktes und erstreckt sich auf Schäden, die vor oder bei Vertragsschluss eintreten.[8] Ein Vertragsschluss selbst ist damit nicht erforderlich.[9] Damit bleibt es ohne Bedeutung, dass M als Verkäufer, also nicht als Makler auftritt. Er will hinsichtlich des den X interessierenden Objektes nicht nachweisend oder vermittelnd[10] tätig werden. Da X eine derartige Maklertätigkeit des M im Hinblick auf die anderen gezeigten Objekte ablehnt, scheidet ein Maklervertrag als Grundlage des Vertrauenstatbestandes aus. Ebenso wenig steht entgegen, dass M – wie sich später herausstellt – nicht verkaufsbereit, das Objekt bereits einem anderen Interessenten zugesagt und mit diesem am Besichtigungstag bereits der Termin für die notarielle Beurkundung des Kaufvertrages vereinbart war. Entscheidend ist allein, dass M dem X gegenüber Verkaufsbereitschaft zeigt und damit in diesem das entsprechende Vertrauen geweckt hat.

5 Jauernig/*Stadler* § 311 Rn. 45.

6 *Emmerich* LeistungsstörungsR § 5 I 2.

7 Der Begriff der Vertragsanbahnung ist weit auszulegen und umfasst Gespräche im Vorfeld, die der Auslotung von Interessen dienen; Erman/*Kindl* § 311 Rn. 21; MüKoBGB/*Emmerich* § 311 Rn. 47; aA BT-Drs. 14/6040, 163 (Auslotung sei Fall der Nr. 3).

8 Nach Vertragsschluss bestehen vertragliche Ansprüche wegen Leistungsstörungen (dazu 16. Fall); Staudinger/*Löwisch/Feldmann*, 2012, § 311 Rn. 112.

9 *Jacoby/v. Hinden* § 311 Rn. 2; Palandt/*Grüneberg* § 311 Rn. 30; *Diederichsen* BGB AT Rn. 294.

10 Erman/*Werner* vor § 652 Rn. 20; § 652 Rn. 9–19.

Zwischen M und X bestand somit ein Schuldverhältnis iSd § 311 II Nr. 2 BGB.

4. Weiterhin muss M eine aus dem Schuldverhältnis resultierende Pflicht gegenüber X verletzt haben.

a) Welche **Sorgfaltspflichten** dem anderen Teil gegenüber bestehen, richtet sich nach den Besonderheiten des konkreten Schuldverhältnisses. Gemäß § 241 II BGB ist insbesondere die Pflicht zur Rücksichtnahme auf Rechte, Rechtsgüter und Interessen des anderen Teils zu nennen. Diese Rücksichtnahmepflicht konkretisiert sich in Schutz- und Obhuts-, Loyalität- und Sorgfalts-, Informations- und Aufklärungspflichten.[11] Zu letzteren gehört die Verpflichtung, über Aussicht, Stand und Folgen des Geschäftes aufzuklären und zu informieren. Die Pflicht konkretisiert sich weiterhin, wenn die eine Partei Auskunft über die Vertragsbereitschaft der anderen verlangt. Die dementsprechende Beantwortung und Erklärung der Vertragsbereitschaft muss der Wahrheit entsprechen (Erklärungshaftung),[12] damit der vertragswilligen Partei keine nutzlosen Aufwendungen im Hinblick auf den Vertragsschluss entstehen.[13] Die unter den Parteien gebotene Rücksicht verpflichtet, das berechtigte Vertrauen des anderen Teils, ein Vertragsschluss sei möglich, rechtzeitig aufzulösen, ihn nicht ohne Abschlusschance weiter hinzuhalten[14] und dabei zu nutzlosen Aufwendungen zu veranlassen.[15]

b) M hat dem X gegenüber eine solche Offenbarungs- und Auskunftspflicht verletzt, indem er wahrheitswidrig bei X den Glauben hervorgerufen hat, ein Kaufvertrag über das Grundstück könne zustande kommen. Dadurch hat er ihn zu der nutzlosen Reise veranlasst. Das Verlangen des X auf Zusendung der Unterlagen war verabredet und hat nicht erst die Vertragswilligkeit des M herbeigeführt. Da zudem bei einem Erwerb eines erst fertigzustellenden Hauses die angeforderten Angaben üblich und notwendig sind, kann dieses Begehren des X die Pflichtverletzung des M nicht ausschließen. Wer den anderen Teil nicht über die Aussichtslosigkeit des Vertragsschlusses informiert, hat den diesem dadurch verursachten Schaden zu ersetzen.[16] Die Formbedürftigkeit des gewollten Vertrages (hier §§ 433, 311b I BGB) schließt den Anspruch nicht aus.[17]

5. Der Schadensersatzanspruch aus § 280 I BGB entsteht nur bei **schuldhaftem** Verhalten des Verpflichteten, wobei das Verschulden durch die Pflichtverletzung indiziert wird, § 280 I 2 BGB. Er hat gem. § 276 BGB Vorsatz und jede Form von Fahrlässigkeit (leichte oder grobe Fahrlässigkeit)[18] zu vertreten.

6. M hat dem X vorsätzlich die Unwahrheit gesagt, denn er hatte das Haus bereits zur Zeit der Anfrage des X einem anderen Interessenten versprochen, er war bewusst nicht dem X gegenüber verkaufsbereit. Ein Ausschluss des Anspruchs gem. § 280 I 2 BGB kommt daher nicht in Betracht.

---

11 Erman/*Kindl* § 311 Rn. 23; *Emmerich* LeistungsstörungsR § 5 III 1, 2.

12 *Emmerich* LeistungsstörungsR § 5 I 2.

13 Staudinger/*Löwisch/Feldmann*, 2012, § 311 Rn. 158; *Emmerich* LeistungsstörungsR § 5 II 1, III 3.

14 Staudinger/*Löwisch/Feldmann*, 2012, § 311 Rn. 134; *Erman* AcP 139 (1934), 276; *Gottwald* JuS 1982, 877 (879).

15 BGH NJW 1967, 2199; *Hübner* BGB AT Rn. 1088.

16 *Gottwald* JuS 1982, 877 (879).

17 BGH NJW 1970, 1840.

18 Palandt/*Grüneberg* § 276 Rn. 12 ff.; Staudinger/*Caspers*, 2014, Vorbem zu §§ 275–278 Rn. 21 ff.

7. Dem X müsste durch die wahrheitswidrige Aussage des M ein adäquat **kausaler Schaden iSd § 249 BGB** entstanden sein,[19] ein solcher also, der ohne die Pflichtverletzung nicht eingetreten wäre und gewöhnlicherweise bei derartigen Pflichtverletzungen auch zu erwarten ist.[20]

Hätte M dem X die Frage der Verkaufsbereitschaft wahrheitsgemäß beantwortet, nämlich dass das den X interessierende Objekt bereits vergeben war, ihm also die fehlende Kaufmöglichkeit offenbart, wäre X nicht mit seiner Familie zur Besichtigung angereist und hätte nicht die hierfür erforderlichen Aufwendungen iHv 500 EUR tätigen müssen. Bei dem Kauf eines Wohnhauses, das die gesamte Familie bewohnen soll, ist es üblich, die Besichtigung mit allen Familienmitgliedern durchzuführen. Der gesamte dem X entstandene Schaden beruht damit adäquat kausal auf der Pflichtverletzung des M.

8. Ergebnis: X kann von M gem. §§ 280 I, 311 II, 241 II BGB Zahlung von 500 EUR verlangen.

B. Fallabwandlung

I. Ein Anspruch des X gegen M auf Übereignung des Grundstückes aus **§ 433 I 1 BGB** besteht nicht. M und X haben noch keine Kaufvertragserklärungen iSd § 433 BGB abgegeben. Dies sollte erst später vor einem Notar erfolgen. Mangels der notwendigen Erklärungen bedarf es keiner Erörterung der durch § 311b I BGB festgelegten Form, insbesondere entsteht nicht die Problematik, ob wegen eines arglistigen Verhaltens einer Partei auf dieses Formerfordernis gem. § 242 BGB verzichtet werden kann.[21] Weder X noch M haben versucht, den anderen Teil an eine Unwesentlichkeit der Form glauben zu lassen. Beide wussten, dass zum Vertragsschluss eine notarielle Beurkundung und deswegen ein Termin bei einem Notar erforderlich war.

II. Der Anspruch aus §§ 280 I, 311 II, 241 II BGB (**culpa in contrahendo**) besteht gleichermaßen in der Fallabwandlung, da auch hier M dem X fälschlich eine Verkaufsbereitschaft vorgespiegelt hat. Rechtsfolge ist jedoch lediglich eine Verpflichtung des M, den X so zu stellen, wie er ohne das schädigende Ereignis stehen würde, § 249 S. 1 BGB. Er muss also so gestellt werden, als wenn er von der fehlenden Verkaufsbereitschaft gewusst hätte. Der Anspruch ist lediglich auf das negative Interesse gerichtet. Das Erfüllungsinteresse (positive Interesse) kann allenfalls verlangt werden, wenn der Vertrag ohne die Pflichtverletzung zustande gekommen wäre.[22] Hätte M seine fehlende Vertragsbereitschaft rechtzeitig offenbart, wäre es nicht zum Vertragsschluss über das Haus zwischen X und M gekommen.

III. Ergebnis der Fallabwandlung: X kann von M nicht Verkauf und Übereignung des Hauses verlangen.

---

19 Zur Kausalität vgl. 18. Fall A. I. 1c, B. I. 3a.

20 *Musielak/Hau* GK BGB Rn. 607 ff.

21 Dazu *Werner/Neureither* 22 Probleme BGB AT 9. Problem.

22 BGH NJW 1965, 813; Erman/*Kindl* § 311 Rn. 25; Jauernig/*Stadler* § 311 Rn. 53 ff.; *Emmerich* LeistungsstörungsR § 5 VI; *Musielak/Hau* GK BGB Rn. 645 f.; aA Staudinger/*Löwisch/Feldmann*, 2012, § 311 Rn. 157 ff.; *Medicus/Petersen* BGB AT Rn. 454.

Zur Vertiefung: RGZ 78, 239; *Emmerich,* Zum gegenwärtigen Stand der Lehre von der culpa in contrahendo, JURA 1987, 561; *Gottwald,* Die Haftung für culpa in contrahendo, JuS 1982, 877; *Grunewald,* Das Scheitern von Vertragsverhandlungen ohne wichtigen Grund, JZ 1984, 708; *Hellgardt,* Die Ersatzfähigkeit des vorzeitigen Deckungskaufs, JuS 2016, 1057; *Horn,* Culpa in contrahendo, JuS 1995, 377; *Katzenstein,* Die Bedeutung der vertraglichen Bindung für die culpa-Haftung des Vertragsschuldners auf Schadensersatz, JURA 2004, 800 (Teil 1) und JURA 2005, 73 (Teil 2); *Küpper,* Schadensersatz aus culpa in contrahendo beim gescheiterten Abschluss eines formbedürftigen Vertrages, DB 1990, 2460; *Larenz,* Culpa in contrahendo, Verkehrssicherungspflicht und »sozialer Kontakt«, MDR 1954, 515; *Lorenz*, Grundwissen – Zivilrecht: Culpa in contrahendo (§ 311 II, III BGB), JuS 2015, 398; *Michalski,* Das Rechtsinstitut der »culpa in contrahendo« (c.i.c.), JURA 1993, 22; *Medicus,* Grenzen der Haftung für culpa in contrahendo, JuS 1965, 209; *Reinicke/Tiedtke,* Schadensersatzverpflichtungen aus Verschulden beim Vertragsschluss nach Abbruch von Vertragsverhandlungen ohne triftigen Grund, ZIP 1989, 1093; *Schaub,* Beratungsvertrag und Sachmängelgewährleistung nach der Schuldrechtsmodernisierung, AcP 202 (2002), 757; *Teichmann,* Nebenverpflichtungen aus Treu und Glauben, JA 1984, 545 (709); *Teichmann,* Vorvertragliche Informationspflichten, JA 1984, 545; *Theisen,* Rechtsfolgen eines Schadenersatzanspruchs aus culpa in contrahendo, NJW 2006, 3102; Zum neuen Recht: *Dauner-Lieb/Arnold/Dötsch/Kitz,* Fälle zum Neuen Schuldrecht, 2002, Fälle 102–112; *Münch,* Die »nicht wie geschuldet« erbrachte Leistung und sonstige Pflichtverletzungen, JURA 2002, 361.

16. Fall: Die verspätete Darlehensüberweisung

Sachverhalt

Das Bundesland N hat dem Hauseigentümer E für sein Mehrfamilienhaus einen zinslosen Kredit zur Sanierung und Wärmedämmung zugesagt. Die Auszahlung soll über einen Darlehensvertrag mit der Landesbank L erfolgen. In diesem Vertrag zwischen E und L wurde eine Garantie für die sofortige Darlehensauszahlung ausdrücklich ausgeschlossen, letztere wurde vielmehr von der Bereitstellung öffentlicher Mittel abhängig gemacht und in das Belieben der Bank gestellt.

Als E bereits von den Handwerkern nach Durchführung der Arbeiten an die Begleichung der Rechnungen erinnert wurde, bat er die L um schnelle Überweisung des Darlehensbetrages. Der Sachbearbeiter teilte dem E am 1.5. mit, er habe das Geld auf das angegebene Konto des E überwiesen. E verlässt sich – entsprechend der üblichen Überweisungszeit – auf eine Gutschrift zum 5.5. und überweist an diesem Tage den Handwerkern den jeweiligen Rechnungsbetrag. Der Sachbearbeiter der L-Bank hatte aber bei der Überweisung die ihm von E richtig angegebene Bankleitzahl falsch eingetragen, sodass die Gutschrift auf dem Konto des E erst am 4.6. erfolgte. Dadurch wurde E von seiner Bank mit Überziehungszinsen iHv 300 EUR belastet.

Kann E von der Landesbank Erstattung der 300 EUR verlangen, weil er sich auf die Überweisungszusage verlassen hatte?

Lösungsvorschlag

I. E ist mit den Überziehungszinsen belastet worden, weil die Überweisung des Darlehensbetrages nicht wie erwartet bis zum 5.5., sondern erst einen Monat später erfolgt ist. Sein Anspruch auf Ersatz der 300 EUR könnte daher als **Verzögerungsschaden gem. §§ 280 I, 280 II, 286 BGB** bestehen.

1. Unabhängig davon, ob der Tatbestand des § 280 I BGB vorliegt, kann ein Verzögerungsschaden nur unter den Voraussetzungen des § 286 I BGB verlangt werden. Hierfür ist erforderlich, dass die Landesbank ab 5. mit der Darlehensauszahlung in Schuldnerverzug geraten war. Dies setzt voraus: die Fälligkeit der Auszahlungsverpflichtung, weiterhin eine Mahnung durch E und dass die Verzögerung nicht durch einen Umstand bedingt war, den die L nicht zu vertreten hatte.[1]

a) Eine Schuld ist **fällig**, wenn der Gläubiger die Leistung verlangen kann.[2] Die Vereinbarung zwischen den Beteiligten legte ausdrücklich keine Zeit für die Darlehensauszahlung fest, es sollte allein in der Disposition der L liegen, wann sie die Auszahlung vornehmen konnte und wollte, zumal dies von der Bereitstellung öffentlicher Gelder abhängig war. E konnte daher zum 5. keine Überweisung verlangen, eine den Verzug auslösende Fälligkeit bestand nicht.

b) Die Zusage des Sachbearbeiters, die Überweisung sei erfolgt, war lediglich eine Information über einen tatsächlichen Vorgang, gestaltete aber nicht den Darlehensvertrag im Hinblick auf einen Fälligkeitstermin. Deswegen bedarf es keiner weiteren Erörterungen, ob der Sachbearbeiter mit E eine solche Fälligkeitsvereinbarung mit Wirkung für L treffen konnte.

2. Die L war am 5.5. nicht mit einer Überweisungspflicht in Verzug. Ein Anspruch des E auf Erstattung der Überziehungszinsen kann nicht aus §§ 280 I, 280 II, 286 BGB hergeleitet werden.

II. Ein Zahlungsanspruch könnte dem E gegen die Landesbank gem. **§ 280 I BGB** in Verbindung mit dem Darlehensvertrag wegen Verletzung einer vertraglichen Nebenpflicht[3] zustehen, als ein Schadensersatz »neben« der Leistung (Rechtsinstitut der positiven Forderungsverletzung[4], sog. pFV[5]).

---

1 Vgl. 13. Fall B. I. 4.

2 *Medicus/Lorenz* SchuldR AT Rn. 166.

3 **Hinweis:** Der Gesetzgeber des BGB glaubte, mit den Bestimmungen über die Unmöglichkeit, den Schuldnerverzug und die Mängelgewährleistung alle Fälle der nicht gehörigen Erfüllung erfasst zu haben. Die Leistungsstörungen durch Nichtbeachtung von Nebenpflichten bei der Abwicklung eines Schuldverhältnisses wurden bei der gesetzlichen Kodifizierung nicht einbezogen und erst später in entsprechender Anwendung der §§ 280 I, 286 I, 325 I 1, 326 I 2 aF BGB geregelt *Enneccerus/Lehmann* SchuldR § 55 I; kritisch: *Emmerich* LeistungsstörungsR § 20 IV.

4 MüKoBGB/*Ernst* § 280 Rn. 2.

5 Auch »positive Vertragsverletzung«.

1. Die zuvor im Wege der Rechtsfortbildung entwickelte, gewohnheitsrechtlich anerkannte[6] pFV ist seit dem 1.1.2002 im BGB, hier in der zentralen Bestimmung des § 280 I BGB[7] geregelt.[8]

2. Voraussetzung des § 280 I BGB ist zunächst das Bestehen eines **Schuldverhältnisses** zwischen dem Anspruchsinhaber und dem Anspruchsgegner, wobei sich ein solches auf Vertrag oder Gesetz gründen kann.[9]

Wenn auch das Geld für Sanierungs- und Wärmedämmungsmaßnahmen von der öffentlichen Hand bereitgestellt wurde, erfolgte die Auszahlung aufgrund eines zwischen E und L geschlossenen Darlehensvertrages iSd § 488 BGB. Ein vertragliches Schuldverhältnis besteht damit zwischen dem geschädigten E und der in Anspruch genommenen Landesbank L.

3. Zu prüfen ist weiterhin, ob die Überweisung zum 4.6. eine **Verletzung einer sich aus dem Schuldverhältnis selbst ergebenden Pflicht** darstellt.

a) Aus dem Schuldverhältnis ergeben sich nicht nur die primären Leistungspflichten, sondern auch **Nebenpflichten.** Existenz und Umfang der Nebenpflichten ergeben sich unter Berücksichtigung des Schuldverhältnisses nach dem Grundsatz von Treu und Glauben (§ 242 BGB).[10] Dies sind gem. **§ 241 II BGB** insbesondere Rücksichtnahmepflichten bezüglich der Rechte, Rechtsgüter und Interessen des jeweils anderen Teils. Die Parteien haben alles zu tun oder zu unterlassen, um die andere Seite vor Schaden zu bewahren.[11]

Diese Pflichten konkretisieren sich in Auskunfts-, Obhuts-, Warnungs-, Geheimhaltungs- und Offenbarungspflichten, ferner in Schutzpflichten hinsichtlich der Rechtsgüter der anderen Partei, soweit eine durch das Schuldverhältnis und dessen Vollzug bedingte Einwirkungsmöglichkeit besteht. Die Offenbarungs- und Auskunftspflicht verpflichtet die Beteiligten, einander die notwendigen und angeforderten Auskünfte wahrheitsgemäß zu erteilen und alles zu tun bzw. zu unterlassen, damit dem Gläubiger kein über das Erfüllungsinteresse hinausgehender zusätzlicher Schaden entsteht (die Hauptleistungspflicht wird zwar erfüllt, aber nicht ordnungsgemäß)[12].

Die Durchführung einer Überweisung hat demgemäß so zu erfolgen, dass sie möglichst schnell bei dem Gläubiger gutgeschrieben wird. Insbesondere sind die Angaben hinsichtlich des Empfängers sorgfältig und richtig zu tätigen, damit keine unnötige Verzögerung eintritt, wenn der Empfänger mit dem Eingang rechnen darf und dementsprechend kalkuliert. Dies gilt vornehmlich dann, wenn der Schuldner weiß, dass der Gläubiger – auch wegen der Höhe der Summe – auf die rasche Gutschrift ange-

---

6 BGHZ 11, 80 = NJW 1954, 229; Staudinger/*Schwarze*, 2014, § 280 Rn. A2; *Enneccerus/Lehmann* SchuldR § 55 II.

7 Das kodifizierte neue Recht stellt eine einzige Anspruchsgrundlage für alle Fälle gestörter Leistung bereit: § 280 I BGB; BT-Drs. 14/6040, 307 f.; *Canaris* JZ 2001, 499 (511). Einzige Ausnahme bildet § 311a II BGB für Schadensersatzansprüche bei anfänglicher Unmöglichkeit.

8 BT-Drs. 14/6040, 84 ff., 133.

9 Unstr. Erman/*H. P. Westermann* § 280 Rn. 5; Jauernig/*Stadler* § 280 Rn. 2; Palandt/*Grüneberg* § 280 Rn. 6 ff.; Staudinger/*Schwarze*, 2014, § 280 Rn. B1; *Enneccerus/Lehmann* SchuldR § 55 I.

10 Jauernig/*Mansel* § 242 Rn. 16.

11 Staudinger/*Olzen*, 2015, § 241 Rn. 156; speziell für Banken: *Emmerich* LeistungsstörungsR § 21 I 2b.

12 *Musielak/Hau* GK BGB Rn. 620.

wiesen ist und aufgrund einer Überweisungsanzeige mit dem kurzfristigen Eingang des Geldbetrages rechnen darf.

b) Die **Verletzung** einer der vorgenannten Nebenpflichten durch L oder ihren Erfüllungsgehilfen liegt allerdings noch nicht in der Mitteilung des Sachbearbeiters, dass der Betrag am 1.5. überwiesen worden ist. Dies entspricht dem tatsächlichen Vorgang. Die Auskunft war damit wahrheitsgemäß. Allerdings gehört zu einer richtig durchgeführten Überweisung die zutreffende und vollständige Angabe des Empfängerkontos und auch der Bankleitzahl. Gegen diese Sorgfaltspflichten hat der Sachbearbeiter der L verstoßen.

4. Der Anspruch könnte gem. § 280 I 2 BGB ausgeschlossen sein, wenn die Landesbank die Pflichtverletzung nicht zu vertreten hat. Maßstab sind die allgemeinen Regelungen der §§ 276 ff. BGB.

a) Die Landesbank konnte und hat nicht selbst gehandelt. Die Pflichtverletzung ist durch den Sachbearbeiter S erfolgt. Ohne Rücksicht darauf, ob die Bank als juristische Person des Privatrechts oder als landesunmittelbare juristische Person des öffentlichen Rechts organisiert ist,[13] kann eine Zurechnung des Verhaltens des S über § 278 BGB erfolgen. Diese Norm führt zu einer Zurechnung des Erfüllungsgehilfenverschuldens bei jedem Schuldner eines privatrechtlichen Schuldverhältnisses, gleich ob dieser eine Person des privaten oder des öffentlichen Rechts ist. Dies ist unproblematisch, wenn die öffentliche Hand – wie hier die Landesbank – in den Formen des Privatrechts handelt.[14]

L bediente sich bei der Abwicklung ihrer Schuldnerverpflichtung aus dem privatrechtlichen Darlehensvertrag ihres Mitarbeiters S. Dieser war im Verhältnis zu E Erfüllungsgehilfe iSd § 278 BGB, er wurde mit Wissen und Wollen der L in deren Rechts- und Interessenkreis tätig. Ein Verschulden des S muss sich L damit als eigenes zurechnen lassen.

b) Der Schuldner hat entsprechend den allgemeinen Regeln des § 276 BGB grundsätzlich Vorsatz und jede Form von Fahrlässigkeit[15] zu vertreten.[16] S hat die ihm von E richtig angegebene Bankleitzahl nicht zutreffend eingetragen und damit die von einem Banksachbearbeiter zu erwartende Sorgfalt (objektiviertes Verschulden) nicht beachtet, somit fahrlässig gehandelt. Zudem wird dem Gläubiger der Verschuldensnachweis aufgrund der Formulierung des § 280 I 2 BGB erleichtert, die Beweislast liegt nämlich beim Schuldner. Die L müsste somit nachweisen, dass den S an der Pflichtverletzung kein Verschulden trifft. Insoweit ist jedoch kein Anhaltspunkt vorgetragen, sodass von einem Verschulden des S auszugehen ist.

5. E kann die Überziehungszinsen als **Schaden** geltend machen, wenn die Belastung mit 300 EUR adäquat kausal durch die Pflichtverletzung des S entstanden ist.[17]

---

13 Die »Landesbank Hessen-Thüringen (HELABA)« bspw. ist eine rechtsfähige Anstalt des öffentlichen Rechts.

14 Unstr. Erman/*H. P. Westermann* § 278 Rn. 44; Staudinger/*Caspers*, 2014, § 278 Rn. 16.

15 **Definition:** Fahrlässig handelt, wer die im Verkehr erforderliche Sorgfalt außer Acht lässt, § 276 II.

16 Jauernig/*Stadler* § 276 Rn. 10, 23 ff.

17 Vgl. 15. Fall A. II. 7.

Bei richtiger Eintragung der Bankleitzahl wäre die Gutschrift zugunsten des E bis zum 5.5. erfolgt, er hätte sein Konto nicht überzogen und keine Überziehungszinsen zahlen müssen. Üblicherweise muss bei Falschangabe der Bankleitzahl mit einer Nichtdurchführung bzw. Verzögerung der Überweisung gerechnet werden. Ebenso ist es nicht unwahrscheinlich, dass der Empfänger nach Überweisungsanzeige mit dem Betrag rechnet und dringende Überweisungen vornimmt. Der Schaden des E beruht damit adäquat kausal auf dem Fehlverhalten des S, das der L über § 278 S. 1 BGB zuzurechnen ist.

6. Als **Rechtsfolge** kann die durch die Verletzung der Nebenpflicht geschädigte Partei von der anderen, dem Pflichtverletzenden, Ersatz des durch die Pflichtverletzung entstandenen Schadens verlangen.[18] Insoweit gelten §§ 249 ff. BGB.[19] Es wird der über das Erfüllungsinteresse hinausgehende Schaden reguliert. Es spielt daher keine Rolle, dass die Landesbank ihrer Darlehensauszahlungspflicht am 4.6. in vollem Umfang nachgekommen ist. Der Schadensersatzanspruch des E richtet sich auf die Erstattung der Überziehungszinsen.

7. Zu überlegen bleibt abschließend, ob den E über § 254 BGB eine **verschuldete Mitverursachung** bei der Schadensentstehung trifft und er sich eine solche anspruchsmindernd zurechnen lassen muss.

Einen Geschädigten trifft ein Verschulden gegen sich selbst – im untechnischen Sinne –, wenn er den bei sich selbst entstandenen Schaden nicht gering hält, mindert oder gänzlich abwendet, obwohl er hierzu in der Lage war.[20] Zu denken ist in diesem Zusammenhang an die Möglichkeit des E, bis zur Gutschrift des Betrages abzuwarten und erst dann die Begleichung der offenstehenden Handwerkerrechnungen vorzunehmen. Bei einem solchen Verhalten des E wären die Überziehungszinsen und damit der Schaden nicht entstanden.

Der Verschuldensvorwurf orientiert sich auch im Rahmen des § 254 BGB an § 276 BGB.[21] Dem E kann aber insoweit kein Vorwurf unsorgfältigen Verhaltens gemacht werden, wenn er sich auf die ausdrückliche Auskunft eines Sachbearbeiters einer Landesbank verlässt. Er durfte guten Gewissens davon ausgehen, dass dieser in der Lage ist, die richtig angegebene Kontonummer und Bankleitzahl zutreffend einzusetzen und die Überweisung ordnungsgemäß vorzunehmen, sodass lediglich mit der üblichen Überweisungszeit und der Gutschrift auf seinem Konto zu rechnen wäre. Ein Mitverschulden ist dem E somit nicht anzulasten. Sein Schadensersatzanspruch ist nicht über § 254 BGB zu mindern.

III. Ergebnis: E kann von der Landesbank gem. § 280 I BGB als Schadensersatz Zahlung der 300 EUR Überziehungszinsen verlangen.

! **Zur Vertiefung:** *Bodewig,* Vertragliche Pflichten »post contractum finitum«, JURA 2005, 505; *Dauner-Lieb/Arnold/Dötsch/Kitz,* Fälle zum neuen Schuldrecht, 2002, Fälle 98–101; *Fest,* Die Bezugspunkte des Vertretenmüssens im System der §§ 280 ff. BGB, JURA 2005, 734; *Katzenstein,* Der Schadensersatz statt der Leistung nach §§ 280 I und III, 281 bis 283 BGB, JURA 2005, 217; *Münch,* Die

18 *Emmerich* LeistungsstörungsR § 22.

19 Staudinger/*Schwarze*, 2014, § 280 Rn. E49; *Emmerich* LeistungsstörungsR § 22 I.

20 Erman/*Ebert* § 254 Rn. 3.

21 Erman/*Ebert* § 254 Rn. 24.

»nicht wie geschuldet« erbrachte Leistung und sonstige Pflichtverletzung, JURA 2002, 361; *Mückl,* Unmöglichkeit und Pflichtverletzung – Zum Begriff der »Pflichtverletzung« im Leistungsstörungsrecht des BGB, JA 2004, 928; *Münch,* Die »nicht wie geschuldet« erbrachte Leistung und sonstige Pflichtverletzungen, JURA 2002, 361; *Reischl,* Grundfälle zum neuen Schuldrecht, JuS 2003, 40; *Spancken/Schneidenbach*, Die Berechnung des zu ersetzenden Schadens anhand der §§ 249 ff. BGB – Ein Leitfaden, JuS 2012, 298; *Otto*, Die Grundstrukturen des neuen Leistungsstörungsrechts, JURA 2002, 1; *Schwab*, Das neue Schuldrecht im Überblick, JuS 2002, 1; *Senne,* Das Recht der Leistungsstörungen nach dem Schuldrechtsmodernisierungsgesetz, JA 2002, 424; *Teichmann,* Nebenverpflichtungen aus Treu und Glauben, JA 1984, 545, 709; *v. Wilmowsky,* Pflichtverletzungen im Schuldverhältnis, JuS-Beilage zu Heft 1/2002, 3 ff.; *Zimmer,* Das neue Recht der Leistungsstörungen, NJW 2002, 1; *Wilhelm,* Die Pflichtverletzung nach dem neuen Schuldrecht, JZ 2004, 1055.

17. Fall: Die Forderungsabtretung

Sachverhalt

V hatte dem K seinen gebrauchten Pkw zum Preis von 10.000 EUR am 10.1. verkauft, am 15.1. übergeben und übereignet. Da der von V bestellte Neuwagen erst im März geliefert werden sollte, stellte ihm K solange sein Moped im Wert von 2.500 EUR zur Verfügung.

Am 20.2. trat V die Kaufpreisforderung gegen K an Z ab. K erfuhr von dieser Abtretung am 5.3. Als Z den K am 7.8. auf Zahlung in Anspruch nimmt, verweigert dieser die Zahlung, da der Rückwärtsgang des Pkw bereits seit dessen Übergabe nicht funktioniere. Das Fahrzeug sei gebrauchsuntauglich. Hilfsweise rechne er, K, mit einem Darlehensrückzahlungsanspruch iHv 8.000 EUR auf. Diesen Betrag hatte K dem V am 3.1. des Vorjahres für acht Monate geliehen. Den Restbetrag von 2.000 EUR wollte K erst nach Rückerhalt des dem V geliehenen Mopeds überweisen.

Kann Z von K Zahlung des Kaufpreises verlangen?

Bearbeitervermerk: Sollte der Bearbeiter zu dem Ergebnis kommen, dass K wegen des nicht funktionierenden Rückwärtsganges die Zahlung verweigern kann, so soll sein weiteres Vorbringen in einem Hilfsgutachten untersucht werden.

Lösungsvorschlag

I. Einen **Zahlungsanspruch aus § 433 II BGB** kann Z gegen K durch Abtretung gem. § 398 BGB erworben haben, wenn V Inhaber eines solchen Anspruches gewesen ist und diesen wirksam auf Z übertragen hat.

1. Da Z die Forderung aus § 433 II BGB gegen K geltend macht – eine Gläubigerstellung behauptet –, er aber nicht an dem Vertragsschluss als Partei beteiligt war, kann er eine solche Gläubigerstellung allein durch **Abtretung** gem. § 398 BGB erlangt haben.[1]

Die Abtretung ist ein Verfügungsvertrag (»Verdinglichung der Forderung«[2]), durch den der bisherige Gläubiger (Zedent) eine ihm zustehende Forderung auf einen neuen Gläubiger (Zessionar) überträgt. Mit der Einigung geht die Forderung von dem alten auf den neuen Gläubiger über (Vollzugsgeschäft).[3] Die Einigung muss den Willen des Zedenten und des Zessionars enthalten, eine entsprechende Forderungsübertragung herbeizuführen. Die Einigung ist grundsätzlich formfrei[4] und kann konkludent erfolgen.

V hat am 20.2. die Kaufpreisforderung an Z »abgetreten«. Beide haben die für § 398 BGB erforderlichen Willenserklärungen abgegeben. Da grundsätzlich alle Forderungen abtretbar sind und Anhaltspunkte für spezielle oder generelle Abtretungsverbote[5] (§§ 399, 400 BGB) nicht bestehen, ist der Erwerb der Gläubigerstellung des Z allein von der Existenz der abzutretenden Forderung abhängig. Der Zedent V muss also Inhaber eines Kaufpreisanspruches gegen K über 10.000 EUR gem. § 433 II BGB gewesen sein.

2. Zwischen V und K sind die für einen **Kaufvertrag** gem. § 433 BGB erforderlichen Erklärungen abgegeben worden: V verpflichtete sich, dem K den genau bezeichneten Pkw zu übergeben und zu übereignen, und K verpflichtete sich zur Zahlung des Kaufpreises iHv 10.000 EUR.[6]

---

1 **Klausurtipp:** Beruft sich ein Gläubiger auf Erwerb einer Forderung durch Abtretung, bestehen zwei Aufbaumöglichkeiten: Zunächst kann der Bestand der Forderung und danach deren Übertragung (§ 398 BGB) geprüft werden. Der Bearbeiter kann aber auch zuerst die Abtretung des § 398 BGB und im Zusammenhang hiermit den Bestand der Forderung prüfen. Beide Wege sind gleichwertig, die Entscheidung für einen ist allein von der günstigen Darstellung abhängig. Da in vorliegendem Fall wegen der Abtretung Besonderheiten bei der Anfechtung bestehen, empfiehlt es sich, zunächst gem. § 398 BGB den Übergang einer möglichen Kaufpreisforderung von V auf Z festzustellen.

2 MüKoBGB/*Roth/Kieninger* § 398 Rn. 2.

3 **Hinweis:** Das der Abtretung zugrunde liegende Rechtsgeschäft (Kausalgeschäft) können etwa Schenkung, Kauf, Geschäftsbesorgung oder Sicherungsabrede sein. Kraft des sog. Abstraktionsprinzips gilt die Verfügung unabhängig vom schuldrechtlichen Grundgeschäft (Mängel des Grundgeschäfts lassen den Abtretungsvertrag unberührt; Ausnahme: Vereinbarung einer entsprechenden Bedingung für die Abtretung). *Jacoby/v. Hinden* Vor § 398 Rn. 2; Jauernig/*Stürner* § 398 Rn. 1; *Brox/Walker* SchuldR AT § 34 Rn. 2, 3.

4 Jauernig/*Stürner* § 398 Rn. 4; *Brox/Walker* SchuldR AT § 34 Rn. 9; Ausnahmen zB § 1154 BGB bei hypothekarisch gesicherten Forderungen.

5 Dazu *Brox/Walker* SchuldR AT § 34 Rn. 11–14; *Fikentscher/Heinemann* SchuldR Rn. 586.

6 **Klausurtipp:** Enthält der Sachverhalt lediglich den Hinweis auf den Abschluss eines Kaufvertrages, muss und kann allein von dem Vorliegen der entsprechenden tatsächlichen Erklärungen ausgegangen werden. Rechtliche Unwirksamkeitsgründe müssen – sofern Anlass besteht – geprüft werden.

a) Da ein Kaufvertrag über einen Pkw keinem Formerfordernis unterliegt, kann eine Unwirksamkeit des Kaufvertrages allenfalls unter dem Gesichtspunkt einer **Anfechtung** des Kaufvertrages gem. § 142 I BGB wegen des defekten Rückwärtsganges des Pkw in Betracht kommen.

Gemäß § 404 BGB kann der Schuldner auch dem neuen Gläubiger alle Einwendungen und Einreden[7] entgegenhalten, die zZt der Abtretung der Forderung gegen den bisherigen Gläubiger begründet waren. Unter Einwendungen iSd § 404 BGB sind alle Verteidigungsmöglichkeiten des Schuldners zu verstehen, auch der Hinweis auf das Nichtbestehen der Forderung aufgrund einer Anfechtung.[8]

aa) Eine **Anfechtungserklärung** hat K nicht ausdrücklich abgegeben. Diese kann konkludent erfolgen, indem deutlich zum Ausdruck kommt, dass das Rechtsgeschäft von Anfang an beseitigt werden soll.[9] Eine konkludente Erklärung iSd § 143 I BGB liegt bereits in dem Bestreiten der Zahlungsverpflichtung.[10] Die Anfechtungserklärung des K liegt damit in seiner Zahlungsverweigerung gegenüber Z.

K hat die Anfechtung durch Zahlungsverweigerung erklärt, als die Forderung bereits auf Z übertragen war. Eine Abtretung der Forderung steht der Anfechtung nicht entgegen. Dies ergibt sich aus dem Wortlaut des § 143 II BGB, der hinsichtlich der Anfechtungserklärung auf den anderen Teil des Vertragsschlusses abstellt, nicht aber darauf, ob dieser jetzt noch Inhaber der Forderung ist. Des Weiteren bezweckt § 404 BGB, dass der Schuldner durch die Abtretung keine Nachteile erleiden soll und daher das Anfechtungsrecht nicht durch eine Abtretung verlieren darf.[11]

Adressat einer Anfechtungserklärung ist gem. § 143 II BGB der andere Vertragsteil,[12] dh derjenige, dem gegenüber der Anfechtende die anzufechtende Vertragserklärung abgegeben hat,[13] mithin die andere Partei des Vertragsschlusses. Diese Willenserklärung ist Gegenstand der Anfechtung. Vertragspartner des K war bei Abschluss des Kaufvertrages V. Zwischen V und Z ist zwar ein Übergang der Gläubigerstellung an letzteren erfolgt. Z ist gem. § 398 BGB in die Stellung des V eingetreten. Vertragspartner des Anfechtenden bleibt aber trotz einer Abtretung der Zedent.[14] Denn Gegenstand der Anfechtung ist nicht der abgetretene Anspruch, sondern das zugrundeliegende Rechtsgeschäft,[15] dh die zum Kaufvertrag führende Willenserklärung. Diese wird nach § 142 BGB ex tunc vernichtet, die Abtretung damit gegenstandslos. Der Gläubiger verliert seine Gläubigerstellung.[16] Trotz der Abtretung bleibt V als Empfänger der zur Anfechtung stehenden Vertragserklärung weiterhin Adressat der Anfechtungserklärung iSd § 143 II BGB. Nur er kann sich auf das Anfechtungsbegehren

7 Erman/*H. P. Westermann* § 404 Rn. 3; *Medicus/Lorenz* SchuldR AT Rn. 812; *Kornblum* BB 1981, 1297; dazu auch *Pick* AcP 172 (1972), 39; *Nörr/Scheyhing*, Sukzessionen, 1983, 4–245; *Weimar* MDR 1979, 283.

8 Erman/*H. P. Westermann* § 404 Rn. 3; Jauernig/*Stürner* § 404 Rn. 2 ff.

9 Der Erklärende muss nicht ausdrücklich das Wort »Anfechtung« benutzen, Staudinger/*Roth*, 2015, § 143 Rn. 2; *Rüthers/Stadler* BGB AT § 25 Rn. 18; *Wolf/Neuner* BGB AT § 41 Rn. 13.

10 Vgl. 3. Fall A. I. 2a.

11 BGHZ 19, 156 = NJW 1956, 257.

12 Staudinger/*Roth*, 2015, § 143 Rn. 17, 18.

13 *Rüthers/Stadler* BGB AT § 25 Rn. 17.

14 *Pick* AcP 172 (1972), 39 (52).

15 RGZ 86, 310.

16 RGZ 86, 310; Erman/*H. P. Westermann* § 404 Rn. 3; *Diederichsen* BGB AT Rn. 373.

sachgerecht einlassen, allein ihm gegenüber ist als Altgläubiger die anfechtbare Handlung erfolgt. Mit dem Hinweis auf »Praktikabilitätsgründe«[17] kann daher der Zessionar nicht zum weiteren Anfechtungsgegner gemacht werden.[18] Anfechtungsgegner ist der Altgläubiger.[19] K hätte seine Anfechtung dem V gegenüber erklären müssen. Er hat seine Weigerung hinsichtlich der Kaufpreisforderung aber nur Z gegenüber deutlich gemacht und damit keine wirksame Anfechtungserklärung abgegeben.

bb) Ist eine Anfechtung der Vertragserklärung des K bereits wegen fehlender Erklärung gegenüber V nicht wirksam, so ergibt sich die Möglichkeit einer noch fristgerechten Anfechtungserklärung gegenüber V oder die Erhebung der Anfechtungseinrede durch K gegenüber Z gem. § 770 BGB analog.[20] Dies setzt voraus, dass K den Vertrag noch gegenüber V anfechten kann.

(1) Als **Anfechtungsgrund** kommt lediglich ein Irrtum des K über die Fehlerfreiheit des Pkw, sein Glaube an einen intakten Rückwärtsgang, in Betracht. Ob hierin ein Eigenschaftsirrtum des § 119 II BGB liegt, kann jedoch offenbleiben. Denn für die Zeit nach Übergang des Kaufgegenstandes (Gefahrübergang, § 446 BGB) ist eine Anfechtung wegen Irrtums des Käufers über eine verkehrswesentliche Eigenschaft der Kaufsache durch die Sonderregelung der Gewährleistungsansprüche der §§ 434 ff. BGB ausgeschlossen.[21] Die Möglichkeit einer Anfechtung nach § 119 II BGB neben den Gewährleistungsrechten würde anderenfalls dem Bestreben des Gesetzgebers entgegenstehen, im Kaufrecht eine schnelle und endgültige Abwicklung herbeizuführen, da die kurzfristige Verjährung der Gewährleistungsansprüche gem. § 438 BGB durch die zehnjährige Anfechtungsmöglichkeit[22] entwertet würde.[23]

Der Pkw war bereits bei Übergabe (Gefahrübergang) von V an K mit einem Sachmangel iSd § 434 I BGB behaftet. Ein nicht funktionierender Rückwärtsgang schränkt die Gebrauchsmöglichkeit derart ein, dass sich die Sache nicht für die vom Vertrag vorausgesetzte Verwendung eignet, § 434 I 2 Nr. 1 BGB. K kann die Gewährleistungsrechte der §§ 434 ff. BGB geltend machen. Eine Anfechtung gem. § 119 II BGB scheidet aus.

(2) Eine Anfechtung durch K wäre zudem wegen Ablaufs der **Anfechtungsfrist** des § 121 I BGB nicht mehr möglich. K hat von dem Mangel bereits mit der Übergabe des Pkw am 15.1. erfahren. Eine Anfechtungserklärung zum bzw. nach dem 7.8. wäre nicht mehr unverzüglich erfolgt.

---

17 So *Neumann-Duesberg* NJW 1971, 272.

18 *Pick* AcP 172 (1972), 39 (52).

19 RGZ 86, 305 (310); Erman/*H. P. Westermann* § 404 Rn. 3, 5; Jauernig/*Stürner* § 404 Rn. 4; MüKoBGB/*Roth* § 404 Rn. 6; *Hübner* BGB AT Rn. 951; *Köhler* JZ 1986, 516; *Pick* AcP 172 (1972), 152.

20 Palandt/*Grüneberg* § 404 Rn. 4; *Neumann-Duesberg,* FS Nipperdey, 1965, Bd. 1, 659; aA *Pick* AcP 172 (1972), 39 (52).

21 BGHZ 16, 54 (57) = NJW 1955, 340; BGHZ 34, 32 (34) = NJW 1961, 772; Erman/*Arnold* § 199 Rn. 6, Vor § 437 Rn. 23; Palandt/*Weidenkaff* § 437 Rn. 53; Soergel/*Hefermehl* § 119 Rn. 78; *Brox/Walker* SchuldR BT § 4 Rn. 135; *Fikentscher/Heinemann* SchuldR Rn. 734; *Larenz/Canaris* SchuldR II 1, 13. Aufl. 1986, § 41 S. 41 ff.; *Flume* DB 1979, 1136; *Köhler* JA 1982, 157; dazu *Marburger*, 20 Probleme aus dem BGB, Schuldrecht – Besonderer Teil I, 6. Aufl. 2006, 12. Problem, S. 81–90.

22 § 121 II BGB; § 121 I BGB gilt erst ab Kenntnis des Mangels.

23 Vgl. 14. Fall II. 1b bb (2).

b) Aus dem wirksamen Kaufvertrag besaß V eine fällige Kaufpreisforderung gegen K iHv 10.000 EUR, die V gem. § 398 BGB auf Z übertragen hat. Letzterer ist Inhaber des Anspruches aus § 433 II BGB gegen K geworden. Mit Abschluss des Abtretungsvertrages ist Z in die Gläubigerstellung des V eingetreten, § 398 S. 2 BGB.

II. Bei seiner Weigerung der Kaufpreiszahlung macht K die Gebrauchsuntauglichkeit des Pkw aufgrund des nicht funktionierenden Rückwärtsganges und damit ein **Gewährleistungsrecht iSd § 434 ff. BGB** geltend.

1. Sind die Voraussetzungen für einen Rücktritt gem. §§ 346, 323 I, 437 Nr. 2, 434, 433 BGB gegeben, würde K zu Recht die Zahlung verweigern, es entsteht dann hinsichtlich der bereits erfolgten Leistungen ein Rückgewährschuldverhältnis (§ 346 BGB). Der Käufer hat dem Verkäufer die mangelhafte Sache zurückzugeben, ebenso der Verkäufer dem Käufer den erhaltenen Geldbetrag (Kaufpreis). Soweit noch nicht geleistet wurde, erlöschen die Ansprüche aus § 433 I, II BGB.[24] Durch den Rücktritt konnte K daher den Anspruch aus § 433 II BGB zum Erlöschen bringen.

Erforderlich ist eine **Rücktrittserklärung** gem. § 349 BGB. **Adressat** der Erklärung ist der Verkäufer. Dementsprechend wäre sie von K dem V gegenüber zu erklären, denn dieser hat lediglich die Forderung, nicht aber seine Vertragsstellung auf Z übertragen.[25] Ebenso wie bei der Anfechtung bleibt der Zedent Adressat der Rücktrittserklärung.[26] In der Zahlungsverweigerung des K gegenüber Z liegt damit kein wirksamer Rücktritt.

2. Dem K könnte aber eine Mängeleinrede[27] zustehen, die gem. § 404 BGB auch dem neuen Gläubiger gegenüber geltend gemacht werden kann.[28] Die Geltendmachung erfolgte hier durch die Zahlungsverweigerung des K gegenüber Z.

§ 438 IV 1 BGB erklärt für das Rücktrittsrecht aus § 437 BGB die Regelung des § 218 BGB für anwendbar. Diese Regelung nimmt die Besonderheit des Rücktritts als Gestaltungsrecht auf, welches an sich nicht der Verjährung unterliegt, wohl aber der dem Gestaltungsrecht zugeordnete Anspruch. Danach ist ein Rücktritt unwirksam, wenn der Nacherfüllungsanspruch verjährt ist oder der Schuldner nicht zu leisten braucht.[29] § 438 IV BGB gilt aber nur für die Zeit nach Unwirksamkeit des Rücktritts gem. § 218 BGB.[30] Der Rücktritt ist unwirksam, wenn der Nacherfüllungsanspruch

---

24 Palandt/*Grüneberg* Einf. v. § 346 Rn. 6.

25 Vgl. I. 2a aa.

26 Jauernig/*Stürner* § 404 Rn. 4; *Köhler* JZ 1986, 516 ff.

27 **Klausurtipp:** Zwar ist bei strengerem Aufbau ein Erlöschen der Forderung durch Aufrechnung vor den Einreden zu prüfen. K wird den Verlust seiner Darlehensrückzahlungsforderung durch Aufrechnung aber nicht auf jeden Fall, sondern nur dann herbeiführen wollen, wenn der Kaufpreisanspruch nicht bereits wegen der Mangelhaftigkeit der Kaufsache einredebehaftet ist. Seine Aufrechnung ist nur hilfsweise erklärt, sodass sie auch erst nach den Gewährleistungsrechten erörtert werden kann.

28 Vgl. I. 2a.

29 Recht sui generis, der Verjährungseinrede gleichstehend, das sich nicht gegen einen Anspruch, sondern das Rücktrittsrecht wendet, Palandt/*Ellenberger* § 218 Rn. 1.

30 **Hinweis:** Nach § 478 BGB aF – gestrichen durch das Schuldrechtsmodernisierungsgesetz – stand dem Käufer auch nach Verjährung der Gewährleistungsrechte eine Einrede zu, wenn er den Mangel vor Ablauf der Verjährungsfrist angezeigt hatte. Die Formulierung des § 478 BGB aF bewies aber gleichzeitig die generelle Existenz einer solchen Mängeleinrede (»auch«), die einseitig geltend gemacht werden konnte.

des § 439 BGB verjährt ist. Dies ist gem. §§ 438 I Nr. 3, II BGB erst zwei Jahre nach Ablieferung der Sache der Fall. Diese Zeit ist noch nicht abgelaufen. Dem K steht daher keine Einrede nach § 438 IV 2 BGB zu. Weiterhin lässt sich aus der Formulierung der Vorschrift nicht mehr auf die generelle Existenz einer Mängeleinrede schließen.[31]

Allerdings gehört gem. § 433 I 2 BGB die Mangelfreiheit der Sache zur Leistungspflicht des Verkäufers. Liefert er folglich eine mangelhafte Sache, so stellt dies keine ordnungsgemäße Erfüllung dar, der Käufer kann gem. § 320 I BGB die Zahlung des Kaufpreises verweigern. Die allgemeine Mängeleinrede lässt sich also aus § 320 I BGB herleiten.[32]

Wie schon festgestellt, ist der Wagen mit einem Sachmangel gem. § 434 I 2 Nr. 1 BGB behaftet. Dem K steht die allgemeine Mängeleinrede aus § 320 I BGB zu. Diese muss sich Z gem. § 404 BGB entgegenhalten lassen.

Ergebnis: K kann die Zahlung des Kaufpreises gem. § 320 I BGB verweigern.

Hilfsgutachten

III. K könnte den Kaufpreisanspruch des Z iHv 8.000 EUR durch **Aufrechnung** mit seiner Darlehensforderung zum Erlöschen bringen. Die Aufrechnung der §§ 387 ff. BGB führt gem. § 389 BGB zum Erlöschen der von der Aufrechnung erfassten Forderungen. Aufrechnung bedeutet die wechselseitige Tilgung zweier gegenseitiger und gleichartiger Forderungen.

1. § 387 BGB verlangt als erstes Erfordernis, dass die Forderungen im **Gegenseitigkeitsverhältnis** stehen. Der Gläubiger der einen Forderung muss der Schuldner der anderen sein und umgekehrt.[33] Aufrechnen kann also nur derjenige, der zugleich Gläubiger und Schuldner des Aufrechnungsgegners ist. Z hat den Kaufpreisanspruch gegen K, dagegen richtet sich der Darlehensrückzahlungsanspruch (§ 488 I 2 BGB) des K gegen V. Die Ansprüche sind nicht gegenseitig. Eine Ausnahme von diesem Gegenseitigkeitserfordernis enthält § 406 BGB, der über ein mangelndes Gegenseitigkeitserfordernis hinweghilft, soweit Gegenseitigkeit einmal bestanden hat (Erhalt der Aufrechnungslage).[34] Der Schuldner kann mit einer ihm gegen den alten Gläubiger zustehenden Gegenforderung also auch dem neuen Gläubiger gegenüber aufrechnen.[35] Die Ausnahmen des § 406 BGB (»es sei denn«) liegen nicht vor: Beim Erwerb seines Darlehensanspruches gegen V konnte K die Abtretung des Kaufpreisanspruches an Z nicht kennen, da die Abtretung erst später erfolgte; der Darlehensanspruch war am 4.9. des Vorjahres, also nicht später als der abgetretene Kaufpreisanspruch fällig (§§ 188 II, 187 I BGB).

Die Aufrechnung scheitert somit nicht an der fehlenden Gegenseitigkeit der Forderungen. Nach Abtretung des Kaufpreisanspruches von V auf Z ersetzt § 406 BGB im Verhältnis des Z zu K dieses Merkmal. § 406 BGB hilft aber lediglich über die fehlende

31 So auch *Lorenz/Riehm*, Lehrbuch zum neuen Schuldrecht, 2002, Rn. 501.

32 Ebenso *Oetker/Maultzsch*, Vertragliche Schuldverhältnisse, 108 f.

33 *Brox/Walker* SchuldR AT § 16 Rn. 4.

34 Erman/*H. P. Westermann* § 406 Rn. 1, 2; Palandt/*Grüneberg* § 406 Rn. 5. Die Stellung des Schuldners soll sich durch die Abtretung nicht verschlechtern, Palandt/*Grüneberg* § 406 Rn. 1.

35 *Brox/Walker* SchuldR AT § 16 Rn. 4, § 34 Rn. 29 f.

Gegenseitigkeit hinweg, die anderen Voraussetzungen des § 387 BGB müssen vorliegen.

2. Die zur Aufrechnung gestellten Forderungen müssen **gleichartig**, dh von derselben Beschaffenheit sein, die gleiche Gattung zum Gegenstand haben. Dies trifft insbesondere auf Geldschulden zu.[36]

Der Kaufpreisanspruch des Z gegen K ist ebenso wie der Darlehensrückzahlungsanspruch des K gegen V auf einen Geldbetrag, also eine Geldschuld gerichtet. Das Merkmal der Gleichartigkeit der Forderungen ist erfüllt. Der Herausgabeanspruch des K gegen V hinsichtlich des Mopeds steht dagegen zum Zahlungsanspruch nicht in einem Gleichartigkeitsverhältnis und kann daher nicht – auch nicht im Wert des Mopeds – zur Aufrechnung gestellt werden.

3. Die Forderung, mit der der Schuldner aufrechnet, die Gegenforderung, muss **fällig** und durchsetzbar (einredefrei[37]) sein (§ 387 BGB).[38] Vor dem Fälligkeitstermin seiner Forderung gegen den Gläubiger kann der Schuldner nicht aufrechnen. Die Forderungen des V und des K waren schon im Zeitpunkt der Abtretung fällig und durchsetzbar. Das Fälligkeitserfordernis des § 387 BGB ist erfüllt.

4. Die Tilgung der gegenseitig zur Aufrechnung stehenden Forderungen erfolgt nicht automatisch bei Bestehen der Aufrechnungslage, erforderlich ist gem. § 388 BGB die **Erklärung der Aufrechnung** durch empfangsbedürftige (§ 130 BGB) unbedingte und unbefristete Willenserklärung.[39] Eine solche Aufrechnungserklärung hat K dem Z gegenüber abgegeben. Letzterer ist als neuer Gläubiger gem. § 406 BGB auch Adressat der Aufrechnungserklärung.

5. Mit der Aufrechnungserklärung des K gegenüber Z ist die Kaufpreisforderung des Z gegen K aus § 433 II BGB gem. § 389 BGB iHv 8.000 EUR rückwirkend auf den Zeitpunkt, zu dem frühestens eine Aufrechnungslage bestand (15.1.), erloschen. Der Zahlungsanspruch des Z gegen K besteht nur noch iHv 2.000 EUR; über § 404 BGB kann der Schuldner dem neuen Gläubiger die rechtsvernichtende Einwendung der Aufrechnung entgegenhalten.[40]

IV. Dem zuvor festgestellten Restkaufpreiszahlungsanspruch des Z iHv 2.000 EUR stellt K wegen seines Herausgabeanspruches auf das Moped ein **Zurückbehaltungsrecht des § 273 I BGB** entgegen.

1. Ebenso wie die Aufrechnung des § 387 BGB stellt § 273 I BGB das Erfordernis der **Gegenseitigkeit** auf.[41] Es kann nur unter bzw. zwischen den Parteien eines Schuldverhältnisses geltend gemacht werden. Die beiden Parteien müssen sich jeweils als Gläubiger und Schuldner gegenüberstehen. Der jeweilige Schuldner der »geschuldeten Leistung« muss einen Anspruch gegen seinen Gläubiger, eine Gegenforderung, besitzen, wobei im Gegensatz zur Aufrechnung keine Gleichartigkeit der jeweiligen Ansprüche erforderlich ist. Dieses Gegenseitigkeitsverhältnis bestand hinsichtlich des

36 *Jacoby/v. Hinden* Vor § 387 Rn. 5; *Brox/Walker* SchuldR AT § 16 Rn. 5 f.
37 Es sei denn beide Parteien steht die Einrede aus § 320 BGB zu, *Jacoby/v. Hinden* Vor § 387 Rn. 6.
38 *Jacoby/v. Hinden* Vor § 387 Rn. 6; *Brox/Walker* SchuldR AT § 16 Rn. 9.
39 *Jacoby/v. Hinden* Vor § 387 Rn. 2; *Brox/Walker* SchuldR AT § 16 Rn. 10, 11.
40 *Fikentscher/Heinemann* SchuldR § 57 III B 2a.
41 Palandt/*Grüneberg* § 273 Rn. 6; *Brox/Walker* SchuldR AT § 13 Rn. 3.

Kaufpreisanspruchs und des Rückgabeanspruches aus dem Leihvertrag bzw. § 985 BGB zwischen K und V als altem Gläubiger der ersteren Forderung. Gemäß § 404 BGB kann K dieses Zurückbehaltungsrecht auch gegenüber dem neuen Gläubiger der Kaufpreisforderung, gegen Z, geltend machen, da das Zurückbehaltungsrecht schon im Zeitpunkt der Abtretung begründet war.

2. Das Zurückbehaltungsrecht kann nur hinsichtlich solcher Ansprüche geltend gemacht werden, die beide **fällig** und noch nicht untergegangen sind. Dies ist hinsichtlich des Anspruches des K auf Rückgabe des Mopeds und des Z auf Zahlung des Restkaufpreises von 2.000 EUR der Fall.

3. Dem Gesetzeswortlaut des § 273 I BGB ist das dritte Merkmal des Zurückbehaltungsrechtes, die **Konnexität**, zu entnehmen. Dieses Merkmal, »aus demselben rechtlichen Verhältnis« ist im weitesten Sinne zu verstehen. Die beiderseitigen Ansprüche müssen ihre Grundlage nicht im selben Vertrag (kein synallagmatisches Verhältnis) oder Schuldverhältnis ihre Grundlage haben. Ein innerlich zusammenhängendes, einheitliches Lebensverhältnis genügt, sodass es gegen Treu und Glauben verstieße, den einen Anspruch ohne den anderen geltend machen zu können.[42] Es ist Sinn und Zweck des § 273 BGB, dem Schuldner ein Sicherungsrecht für seine Gegenansprüche und zugleich ein mittelbares Zwangsmittel zu dessen Durchsetzung zu geben.[43]

Die Ansprüche des Z bzw. V und des K sind zwar nicht aufgrund eines einzigen Vertrages, sondern aus verschiedenen Rechtsgeschäften (Kauf, Leihe) entstanden.

K hat dem V das Moped jedoch geliehen, um den sofortigen Vollzug des Kaufvertrages zu ermöglichen. Der Leihvertrag dient der Erfüllung und letztlich auch der Begründung des Kaufvertrages. Beide Verträge entspringen einem einheitlichen Lebensvorgang und stehen damit in Konnexität iSd § 273 I BGB.

4. K kann dem Zahlungsanspruch des Z über 2.000 EUR aus § 433 II BGB ein Zurückbehaltungsrecht gem. §§ 404, 273 I BGB entgegenhalten. Er kann die Zahlung solange verweigern, bis V ihm das Moped zurückgegeben, seine Schuld aus dem Leihvertrag bzw. § 985 BGB beglichen hat.[44]

5. Ergebnis des Hilfsgutachtens

Die von V auf Z übertragene Kaufpreisforderung aus § 433 II BGB ist gem. § 389 BGB iHv 8.000 EUR durch Aufrechnung mit dem K gegen V zustehenden Darlehensrückzahlungsanspruch erloschen. Dem Restkaufgeldanspruch über 2.000 EUR kann K ein Zurückbehaltungsrecht gem. § 273 I BGB entgegenhalten, solange V das ihm von K geliehene Moped nicht zurückgegeben hat.

42 StRspr RGZ 72, 65; 158, 14; BGHZ 47, 157 (167) = NJW 1967, 1275; BGH NJW-RR 2013, 880 Rn. 39; Erman/*Ebert* § 273 Rn. 15; *Jacoby/v. Hinden* § 273 Rn. 4; Palandt/*Grüneberg* § 273 Rn. 9 ff.; *Brox/Walker* SchuldR AT § 13 Rn. 5.

43 Soergel/*Wolf* § 273 Rn. 3.

44 **Hinweis:** In einem Klageverfahren würde K Zug um Zug gegen Rückerhalt des Mopeds zur Zahlung verurteilt werden, § 273 BGB.

Zur Vertiefung: *Ahcin/Armbrüster*, Grundfälle zum Zessionsrecht, JuS 2000, 450 (549, 658, 865, 965); *Bacher*, Aufrechnung gegenüber abgetretenen Forderungen, JA 1992, 200 (234); *Bülow*, Grundprobleme des Schuldnerschutzes bei der Forderungsabtretung, JA 1983, 7; *Cordes*, »Der vergeßliche Patient«, JuS-Lernbogen 1990, L 85; *v. Feldmann*, Die Aufrechnung – Ein Überblick, JuS 1983, 357; *Haertlein*, Die Rechtsstellung des Schuldners einer abgetretenen Forderung, JuS 2007, 1073; *Henrichs*, Gedanken zum Schuldner- und Gläubigerschutz bei der Abtretung, WM 1990, 85; *Keller*, Das Zurückbehaltungsrecht nach § 273 BGB, JuS 1982, 656; *Köhler*, Forderungsabtretung und Ausübung von Gestaltungsrechten, JZ 1986, 516; *Kornblum*, Schuldnerschutz bei der Forderungsabtretung, BB 1981, 1296; *Lieder*, Die Anwendung schuldrechtlicher Regeln im Sachenrecht, JuS 2011, 874; *Lorenz*, Grundwissen – Zivilrecht: Abtretung, JuS 2012, 891; *Lüke/Huppert*, Die Aufrechnung, JuS 1971, 165; *Merle*, »Der unsorgfältige Elektriker«, JURA 1990, 536; *Schwenzer*, Zession und sekundäre Gläubigerrechte, AcP 182 (1982), 214; *Ulrici/Purrmann*, Einwendungen und Einreden, JuS 2011, 104; *Weimar*, Der Schuldnerschutz nach erfolgter Zession, MDR 1979, 283; *Zimmer/Eckhold*, Das neue Mängelgewährleistungsrecht beim Kauf, JURA 2002, 145.

18. Fall: Der Unfall auf dem Zebrastreifen

Sachverhalt

Beim Überqueren einer Straße wurde Frau M auf einem Zebrastreifen von dem mit überhöhter Geschwindigkeit fahrenden Pkw, dessen Fahrer und Halter P ist, erfasst und schwer verletzt. K, das achtjährige Kind der M, das bereits die Straße überquert und den Unfall mit angesehen hatte, erlitt einen schweren Nervenschock und musste sich in längere Heilbehandlung begeben.

Welche Ansprüche haben M und K gegen P?

Lösungsvorschlag

A. Ansprüche der M gegen P

I. Schadensersatzansprüche können sich aus einer unerlaubten Handlung gem. § 823 I, II BGB ergeben.

1. Ein Anspruch aus **§ 823 I BGB** ist gegeben, wenn P ein absolutes Recht der M rechtswidrig und schuldhaft verletzt hat.

a) P ist durch eine Ortschaft mit überhöhter Geschwindigkeit gefahren und hat die M auf dem Zebrastreifen erfasst, damit eine **Handlung iSd § 823 I BGB vorgenommen.**

b) Als verletzte Rechtsgüter der M kommen die in § 823 I BGB ausdrücklich aufgeführten Rechte auf körperliche und gesundheitliche Unversehrtheit in Betracht. Körperverletzung ist jeder Eingriff in die körperliche Unversehrtheit, Gesundheitsverletzung die Störung der inneren – auch seelischen – Lebensvorgänge.

M wurde erheblich verletzt. Das lässt auf eine schwere Körper- und Gesundheitsverletzung schließen.

c) Der Verletzungserfolg, die Rechtsgutsverletzung, muss durch die Handlung verursacht worden sein, sog. haftungsbegründende Kausalität.[1] Die Handlung des P ist eine conditio sine qua non für die Verletzung der M, dh das Anfahren kann nicht hinweggedacht werden, ohne dass der Erfolg in seiner konkreten Gestalt (Verletzung der Gesundheit und des Körpers der M) entfiele.

Allein eine solche Kausalitätsbestimmung nach der Äquivalenzlehre würde im Zivilrecht zu einer unerträglichen Haftungsausweitung führen.[2] Es gilt daher darüber hinaus die Adäquanztheorie: Die Handlung muss den Erfolg nicht nur in äquivalenter, sondern auch in adäquater Weise verursacht haben. Die Handlung muss danach im Allgemeinen, und nicht nur unter besonders eigenartigen, unwahrscheinlichen und nach dem gewöhnlichen Verlauf der Dinge außer Betracht zu lassenden Umständen, geeignet sein, einen Erfolg der eingetretenen Art herbeizuführen. Für die Beurteilung der Adäquanz kommt es auf eine objektive, nachträgliche Prognose an, wobei alle einem (fiktivem) optimalem Beobachter zur Zeit des Eintritts des Ereignisses erkennbaren Umstände zu berücksichtigen sind. Nach diesem Maßstab hat P die Verletzung der M adäquat kausal herbeigeführt. Bei einer überhöhten Fahrgeschwindigkeit in geschlossenen Ortschaften ist damit zu rechnen, dass Passanten auf Fußgängerüberwegen zu spät erkannt, erfasst und verletzt werden.

Die lange Zeit unangefochten anerkannte Adäquanzlehre sieht sich in neuerer Zeit zunehmender Kritik ausgesetzt, da sie entgegen ihres Ansatzpunktes, insbesondere bei den sog. Fernwirkungsschäden, zu einer nicht hinreichenden Eingrenzung der Haftung führt. Eine weitere Eingrenzung kann durch eine wertende Betrachtung

1 *Jacoby/v. Hinden* § 823 Rn. 18 ff., 20 und Vor §§ 249 ff. Rn. 13. Palandt/*Grüneberg* Vorbem v. § 249 Rn. 24 (die haftungsbegründende Kausalität stellt den Zusammenhang zwischen Handlung und Rechtsgutsverletzung fest, die haftungsausfüllende Kausalität den zwischen Rechtsgutsverletzung und entstandenem Schaden).

2 Auch die entferntesten Schadensursachen wären danach zurechenbar: Erfindung und Herstellung eines Messers, des Verbrennungsmotors im Auto.

nach Maßgabe der Schadensersatz gewährenden Norm vorgenommen werden. Die sog. Normzwecktheorie stellt daher darauf ab, ob der konkrete Verletzungserfolg innerhalb des Schutzbereichs der haftungsbegründenden Norm liegt, bzw. ob zwischen Handlung und Verletzungserfolg ein sog. Rechtswidrigkeitszusammenhang besteht.[3] Die Lehre vom Normzweck bzw. Rechtswidrigkeitszusammenhang wird dabei teilweise als Ergänzung der Adäquanztheorie, von anderen aber auch als deren Ersatz verstanden.

Auf diese Streitfrage braucht noch nicht näher eingegangen zu werden. Beide Lehren gelangen hier zu einer haftungsbegründenden Kausalität bei einer Körper- und Gesundheitsverletzung durch unmittelbare Einwirkung des Schädigers auf den Geschädigten. Für diesen Tatbestand ist § 823 I BGB geschaffen, der Verletzungserfolg liegt innerhalb des Schutzbereichs der Norm. Im Bereich der haftungsbegründenden Kausalität erlangt der Theorienstreit nur praktische Bedeutung bei den sog. mittelbaren Rechtsgutsverletzungen, zB den sog. Fernwirkungsschäden. Das Merkmal der haftungsbegründenden Kausalität hat P durch die Verletzung der M erfüllt.

d) Die **Rechtswidrigkeit** der Verletzungshandlung kann durch Rechtfertigungsgründe ausgeschlossen werden. Mit der Anerkennung eines Rechtsschutzes durch § 823 BGB verdeutlicht das Gesetz, dass ein Eingriff in diesen Schutzbereich grundsätzlich nicht gerechtfertigt ist, sondern einer speziellen Rechtfertigung bedarf. Die Verletzung eines der in § 823 I BGB genannten Rechtsgüter oder Rechte ist generell verboten und deshalb widerrechtlich. Die Verletzung *indiziert* die Rechtswidrigkeit, zumindest bei einer unmittelbaren Verletzung.[4] Rechtfertigungsgründe für die Verletzung der M durch P sind nicht gegeben. Die Rechtswidrigkeit des Verhaltens des P lässt sich zudem positiv aus einem Verstoß gegen §§ 223 ff. StGB, §§ 3, 26 StVO feststellen. P hat die Verletzungshandlung rechtswidrig vorgenommen.

e) P hat nicht vorsätzlich die Verletzung der M herbeigeführt, denn er wollte den Unfall nicht. **Verschulden** iSd § 823 I BGB liegt aber auch vor, wenn der Verletzungserfolg fahrlässig herbeigeführt worden ist, wobei jede Form von Fahrlässigkeit genügt. Eine Legaldefinition der Fahrlässigkeit enthält § 276 I 2 BGB. Die Fahrlässigkeit braucht dabei nur hinsichtlich des verletzten Rechtsgutes vorhanden zu sein, nicht auch hinsichtlich des Schadens.

Wenn ein Autofahrer innerhalb geschlossener Ortschaften mit überhöhter Geschwindigkeit fährt, muss er damit rechnen, an Zebrastreifen nicht rechtzeitig anhalten zu können und auf ihr Vorrecht vertrauende Fußgänger anzufahren. P hat die im Verkehr erforderliche Sorgfalt außer Acht gelassen und damit gem. § 276 I 2 BGB fahrlässig gehandelt.

f) Mit der schuldhaft rechtswidrigen Körper- und Gesundheitsverletzung hat P den Tatbestand des § 823 I BGB erfüllt und haftet der M für den ihr dadurch entstandenen Schaden. Das sind mangels näherer Sachverhaltsangaben bei einer Körper- und Gesundheitsverletzung in der Regel die Heilungskosten, dh Arzt- und Behandlungskosten (Krankenhaus, Medikamente). Diese sind durch die Körper- und Gesundheitsverletzung adäquat kausal entstanden (sog. **haftungsausfüllende Kausalität**).

---

3 *Jacoby/v. Hinden* § 823 Rn. 20 f., Vor § 249 Rn. 15; Palandt/*Grüneberg* Vorbem v. § 249 Rn. 29 ff. mit Beispielen.

4 Sog. Lehre vom Erfolgsunrecht, Jauernig/*Teichmann* § 823 Rn. 48. Eingehend zur Feststellung der Rechtswidrigkeit *Jacoby/v. Hinden* § 823 Rn. 23 ff. (Lehre vom Erfolgs- bzw. Handlungsunrecht).

2. Weiterhin könnte M gegen P ein Schadensersatzanspruch aus **§ 823 II BGB** zustehen, wenn P gegen ein den Schutz der M bezweckendes Gesetz verstoßen hat.

a) **Schutzgesetz** iSd § 823 II BGB ist jede Rechtsnorm (also nicht nur Normen mit Gesetzesrang/formelles Gesetz)[5], die nicht lediglich dem Interesse der Allgemeinheit dient, sondern daneben zumindest auch den Schutz des Einzelnen oder einer bestimmten Personengruppe erfassen soll. P hat die Verletzung der M durch einen Verstoß gegen §§ 223 ff. StGB (hier § 229 StGB, fahrlässige Körperverletzung) sowie gegen § 26 I 2 StVO (Heranfahren mit übermäßiger Geschwindigkeit an Fußgängerüberwege) und § 3 StVO (überhöhte Geschwindigkeit) herbeigeführt. §§ 223 ff. StGB sollen die körperliche Unversehrtheit des einzelnen Menschen schützen, §§ 3, 26 StVO neben der Ordnung des Verkehrs in erster Linie Verkehrsunfälle mit anderen Verkehrsteilnehmern, insbesondere mit Fußgängern verhindern. Alle Normen, gegen die P verstoßen hat, sind damit Schutzgesetze iSd § 823 II BGB zugunsten der M.

b) Der Ersatzanspruch aus § 823 II BGB steht allein der unmittelbar durch die Verletzung des Schutzgesetzes geschädigten Person zu. Ohne die Übertretung der zuvor aufgezeigten Rechtsnormen wäre es nicht zu der Körperverletzung der M gekommen. Die Verletzung der Schutzgesetze durch P war **adäquat kausal** für die Verletzung der M. § 229 StGB und §§ 3, 26 StVO sollen Schäden der vorliegenden Art verhindern. Der **Schutzzweck der Norm** erfasst damit die eingetretene Schädigung der M.

c) Die **Rechtswidrigkeit** des Verhaltens des Schädigers – hier P – folgt aus der Verletzung des Schutzgesetzes. Rechtfertigungsgründe sind nicht ersichtlich.

d) Das **Verschulden** des P braucht sich nur auf die Verletzung des Schutzgesetzes beziehen. Ein Verschulden ist auch dann erforderlich, wenn der Verstoß gegen das Schutzgesetz ohne Verschulden möglich ist. Im Übrigen ist hinsichtlich der Schuldformen das Schutzgesetz maßgebend.

P hat den Pkw bewusst geführt und die Geschwindigkeit bestimmt. Der Verstoß gegen §§ 3, 26 StVO erfolgte somit vorsätzlich, die Körperverletzung iSd § 229 StGB fahrlässig. Ein Verschulden des P ist somit hinsichtlich der §§ 3, 26 StVO, § 229 StGB gegeben.

e) Durch den Verstoß gegen die Schutzgesetze und durch die darauf beruhende Körperverletzung sind der M Körperschäden entstanden, zu deren Heilung entsprechende Geldbeträge aufgewandt werden mussten. Hierin liegt der **adäquat kausale Schaden** der M.

3. Der nach § 823 I, II BGB zu erstattende **Schaden** bemisst sich nach §§ 249 ff. BGB. P hat die körperliche und gesundheitliche Unversehrtheit wiederherzustellen (Naturalrestitution, § 249 I BGB) bzw. die dafür erforderlichen Kosten zu erstatten, § 249 II 1 BGB. M kann von P Zahlung der Geldbeträge verlangen, die sie für ihre Heilung bereits aufwenden musste und die noch dafür erforderlich sein werden. Darüber hinaus kann sie gem. §§ 823 I, II, 253 II BGB ein angemessenes Schmerzensgeld verlangen.[6]

---

5 Etwa Verordnungen (StVZO), ordnungspolizeiliche Vorschriften, Genehmigungen aufgrund Baurechts, des Gewerberechts oder des BImSchG. Jauernig/*Teichmann* § 823 Rn. 41; Palandt/*Sprau* § 823 Rn. 57.

6 Schmerzensgeld wird durch eine Einschränkung der Lebensführung ausgelöst und muss sich als Folgeschaden der Rechtsgutsverletzung darstellen. Jauernig/*Teichmann* § 253 Rn. 3, 5; Vor § 249 Rn. 24 ff.

II. Ein Anspruch der M gegen P als Kraftfahrzeughalter aus **§ 7 StVG** auf Ersatz der Heilungskosten besteht, wenn sich der Unfall bei dem Betrieb eines Kraftfahrzeuges ereignet hat.

1. P war Kraftfahrzeughalter und hat M angefahren, als sich sein Pkw auf der Straße in Betrieb befand.

2. Erforderlich ist weiterhin, dass der bei dem Betrieb erfolgte Unfall adäquat kausal für den eingetretenen Schaden war und der Schaden im Bereich des Schutzzwecks der Gefährdungshaftung lag. Insoweit kann auf die Ausführungen zu § 823 BGB verwiesen werden.

P haftet der M nach § 7 StVG für den aus dem Unfall entstandenen Schaden, dh auf Ersatz der Heilungskosten (§ 11 StVG) bis zum Höchstbetrag von 5 Mio. EUR, § 12 I Nr. 1 StVG. Darüber hinaus steht der M auch über § 7 StVG ein angemessenes Schmerzensgeld zu. Zwar normiert § 253 I BGB den Grundsatz, dass ein Nichtvermögensschaden nur in den ausdrücklich vom Gesetz bestimmten Fällen gefordert werden darf. Dies ist im Rahmen des StVG nicht der Fall. Von diesem Grundsatz macht jedoch § 253 II BGB in den Fällen eine Ausnahme, in denen wegen einer Verletzung des Körpers, der Gesundheit, der Freiheit oder der sexuellen Selbstbestimmung Schadensersatz zu leisten ist.[7] Im vorliegenden Fall ist P der M – wie festgestellt – wegen Verletzung des Körpers und der Gesundheit schadensersatzpflichtig, sodass § 253 II BGB eingreift.

III. Aus dem gleichen Grunde wie zu II. und in dem gleichen Umfang haftet P auch als Führer des Pkw nach § 18 I StVG, da er den Unfall und damit den Schaden der M verschuldet hat.

B. Ansprüche des K gegen P

I. K kann gegen P einen **Anspruch aus §§ 823 I, 249, 253 II BGB** auf Ersatz der durch die Heilbehandlung entstandenen Kosten sowie auf Zahlung eines Schmerzensgeldes haben.

1. P hat M angefahren und körperlich schwer verletzt. Dies ist eine **Handlung** iSd § 823 I BGB.

2. Weitere Voraussetzung ist, dass P ein durch § 823 I BGB geschütztes **Rechtsgut** des K **verletzt** hat. Dies ist der Fall, wenn der durch das Erleben des Unfalles hervorgerufene Nervenschock ein Gesundheitsschaden ist.

a) Eine **Gesundheitsverletzung** liegt vor, wenn ein von der Norm abweichender Zustand herbeigeführt wird, der das Befinden des Betroffenen erheblich beeinträchtigt. Da das Wohlbefinden eines Menschen nicht nur durch seine organische Unverletztheit beeinflusst, sondern im Wesentlichen sogar durch psychische Faktoren mitbestimmt wird, kann ein Gesundheitsschaden auch durch eine starke seelische Erschütterung, die zu einer psychischen Beeinträchtigung vom Krankheitswert führt, hervorgerufen werden. Die Bestimmung einer psychischen Beeinträchtigung als Gesundheitsverletzung ist dabei nicht allein aus medizinischer Sicht vorzunehmen.

7 Erman/*Ebert* § 253 Rn. 12.

Auch die allgemeine Verkehrsanschauung muss die Beeinträchtigung als Gesundheitsverletzung qualifizieren.[8]

K hat einen schweren Nervenschock erlitten, dies ist aus medizinischer Sicht und nach allgemeiner Verkehrsauffassung eine erhebliche psychische Beeinträchtigung von Krankheitswert.

b) Der von P herbeigeführte Unfall hat unmittelbar zu einer Verletzung der M geführt, K hat allein durch das Miterleben dieses Unfalles den Gesundheitsschaden erlitten. Nicht ausreichend für den Tatbestand des § 823 I BGB ist, dass irgendeine unerlaubte Handlung vorliegt. Sie muss vielmehr gegenüber der Person erfolgen, die den Anspruch aus § 823 I BGB erstrebt **(Unmittelbarkeit der Verletzung)**. Dafür ist jedoch nicht erforderlich, dass der Verletzte selbst durch eine vom Anspruchsgegner gegen ihn gerichtete Handlung beeinträchtigt worden ist. Es genügt ein im unmittelbaren örtlichen und zeitlichen Zusammenhang mit dem Unfallgeschehen stehender Verletzungserfolg. Dementsprechend sind Schockschäden eines Unfallzeugen als unmittelbare Folge des Unfallgeschehens selbst zu werten. Der tatbestandsmäßige Verletzungserfolg ist bei K lediglich mit der Besonderheit eingetreten, dass er nicht auf einer unmittelbaren Verletzungshandlung des P beruht. Damit wird die Gesundheitsverletzung jedoch nicht zu einer mittelbaren.

3. Eine Haftung des P setzt weiter voraus, dass ihm der Nervenschock des K zugerechnet werden kann.

a) Diese **haftungsbegründende Kausalität** ist nach der **Adäquanzlehre** gegeben, wenn eine Tatsache nach dem regelmäßigen Verlauf der Dinge und nicht nur bei Hinzutreten ganz unwahrscheinlicher, im Regelfall außer Betracht zu lassender Umstände zur Herbeiführung des bestimmten Erfolges geeignet war. Die Reaktion des K auf das Unfallgeschehen kann nicht als außerhalb aller Regel angesehen werden. Unfallzeugen, insbesondere nahe Angehörige der Unfallopfer, geraten durch das Miterleben eines Unfalles in heftige seelische Erregung und können einen über längere Zeit andauernden Nervenschock erleiden. Der adäquat ursächliche Zusammenhang zwischen der Verletzungshandlung und dem Verletzungserfolg ist gegeben.

b) Die Einbeziehung aller Unfallzeugen in den Bereich derer, denen ein Unfallbeteiligter haften müsste, würde jedoch zu einer ausufernden Haftung führen. Es fragt sich damit, ob die Adäquanzlehre ein geeignetes Abgrenzungskriterium bietet, um die Haftungszurechnung gegenüber dem Schädiger zu bestimmen. Bei der adäquaten Kausalität wird die Haftungsbegründung von dem Wahrscheinlichkeitsgehalt eines Erfolgseintritts abhängig gemacht. Zahlreiche Geschehensabläufe liegen aber durchaus nicht außerhalb der Lebenserfahrung. Gleichwohl ist ihre haftungsbegründende Zurechnung dem Schädiger gegenüber bei einer wertenden Betrachtungsweise als zu extensiv anzusehen. Die Adäquanzlehre erreicht damit das, was zunächst durch diese vermieden werden sollte: eine ausufernde Haftung des Schädigers. Sie allein ist als gültiger Zurechnungsmaßstab daher hier ungeeignet. Es gilt, zusätzliche Begrenzungskriterien aufzustellen.

Als solches Eingrenzungskriterium bietet sich der **Schutzzweck der Haftungsnorm** an. Entscheidend ist nämlich, ob die betreffende Rechtsnorm Verletzungen der im

8 Jauernig/*Teichmann* § 823 Rn. 3, dort auch zur Eingrenzung des Begriffs durch die Rspr. anhand der allgemeinen Verkehrsauffassung.

Einzelfall vorliegenden Art ausgleichen will und soll. Ein der Norm entsprechendes sachgerechtes Ergebnis kann nur erreicht werden, indem durch eine wertende Eingrenzung lediglich der Schaden zu ersetzen ist, der innerhalb des Schutzbereiches der verletzten Norm liegt.

§ 823 BGB soll kein allgemeines Risiko abdecken, sondern besondere Eingriffe in den Rechtsbereich des Einzelnen ausgleichen. Bei der heutigen technisierten Umwelt mit großer Bevölkerungsdichte und starkem Straßenverkehr ist die Auswirkung jeder unerlaubten Handlung fast unübersehbar. Insbesondere bei Verkehrsunfällen ist die Wahrscheinlichkeit, dass Unfallzeugen vorhanden sind und sich von dem tragischen Ereignis berührt fühlen, sehr groß. Jeder Bürger muss aber heutzutage bei der Häufigkeit von Unfällen damit rechnen, Zeuge eines derartigen Geschehens zu werden und ihm nahegehende Schäden an Menschen und Sachen mitzuerleben. Dies gehört zum allgemeinen Lebensrisiko, für das den Unfallbeteiligten keine Haftung auferlegt werden darf.

Ist ein Augenzeuge aber von einem Verkehrsunfall mit einem ihm besonders nahe stehenden Unfallopfer betroffen, insbesondere einem nahen Verwandten, geht dies über den allgemeinen Rahmen des Lebensrisikos hinaus. Beruht die Reaktion des Unfallzeugen, sein Schockschaden, auf einer nahen, insbesondere verwandtschaftlichen Beziehung zum Unfallopfer, auf der Sorge um die Person des Verletzten, ist es gerechtfertigt, diesen Schaden als vom Schutzbereich der Norm mitumfasst anzusehen. Gehört das Miterleben von Unfällen zwar zum allgemeinen Lebensrisiko, ist mit der Nähebeziehung zum Opfer jedoch eine davon abweichende besondere Situation betroffen.

In dem Bemühen, auch insoweit aus Gründen der Rechtssicherheit eine klare objektive Grenzlinie zu bestimmen, ist der Schockschaden eines Unfallzeugen in solchen Fällen als kausal und ausgleichspflichtig anzuerkennen. Problematisch sind daher nur die Fälle, in denen zwar keine nahe Verwandtschaft, aber eine sonstige Beziehung zum Unfallopfer besteht. Auf diese Frage braucht jedoch nicht eingegangen zu werden, da K als Kind des Unfallopfers auf jeden Fall zu dem Kreis der Personen gehört, deren Schockschaden als kausal durch das Unfallgeschehen anerkannt wird.

4. Grundsätzlich indiziert schon der Eingriff in eines der von § 823 I BGB geschützten Rechtsgüter die **Rechtswidrigkeit**. Dem Tatbestandsmerkmal »widerrechtlich« kommt damit lediglich die Bedeutung zu, dass die Rechtswidrigkeit im Einzelfall nicht durch einen besonderen Rechtfertigungsgrund ausgeschlossen ist. Durch seine Fahrt mit überhöhter Geschwindigkeit lässt sich die Rechtswidrigkeit des Verhaltens des P sogar positiv nach §§ 3, 26 StVG feststellen.

5. P handelte **fahrlässig**, da er damit rechnen musste, dass aufgrund seiner überhöhten Geschwindigkeit ein Unfall herbeigeführt würde und infolgedessen ein naher Verwandter des Unfallopfers als Zeuge einen Schockschaden erlitt.

6. Durch die Gesundheitsverletzung sind K Heilungskosten entstanden (**haftungsausfüllende Kausalität**). Diese hat P gem. §§ 823 I, 249 BGB zu ersetzen. Darüber hinaus kann K gem. §§ 823 I, 253 I BGB ein angemessenes Schmerzensgeld fordern.

II. Ein entsprechender **Schadensersatzanspruch** steht K gegen P auch aus **§ 823 II BGB iVm § 229 StGB, §§ 3, 26 StVG** zu. Diese Normen sind als Schutzgesetz zugunsten der K anzusehen. Der entstandene Schaden beruht auf der Verletzung dieser Schutzrechte.

III. K kann gegen P als Kraftfahrzeughalter einen **Schadensersatzanspruch gem. § 7 I StVG** haben.

1. Ein Anspruch aus § 7 StVG besteht, wenn sich die Verletzung des K bei dem **Betriebe eines Kraftfahrzeuges** ereignet hat. Das ist der Fall, wenn der Schaden wenigstens im unmittelbaren zeitlichen und örtlichen Zusammenhang mit einem bestimmten Betriebsvorgang oder einer bestimmten Betriebsvorrichtung stand. Eine körperliche Berührung des Geschädigten durch das Kraftfahrzeug ist nicht erforderlich. Das Tatbestandsmerkmal eines Betriebsunfalles iSd § 7 I StVG ist damit auch erfüllt, wenn ein Kind den Schaden aufgrund Miterlebens des von einem Kraftfahrzeug verursachten Unfalls erlitten hat.

2. Der bei dem Betriebsvorgang erfolgte Unfall muss **adäquat kausal** für den eingetretenen Schaden des K sein. Ferner muss der Schaden im Schutzbereich der Gefährdungshaftung des § 7 I StVG liegen. Insoweit kann auf die Ausführungen zu B. I. 3. verwiesen werden.

3. P haftet K gem. § 7 I StVG für den Ersatz der Heilungskosten bis zur Höchstgrenze des § 12 StVG. Schmerzensgeld kann K gem. § 253 II BGB verlangen.

IV. P haftet dem K auf Erstattung der Heilungskosten ebenfalls gem. § 18 StVG, da er als Fahrer den Schaden verschuldet hat. Auch hier steht K gem. § 253 II BGB ein angemessenes Schmerzensgeld zu.

C. Gesamtergebnis

M und K können von P Ersatz der Heilungskosten und Zahlung eines angemessenen Schmerzensgeldes verlangen.

Zur Vertiefung: *Brüggemeier,* Judizielle Schutzpolitik de lege lata – Zur Restrukturierung des BGB-Deliktsrechts, JZ 1986, 969; *Canaris,* Grundstrukturen des deutschen Deliktsrechts, VersR 2005, 577; *Dahlmann,* Psychische Unfallfolgen, DAR 1992, 325; *Deckert,* Grundprobleme und Einzelfragen zum Delikts- und Schadensrecht des BGB, JuS-Lernbogen 1998, L 1, 17, 25, 33; *Deutsch,* Entwicklungstendenzen des Schadensrechts in der Rechtsprechung und Wissenschaft, JuS 1967, 152; *Deutsch,* Schmerzensgeld und Genugtuung, JuS 1969, 197; *Deutsch,* Die neue Entwicklung der Rechtsprechung zum Haftungsrecht, JZ 1984, 308; *Krüger,* Schadensersatzprobleme bei sog. Schockschäden, JuS 1986, 214; *Kupisch-Krüger,* Grundfälle zum Recht der unerlaubten Handlungen, JuS 1980, 270; *Leßmann,* Einführung und Überblick zum Recht der unerlaubten Handlungen, JA 1988, 57; *Leßmann,* Grundtatbestände der unerlaubten Handlung, JA 1988, 237; *Leßmann,* Der Schadensersatzanspruch bei unerlaubten Handlungen, JA 1989, 281 und 329; *Lipp,* Krankheitsbedingte Schadensdisposition und psychisch vermittelter Gesundheitsschaden, JuS 1991, 809; *Michalski,* Haftungsbeschränkung durch den Schutzzweck der Norm, JURA 1996, 393; *Raiser,* Adäquanztheorie und Haftung nach dem Schutzzweck der verletzten Norm, JZ 1963, 462; *Röthel,* Unerlaubte Handlungen, JURA 2013, 95; *Schmidt,* Schockschäden Dritter und adäquate Kausalität, MDR 1971, 538; *Schulz-Merkel/Meier,* Grundfälle zur Haftung bei Verkehrsunfällen, JuS 2015, 201; *Spickhoff,* Die Grundstruktur der deliktischen Verschuldenshaftung, JuS 2016, 865; *Wiethaus,* Die Schadensersatzpflicht des schuldigen Kraftfahrers gegenüber einem unbeteiligten Unfallzeugen, der infolge des Schreckens einen Gesundheitsschaden erleidet, JA 1970, 249.

19. Fall: Die Zärtlichkeit im Auto

Sachverhalt

Um ungestört Zärtlichkeiten austauschen zu können, fuhren Herr A und Frau E, auf dem Heimweg von einer Abendeinladung, mit ihrem Pkw auf den Parkplatz des Stadtwaldes. Nach kurzer Zeit stellten sie fest, dass sie von dem Spanner S beobachtet wurden. A fordert S auf, zu verschwinden. Dieser täuschte nur einen Rückzug vor und versteckte sich hinter einem Gebüsch, um das Paar weiter beobachten zu können. Als A dies bemerkte, stieg er aus dem Pkw und ging – die der E gehörende Handtasche, als Waffe schwingend – auf S zu. Obwohl dieser die Flucht zu ergreifen versuchte, gelang es A, ihn zu fassen. Durch einen blitzschnellen Griff entriss S dem ihm körperlich überlegenen A die Tasche und schlug diesem damit ins Gesicht. A erlitt eine schwere Augenverletzung. Die Tasche der E wurde durch diesen Schlag beschädigt.

Kann A von S Ersatz der Heilungskosten und Schmerzensgeld, E Ersatz der Reparaturkosten für die Tasche verlangen?

Lösungsvorschlag

A. Ansprüche des A gegen S

I. Ein Anspruch auf Ersatz der Heilungskosten und auf Zahlung eines angemessenen Schmerzensgeldes kann A gem. **§§ 823 I, 249, 253 II BGB** zustehen.

1. S hat A mit der Tasche in das Gesicht geschlagen. Als bewusstes Verhalten des S ist dies eine **Handlung** iSd § 823 I BGB.

2. Die Augenverletzung des A ist eine **Verletzung** der von § 823 I BGB ausdrücklich geschützten Rechtsgüter Gesundheit und Körper.

3. Die **haftungsbegründende Kausalität** zwischen der Handlung des S und der Rechtsgutsverletzung bei A ist gegeben. Ohne den Schlag des S wäre die Verletzung nicht eingetreten. Die Verletzung des Auges durch einen Schlag mit einem Gegenstand in das Gesicht liegt nicht außerhalb eines normalen Geschehensablaufes. Der Schlag war für die Verletzung adäquat kausal. § 823 I BGB soll unmittelbare Verletzungen dieser Art erfassen, sodass auch vom Normzweck her eine Zurechnung der Rechtsgutsverletzung erfolgt.

4. Die **Rechtswidrigkeit** könnte durch Notwehr gem. § 227 BGB (= § 32 StGB) ausgeschlossen sein, wenn S den A verletzte, um einen gegenwärtigen rechtswidrigen Angriff des A gegen sich abzuwehren, § 227 II BGB.

a) Ein **Angriff** ist die von einem Menschen drohende Verletzung rechtlicher Interessen. Notwehrfähig (Angriffsobjekt) sind nach hM jedoch nicht nur Leib und Leben des Angegriffenen (so der Gesetzeswortlaut), sondern jedes rechtlich geschützte Individualinteresse sowie die in § 823 I BGB genannten absoluten Rechtsgüter, ebenso das rechtlich geschützte Persönlichkeitsrecht und der Besitz.[1] Indem A die Tasche als Waffe schwingend auf S zuging, drohte eine Verletzung des Körpers und der Gesundheit des S. A hat S angegriffen.

b) Der Angriff des A muss **rechtswidrig** gewesen sein. Gegen einen rechtmäßigen Angriff besteht kein Notwehrrecht. Wie bei § 823 BGB ist auch im Rahmen des § 227 BGB mit dem Angriff auf ein geschütztes Rechtsgut von der Rechtswidrigkeit auszugehen. Denn die Verletzung geschützter Rechtsgüter ist generell verboten. Die Rechtswidrigkeit des Angriffs kann damit allein durch einen Rechtfertigungsgrund ausgeschlossen werden.

aa) Bei dem Angriff des A auf S könnte die Rechtswidrigkeit allenfalls durch eine Notwehrlage zugunsten des A ausgeschlossen sein. Dann müsste in der Beobachtung des Paares durch S ein **rechtswidriger Angriff** auf ein geschütztes Rechtsgut der A und E liegen. Als angegriffenes Rechtsgut käme deren Intimsphäre in Betracht.

bb) Notwehrfähig sind alle rechtlich geschützten Interessen, also auch die Persönlichkeitsrechte des A und der E einschließlich ihres Anspruchs auf Schutz der Intimsphäre und der Sittlichkeit. Den Schutz ihrer Intimsphäre könnten A und E jedoch nicht verlangen, wenn sie sich in die Öffentlichkeit begeben. Auf öffentlichen Parkplätzen besteht kein Anspruch auf Alleinsein und Nichtbeobachtet werden. Wer in der Öffentlichkeit Intimitäten austauscht, hat den Bereich der Privat- und Intimsphäre

---

1 Erman/*Wagner* § 227 Rn. 3, 6.

verlassen. A und E hatten also kein Recht darauf, unbeobachtet auf dem Parkplatz intim zu werden. S hat durch sein Verhalten kein notwehrfähiges Recht verletzt, er hat A und E nicht rechtswidrig angegriffen.

cc) Darüber hinaus befand sich S bereits auf dem Rückzug, als A auf ihn zuging. Ein Angriff des S auf die Intimsphäre des A und der E wäre damit auch nicht mehr gegenwärtig gewesen.

dd) Da kein rechtswidriger gegenwärtiger Angriff des S vorlag, hatte A kein Notwehrrecht, als er den S angriff. Sein Angriff gegen S war rechtswidrig.

c) Der Angriff des A gegen S war **gegenwärtig**, wenn die Verletzung des S bereits erfolgte oder zumindest so unmittelbar bevorstand, dass diese allein durch sofortige Abwehr verhindert werden konnte. Nicht mehr gegenwärtig ist ein abgeschlossener, aufgegebener oder fehlgeschlagener Angriff.

A hatte S bereits gefasst, um ihn mit der Tasche zu schlagen. Die Annäherung an den Gegner und das Erheben einer Waffe gegen diesen stellt einen gegenwärtigen Angriff dar. Die Körper- und Gesundheitsverletzung des S stand unmittelbar bevor und konnte nur noch durch eine Abwehrhandlung des S verhindert werden. A hatte nicht zu erkennen gegeben, dass er sein Verhalten, den S zu schlagen, aufgegeben hatte. Der Angriff des A war gegenwärtig iSd § 227 II BGB.

d) Die Notwehrhandlung des S muss eine **Verteidigung** sein, die geeignet ist, den Angriff des A abzuwehren und die drohende Verletzung zu verhindern. Neben diesem objektiven Merkmal ist als subjektives der Verteidigungswille notwendig. Der Verteidigungszweck muss das Verhalten des Abwehrenden bestimmen.

S wollte A abwehren, um die drohende Verletzung zu verhindern. Er handelte mit Verteidigungswillen. Wenn auch S den Angriff des A durch sein Vorverhalten in gewisser Weise hervorgerufen hat, lag doch keine Provokation vor, denn S wollte letztlich unerkannt bleiben, also nicht provozieren.

Da A den S festhielt und diesem körperlich überlegen war, war der Schlag in das Gesicht des A objektiv geeignet, den Schlag auf S zu verhindern.

e) Die berechtigte Notwehrhandlung findet ihre Grenze in dem Merkmal der **Erforderlichkeit** der Verteidigungshandlung. Erforderlich ist die Verteidigung nur, wenn sie objektiv zur Abwehr des Angriffs notwendig war. Nach der Art und Intensität des Angriffs, gegen den sich die Verteidigung richtet, bestimmen sich die Abwehrmittel. Die Verteidigungshandlung muss einerseits den Abwehrerfolg garantieren, darf aber andererseits den Angreifer nicht stärker als erforderlich beeinträchtigen. Das diesen am wenigsten beeinträchtigende Abwehrmittel ist das allein zulässige. Es gilt der Grundsatz der Verhältnismäßigkeit. Eine Güterabwägung dagegen findet nicht statt, denn das Recht braucht dem Unrecht nicht zu weichen.

Der Schlag mit der Tasche in das Gesicht des ihm körperlich überlegenen A war angemessen und die einzige Möglichkeit für S, den Angriff abzuwehren. Ein geringeres Verteidigungsmittel ist nicht ersichtlich. Das Prinzip der Verhältnismäßigkeit der Mittel ist gewahrt.

f) Sind damit alle Voraussetzungen des § 227 II BGB erfüllt, handelte S in Notwehr. Die durch seine Abwehr eingetretene Augenverletzung des A ist gem. § 227 I BGB gerechtfertigt.

5. Ergebnis: Die Rechtmäßigkeit der von S dem A beigebrachten Körperverletzung schließt eine Haftung des S nach § 823 I BGB aus.

II. Ein Anspruch des A gegen S aus **§ 823 II BGB** iVm § 224 StGB besteht ebenfalls nicht, die Körperverletzung iSd § 224 StGB ist durch Notwehr gerechtfertigt, § 32 StGB (= § 227 BGB).

B. Ansprüche der E gegen S auf Ersatz der Reparaturkosten für die Tasche

I. Ein **Schadensersatzanspruch** kann E nach § 823 I BGB zustehen.

1. S hat mit der Tasche geschlagen und damit iSd § 823 I BGB **gehandelt.**

2. Durch den Schlag ist die im Eigentum der E stehende Tasche beschädigt, ein durch § 823 I BGB ausdrücklich geschütztes **Rechtsgut verletzt** worden.

3. Die Beschädigung einer Tasche durch ihre zweckentfremdete Benutzung als Schlagwaffe liegt nicht außerhalb aller Lebenserfahrung, der Schaden ist von S adäquat herbeigeführt worden. Derartige Eigentumsverletzungen sollen durch § 823 I BGB ausgeglichen werden. Die Zurechnung der Beschädigung liegt im Schutzbereich der Norm. **Die haftungsbegründende Kausalität** ist gegeben.

4. Es fragt sich allerdings, ob die Verletzungshandlung des S gerechtfertigt war, dh ob ein Rechtfertigungsgrund zu seinen Gunsten eingreift.

a) Ein Notwehrrecht des S gegenüber E gem. § 227 BGB bestand nicht. A, nicht E, hat S angegriffen, dh S hat sich nicht gegen einen Angriff der E gewehrt. Notwehr kann aber nur gegen einen Angreifer geübt werden. Zwar hat der Angreifer A die Tasche gegen S benutzt. Die Tasche als Sache wird damit aber nicht zum Angreifer, eine Sache ist nicht handlungsfähig. Notwehr gegen eine Sache allein oder gegen das Eigentum eines Nichtangreifers ist nicht möglich.

b) Ein **defensiver Notstand** iSd § 228 BGB (Verteidigungsnotstand) setzt voraus, dass von der Sache selbst, also der Tasche der E, eine unmittelbare Gefahr für S ausging. Wird eine Sache als Waffe benutzt, geht nur mittelbar die Gefahr von ihr aus, unmittelbar beruht die Gefahr auf dem Angreifer als Handelndem. Ein rechtfertigender Verteidigungsnotstand iSd § 228 BGB ist zugunsten der S nicht gegeben.

c) Ein Recht, auf eine Sache einzuwirken, durch die keine Gefahr droht, besteht dagegen bei dem sog. **aggressiven Notstand** gem. § 904 S. 1 BGB (Angriffsnotstand), wenn der Handelnde die Sache benötigt, um eine ihm drohende Gefahr abzuwenden.

aa) Durch den Angriff des A befand sich S in einer **gegenwärtigen Gefahr**, körperlich verletzt zu werden. Ohne Benutzung der Tasche wäre es ihm nicht möglich gewesen, den körperlich überlegenen A **abzuwehren** und die eigene Körperverletzung zu verhindern. Ein schonenderes Mittel stand ihm nicht zur Verfügung. S handelte mit Abwehrwillen.

bb) Der dem S drohende Schaden, die Körperverletzung durch A, wäre unverhältnismäßig größer als die Beschädigung der Tasche. Bei der nach § 904 S. 1 BGB zu treffenden **Güterabwägung** ist ein drohender Schaden für Leib und Leben grundsätzlich größer als ein Schaden an Sachen.

cc) S war damit berechtigt, auf das Eigentum der E einzuwirken, dh die Tasche zur Verteidigung gegenüber A zu benutzen. Die dabei eingetretene Eigentumsverletzung ist durch § 904 S. 1 BGB gerechtfertigt.

Mangels einer rechtswidrigen unerlaubten Handlung kann E von S nicht gem. § 823 I BGB Erstattung der Reparaturkosten für die Tasche verlangen.

II. Ein Anspruch aus **§ 823 II BGB iVm § 303 StGB** liegt nicht vor, da der Rechtfertigungsgrund des § 904 S. 1 BGB auch im Strafrecht gilt, die Sachbeschädigung also gerechtfertigt ist.

III. Nach § 904 S. 2 BGB muss S als Begünstigter trotz Rechtmäßigkeit des Eingriffs der E den Schaden ersetzen, der auf seine Einwirkung auf die Sache zurückzuführen ist. Die Haftung aus § 904 S. 1 BGB trifft nach hM allein den Einwirkenden,[2] das ist S. Er hat E daher gem. § 249 II BGB die Reparaturkosten zu erstatten.

C. Ergebnis

A hat keine Ansprüche gegen S, E kann gem. § 904 S. 2 BGB Ersatz der Reparaturkosten für die Tasche verlangen.

Zur Vertiefung: BayObLG NJW 1962, 1782 (1783); *Leßmann,* Einführung und Überblick zum Recht der unerlaubten Handlungen, JA 1988, 57; *Leßmann*, Grundtatbestände der unerlaubten Handlung, JA 1988, 237; *Mertens-Reeb,* Grundfälle zum Recht der unerlaubten Handlungen, JuS 1971, 409 (469, 525, 586); 1972, 35; *Schreiber,* Die Rechtfertigungsgründe des BGB, JURA 1997, 29.

2 Jauernig/*Berger* § 904 Rn. 5 – der Schadensersatz ist Ausgleich für die Duldungspflicht des Eigentümers, welche ausdrücklich dem Einwirkenden gegenüber besteht.

20. Fall: Die Taxifahrt zum Bahnhof

Sachverhalt

A bestieg ein am Taxistand im Zentrum der Stadt H wartendes Taxi und gab als Fahrtziel den Hauptbahnhof an. Dort angekommen, forderte Taxifahrer T von ihm die auf dem Taxameter angezeigten 15 EUR. A zahlte nur 10 EUR, da bei Fahrtantritt nicht über den Fahrpreis gesprochen worden sei. Daraufhin verlangte T von A den Personalausweis. Dies wies A entschieden zurück und wollte sich entfernen. T hielt ihn fest, bis ein Bahnpolizist erschien, um die Personalien beider aufzunehmen.

Aufgrund dieses Zwischenfalles erreichte A seinen Zug nach K nicht mehr und musste, um einen wichtigen Termin wahrnehmen zu können, mit einem anderen Taxi nach K fahren. Den dadurch entstandenen Mehrfahrpreis von 350 EUR möchte er von T erstattet haben. T lehnt dies ab und verlangt seinerseits von A 5 EUR als restlichen Fahrpreis.

Wie ist die Rechtslage?

Lösungsvorschlag

A. Ansprüche des T gegen A

I. Der Anspruch auf **Zahlung des restlichen Fahrgeldes** iHv 5 EUR kann sich aus § 631 I BGB ergeben.

1. Der **Personenbeförderungsvertrag** ist seiner Natur nach ein Werkvertrag, denn der eine Vertragsteil schuldet einen bestimmten Erfolg, die Fahrt zum Fahrtziel, der andere Teil die vereinbarte Vergütung.

a) Das **Angebot** zum Abschluss eines Personenbeförderungsvertrages machte A, als er in das Taxi einstieg und das Fahrtziel nannte. Dies konnte allein als die rechtsverbindliche Erklärung auf den Abschluss eines Vertrages zwecks Beförderung zum Bahnhof verstanden werden.

aa) Dass über den Fahrpreis nicht gesprochen wurde, führte nicht zu einem unvollständigen Angebot im Sinne eines offenen Dissenses. Nach allgemeiner Kenntnis wird der Fahrpreis in jedem Taxi durch den Taxameter, dh durch einen allgemein an Fahrtstrecke und Fahrtziel orientierten Tarif bestimmt. Es könnte sich somit schon der Erklärung des A eine entsprechende Aussage über den Fahrpreis entnehmen lassen. Da sein Verhalten vom objektiven Empfängerhorizont her zu bestimmen ist, kommt es nicht auf die subjektive Vorstellung über die Höhe des tatsächlichen Fahrpreises an. A schloss mit seinem Schweigen über den Fahrpreis den allgemeinen, auf dem Taxameter angezeigten Tarif in sein Angebot mit ein. Dieses enthielt damit alle notwendigen Bestandteile eines Werkvertrages.

bb) Darüber hinaus zeigt § 632 BGB, dass ein Werkvertrag auch ohne Preisabrede wirksam und vollständig geschlossen werden kann. Die Vergütung gilt gem. § 632 I BGB als stillschweigend vereinbart, wenn, wie bei der Benutzung eines Taxis, die Leistung nur gegen Entgelt zu erwarten ist. Die Höhe der Vergütung bestimmt sich nach der Üblichkeit, dh nach dem örtlich festgesetzten Kilometerpreis für die Nutzung von Taxen.[1]

b) T hat das **Angebot** des A konkludent durch Fahrtbeginn **angenommen**. Der Vertrag zwischen A und T war geschlossen.

2. T hat die ihm vertraglich obliegende Leistung, die Beförderung des A zum Bahnhof, erbracht. Der nach dem Werkvertrag geschuldete Erfolg ist eingetreten. A war zur Zahlung des auf dem Taxameter angegebenen Preises iHv 15 EUR verpflichtet. Durch die Zahlung von 10 EUR ist die Forderung des T gem. § 362 BGB teilweise erloschen. Den Restanspruch über 5 EUR kann T nach § 631 I BGB gegen A geltend machen.

B. Ansprüche des A gegen T

I. Vertragliche Ansprüche auf Ersatz des Mehrfahrgeldes iHv 350 EUR bestehen nicht. Der Versuch des T, das ihm zustehende Entgelt zu erhalten, stellte keine Ver-

1 Der alte Begriff »Kraftdroschkenverkehr« ist mit dem Jahressteuergesetz 2007 abgeschafft worden.

letzung vertraglicher Nebenpflichten dar, die zu einem Schadensersatzanspruch aus positiver Forderungsverletzung führen könnten.

II. A kann einen **Schadensersatzanspruch** gegen T nach **§ 823 I BGB** haben.

1. Die **Handlung** des T lag in dem Festhalten des A bis zum Eintreffen der Bahnpolizei.

2. Verletztes Rechtsgut des A ist die in § 823 I BGB ausdrücklich genannte Freiheit. Mit deren Verletzung ist die Beeinträchtigung der körperlichen Bewegungsfreiheit gemeint. T hat A festgehalten und damit sein Weggehen verhindert, ihn in seiner körperlichen Bewegungsfreiheit beeinträchtigt.

3. Die **haftungsbegründende Kausalität** ist gegeben, denn ohne das Festhalten durch T wäre die Freiheit des A nicht beeinträchtigt worden. Der einzige Zweck des Handelnden war es, den A am Weggehen zu hindern. Damit ist das Verhalten des T auch adäquat kausal für die eingetretene Freiheitsverletzung. Vom Normzweck des § 823 I BGB her soll die Beeinträchtigung der Bewegungsfreiheit durch Festhalten, Einsperren usw erfasst werden. T ist die Rechtsgutsverletzung daher zuzurechnen.

4. Die **Rechtswidrigkeit** der durch T erfolgten Rechtsgutsverletzung könnte durch ein Selbsthilferecht gem. § 229 BGB ausgeschlossen sein.

a) Selbsthilfe ist die Anwendung privater Gewalt zur Durchsetzung oder Sicherung eines Anspruches, wenn obrigkeitliche (also polizeiliche oder richterliche) Hilfe nicht rechtzeitig zu erlangen ist und die Verwirklichung des Anspruchs ohne diese Selbsthilfemaßnahme gefährdet oder ausgeschlossen wäre.

b) Der **Handelnde**, der die Selbsthilfe übt, muss einen **eigenen privatrechtlichen Anspruch** gegen den **Verpflichteten** haben, dh gegen die Person, gegen die Selbsthilfe geübt wird. A war nach § 631 I BGB verpflichtet, an T den restlichen Fahrpreis zu entrichten. Damit war T zum Handeln berechtigt, A war Verpflichteter iSd § 229 BGB.

c) Ohne Kenntnis der Personalien des A (Name, Adresse) wäre es T unmöglich gewesen, seinen Anspruch auf das restliche Fahrgeld durchzusetzen. Da A diese Angaben nicht freiwillig gab, konnte T sie nur gewaltsam erlangen.

d) Grundsätzlich hat der Staat das Gewaltmonopol hinsichtlich der Durchsetzung von Ansprüchen und gewaltsamer Maßnahmen gegen eine Privatperson. T musste sich daher grundsätzlich staatlicher Organe zur gewaltsamen Feststellung der Personalien bedienen. Von diesem Grundsatz macht § 229 BGB jedoch eine Ausnahme, wenn **obrigkeitliche Hilfe nicht rechtzeitig zu erlangen** ist, dh die staatlichen Organe nicht so rasch eingreifen können, dass die Verwirklichung des Anspruchs wirksam gesichert ist.

T hatte A, der mit dem Zug verreisen wollte, zum Bahnhof gebracht. Hätte er A nicht festgehalten, sondern erst einen Polizisten gesucht, der die Personalien des A feststellen sollte, wäre A bereits im Bahnhofsgebäude verschwunden und in der Menge kaum auffindbar gewesen oder aber aller Wahrscheinlichkeit nach mit dem Zug abgereist. T hätte auf diese Weise die Personalien mit Hilfe eines Polizisten nie erhalten. Die Durchsetzung seines Anspruches gegen A wäre unmöglich geworden.

e) Das Selbsthilferecht berechtigt zu einer Selbsthilfehandlung, die darauf gerichtet ist, die Durchführung des Anspruchs zu sichern. Der Berechtigte darf den Verpflichteten am Weggehen hindern. Da T den A lediglich festhielt und festhalten wollte, bis ein Bahnpolizist, also obrigkeitliche Hilfe erschien, ist der Rahmen des § 230 BGB gewahrt.

f) Die unter den Voraussetzungen der §§ 229, 230 BGB vorgenommene Selbsthilfehandlung ist nicht rechtswidrig, die Freiheitsberaubung gem. § 229 BGB gerechtfertigt.

5. Da T den A nicht widerrechtlich in seiner Freiheit verletzt hat, sind die Voraussetzungen des § 823 I BGB nicht erfüllt. A kann von T keinen Schadensersatz nach dieser Norm verlangen.

II. Ein Anspruch des A gegen T aus **§ 823 II BGB iVm § 239 StGB** ist nicht gegeben, da die Freiheitsberaubung gem. § 229 BGB nicht rechtswidrig war.

C. Ergebnis

T kann von A Zahlung des Restfahrpreises iHv 5 EUR verlangen. A hat gegen T keinen Anspruch.

Zur Vertiefung: BGH VersR 1971, 629; *Leßmann,* Einführung und Überblick zum Recht der unerlaubten Handlungen, JA 1988, 57; *Leßmann*, Grundtatbestände der unerlaubten Handlung, JA 1988, 237; *Mertens-Reeb,* Grundfälle zum Recht der unerlaubten Handlungen, JuS 1971, 409 (469, 525, 586); 1972, 35; *Werner,* Staatliches Gewaltmonopol und Selbsthilfe bei Bagatellforderungen, Staudinger-Symposion 1998, 48.

21. Fall: Der zurückbehaltene Kraftfahrzeugbrief

Sachverhalt

A verkaufte seinen noch gut erhaltenen Pkw für 12.000 EUR an B. Gleichzeitig erfolgte die Übergabe. Der Kaufpreis wurde auf drei Monate gestundet. Zur Sicherheit für seinen Kaufpreisanspruch behielt A den Kraftfahrzeugbrief zurück. Ansonsten waren sich die Parteien einig, dass B sofort Eigentum an dem Pkw erhalten sollte.

Als B den Wagen einige Wochen gefahren hatte, geriet er in finanzielle Schwierigkeiten und vermietete ihn für monatlich 400 EUR an C. Dieser veräußerte den Pkw für 9.000 EUR an D, der C für den Eigentümer hielt.

Da B von C keine Mietzahlungen erhielt, verlangte er den Wagen zurück. Aus Angst vor einer Strafverfolgung gestand C dem B den wahren Sachverhalt und bat gegenüber D um Rückgabe des Pkw, die jedoch von D verweigert wurde.

Da B trotz Ablauf der Zahlungsfrist seine Schuld gegenüber A noch nicht beglichen hat, verlangt A ebenso wie B von D Herausgabe des Wagens. An wen muss D den Wagen herausgeben?

Lösungsvorschlag

A. Herausgabeanspruch des A gegen D

I. A kann sein Herausgabeverlangen auf § 985 BGB stützen, wenn er selbst Eigentümer des Pkw und D Besitzer ohne Besitzrecht ist (Vindikationslage[1]).

1. D hat die tatsächliche Herrschaftsmacht über den Pkw, er ist **Besitzer**.

2. Fraglich ist die **Eigentümerstellung** des A.

a) Ursprünglich war A Eigentümer des Pkw.

b) A kann sein Eigentum jedoch nach § 929 S. 1 BGB an B verloren haben. Voraussetzung für einen Eigentumsübergang des Pkw, einer beweglichen Sache, von A auf B ist die Übergabe des Pkw und die Einigung zwischen den Parteien über den Rechtsübergang.

aa) A hat dem B den Pkw übergeben, dh den unmittelbaren Besitz durch Verschaffung der tatsächlichen Herrschaftsgewalt übertragen, § 854 I BGB.

bb) Die Einigung zwischen A und B musste darauf gerichtet sein, das Eigentum von A auf B übergehen zu lassen. Sie ist ein dinglicher Vertrag, für den die Regelungen des Allgemeinen Teils über Rechtsgeschäfte gelten.[2] Erforderlich sind daher entsprechende Willenserklärungen der Beteiligten (Angebot, Annahme). A und B waren sich über einen sofortigen Eigentumsübergang von A auf B einig, sie gaben die erforderlichen Einigungserklärungen ab. Diese Einigung erfolgte nicht unter einer Bedingung iSd § 158 BGB. Es wurde lediglich die Zahlung gestundet, der Eigentumsübergang aber nicht im Sinne eines Eigentumsvorbehaltes (vgl. § 449 BGB) von der vollständigen Bezahlung des Kaufpreises abhängig gemacht. Das Eigentum sollte sofort übergehen. Die dingliche Einigung iSd § 929 S. 1 BGB ist formlos gültig. Die Übergabe der Zulassungsbescheinigung Teil II (im allgemeinen Sprachgebrauch oft noch: Kraftfahrzeugbrief) ist zur Übertragung des Eigentums an einem Kraftfahrzeug nicht erforderlich. Eine Rechtsvorschrift, die den Eigentumsübergang von der Übergabe der Zulassungsbescheinigung abhängig macht, besteht nicht.

cc) B hat nach § 929 S. 1 BGB von A das Eigentum an dem Pkw erworben.

c) Durch den Verlust des Eigentums an B ist A nicht iSd § 985 BGB anspruchsberechtigt und kann von D nicht gem. § 985 BGB Herausgabe des Pkw verlangen.

II. Ein **Anspruch des A aus § 861 BGB** gegen D besteht nicht, da A den Pkw an B übergeben, sich willentlich des Besitzes begeben hat. Eine verbotene Eigenmacht iSd § 858 BGB gegenüber A als Voraussetzung des Anspruchs aus § 861 BGB liegt nicht vor.

III. § 1007 I, II BGB gewähren einem früheren Besitzer einer beweglichen Sache einen Herausgabeanspruch nur, wenn er seinen Besitz unfreiwillig eingebüßt hat (Abs. 3 S. 1 Alt. 2). A hat aber freiwillig den Besitz an dem Pkw auf B übertragen.

---

1 **Definition:** Auch sog. »Eigentümer-Besitzer-Verhältnis«. Die Vindikationslage ist die Voraussetzung für die Anwendbarkeit der Regelungen der §§ 987 ff. BGB; zum Vindikationsanspruch *Vieweg/Werner* SachenR § 7 Rn. 1, 4 ff.

2 *Jacoby/v. Hinden* § 929 Rn. 1; *Vieweg/Werner* SachenR § 4 Rn. 6.

B. Herausgabeanspruch des B gegen D

I. B kann von D Herausgabe des Pkw nach § 985 BGB verlangen, wenn zwischen den Parteien eine Vindikationslage zugunsten des B besteht.

1. D ist **Besitzer** des Pkw.

2. Eigentum an dem Pkw hat B – wie unter A. I. 2b festgestellt – von A erworben.

a) B kann dieses Eigentumsrecht gem. § 929 S. 1 BGB an C verloren haben. Zwar erfolgte die Übergabe des Pkw von B an C, womit ein Merkmal des § 929 S. 1 BGB erfüllt ist. B und C haben sich jedoch nicht dahingehend geeinigt, das Eigentum an dem Pkw von B auf C zu übertragen. Vereinbart wurde ein Mietverhältnis iSd § 535 BGB, dh lediglich die Gebrauchsüberlassung an dem Fahrzeug. Das Eigentum sollte bei B verbleiben. B hat sein Eigentum damit nicht nach § 929 S. 1 BGB an C übertragen.

b) B kann sein Eigentum jedoch nach § 929 S. 1 BGB an D verloren haben.

aa) Der Wagen ist dem D von C übergeben worden. D hat den unmittelbaren Besitz erlangt.

bb) C hat sich mit D über den Eigentumsübergang auf D geeinigt, sodass Übergabe und Einigung iSd §§ 929 ff. BGB vorzuliegen scheinen.

cc) § 929 S. 1 BGB verlangt indes die Einigung des Erwerbers mit dem Eigentümer, sowie die Übergabe von dem Eigentümer an den Erwerber. Eigentümer des Pkw war jedoch nicht C, der die Einigungserklärung und Übergabe getätigt hat, sondern B. D hat sich daher mit einem **Nichtberechtigten** geeinigt und die Übergabe vollzogen. Nach § 929 S. 1 BGB konnte er das Eigentum nicht erworben haben.

dd) Das fehlende Merkmal »Eigentum« des Veräußerers in § 929 S. 1 BGB kann nach § 932 I BGB durch den **guten Glauben** des D an die Eigentümerstellung des C ersetzt werden.

D hat C für den Eigentümer des Pkw und damit für den iSd § 929 BGB Berechtigten gehalten. Nach der negativen Fassung des § 932 II BGB wird der gute Glaube des Erwerbers an das Eigentum des Veräußerers grundsätzlich vermutet, es sei denn, es bestehen Anhaltspunkte für eine positive Kenntnis oder für eine grobfahrlässige Unkenntnis hinsichtlich der Nichtberechtigung.

D hatte keine positive Kenntnis von den wahren Eigentumsverhältnissen. Auch einem Laien ist jedoch – beim Erwerb eines Gebrauchtwagens – bekannt, dass in der Zulassungsbescheinigung Teil II der Eigentümer eines Pkw vermerkt ist. D konnte sich daher auf einfachste Weise Kenntnis von der wahren Rechtslage verschaffen. Bei der Veräußerung eines Kraftfahrzeuges ist es üblich, die Zulassungsbescheinigung Teil II vorzulegen und die Eigentumsübertragung zu vermerken. Ein Erwerber handelt deshalb grob fahrlässig, wenn er sich diese nicht vorlegen lässt.[3] D hat seine Sorgfaltspflicht in ungewöhnlich grobem Maße verletzt. Bei Einsicht in die Zulassungsbescheinigung hätte er Kenntnis von der Nichtberechtigung des C erhalten. Seine Unkenntnis der wahren Rechtslage beruht auf grober Fahrlässigkeit iSd § 932 II

3 *Vieweg/Werner* SachenR § 5 Rn. 31 – hier auch zu den Differenzierungen des Kaufs von Privat oder einem Händler, von Neu- und Gebrauchtwagen.

BGB. Sein Glaube an die Eigentümerstellung des C ersetzt daher nicht das fehlende Eigentümermerkmal in § 929 S. 1 BGB.

ee) B hat sein von A erworbenes Eigentum weder an C noch an D verloren. Er ist Eigentümer und damit Anspruchsberechtigter iSd § 985 BGB.

3. Ein **Besitzrecht** iSd § 986 BGB steht D gegenüber B nicht zu.

4. **Ergebnis:** B kann von D aus § 985 BGB Herausgabe des Pkw verlangen.

II. Ein **Anspruch des B aus § 861 BGB** gegen D besteht nicht, da B den Wagen dem C übergeben, also seinen Besitz nicht durch verbotene Eigenmacht iSd § 858 BGB verloren hat.

III. Mangels unfreiwilligen Besitzverlustes hat B auch keinen Anspruch aus **§ 1007 I, II BGB** (vgl. A. III.).

Zur Vertiefung: *Bartels,* Zur Frage der Ursächlichkeit bei den Nachforschungsobliegenheiten des § 932 BGB, AcP 205 (2005), 687; *Giegerich,* Geht der gutgläubige Erwerb im Dickicht der Stellvertretungslehre verloren? NJW 1986, 1975; *Kindler/Paulus,* Redlicher Erwerb – Grundlagen und Grundprinzipien, JuS 2013, 393 (490); *Lohsse,* Gutgläubiger Erwerb, mittelbarer Besitz und die Väter des BGB, AcP 206 (2006), 527; *Musielak,* Eigentumserwerb an beweglichen Sachen nach §§ 932 ff. BGB, JuS 1992, 713; *Schreiber,* Eigentumserwerb an abhanden gekommenen Sachen, JURA 2004, 238; *Schreiber/Burbulla,* Der gutgläubige Erwerb von beweglichen Sachen, JURA 1999, 150; *Wiegand,* Der gutgläubige Erwerb beweglicher Sachen nach §§ 932 ff. BGB, JuS 1974, 201; *ders.,* Rechtsableitung vom Nichtberechtigten, JuS 1978, 145; *Wiesner,* Zum gutgläubigen Erwerb einer beweglichen Sache, JuS 1972, 567; *Würdinger/Frahm,* Der Eigentumserwerb an Kraftfahrzeugen, JuS 2008, 14; *Zeranski,* Prinzipien und Systematik des gutgläubigen Erwerbs beweglicher Sachen, JuS 2002, 340.

22. Fall: Die wiedergefundene Diebesbeute

Sachverhalt

Bei dem Trödelhändler, An- und Verkauf des A entdeckte B einige Gegenstände, die bei einem Einbruch in sein Haus vor wenigen Wochen entwendet worden waren. Auf Befragen erklärte A, diese Gegenstände habe er zusammen mit anderen »Antiquitäten« von einer ihm nicht näher bekannten Person P erworben, die keine Zweifel an ihrer Eigentümerstellung habe aufkommen lassen. Die Gegenstände habe er inzwischen an verschiedene unbekannte Kunden verkauft.

Es stellte sich heraus, dass A die gesamte Beute aus dem Einbruch bei B erworben und für die davon bereits verkauften Gegenstände insgesamt eine dem Wert angemessene Summe von 8.000 EUR erhalten hatte.

Kann B von A Herausgabe der noch vorhandenen Gegenstände und des Geldbetrages für die verkauften verlangen?

Lösungsvorschlag

A. Anspruch des B gegen A auf Herausgabe der noch vorhandenen Einbruchsbeute

I. B kann von A Herausgabe der Antiquitäten aus **§ 985 BGB** verlangen, wenn er selbst deren Eigentümer und A nichtberechtigter Besitzer ist.

1. Die Antiquitäten befinden sich im Geschäft des A, sie unterliegen seiner tatsächlichen Herrschaftsgewalt. A ist **Besitzer.**

2. Eigentümer der Antiquitäten war ursprünglich B. Es fragt sich, ob er dieses Recht durch die spätere Entwicklung verloren hat.

a) Ein Eigentumsverlust zugunsten des Einbrechers hat nicht stattgefunden. Es liegt weder Übergabe noch Einigung iSd § 929 BGB vor.

b) Ein Eigentumsverlust kann zugunsten des A durch Erwerb der Gegenstände seitens P erfolgt sein. Der Eigentumserwerb erfolgt nach § 929 S. 1 BGB durch Übergabe und Einigung über den Rechtsübergang.

aa) Die Antiquitäten sind A von P übergeben worden.

bb) A hat sich mit P hinsichtlich des Eigentumsübergangs auf seine Person geeinigt.

cc) Übergabe und Einigung müssen nach § 929 S. 1 BGB zwischen dem Erwerber und dem bisherigen Eigentümer vollzogen werden. Eigentümer der dem A übergebenen Gegenstände war jedoch B, nicht P, der damit als **Nichtberechtigter** die Einigungserklärung abgegeben und den Besitz übertragen hat. Ein Eigentumserwerb des A nach § 929 S. 1 BGB ist daher nicht erfolgt.

dd) Das fehlende Merkmal »Eigentümer« in § 929 S. 1 BGB kann gem. § 932 I BGB durch den **guten Glauben** des A an die Eigentümerstellung des P ersetzt werden.

A hat P für den Eigentümer der ihm angebotenen Antiquitäten gehalten. Entsprechend der Fassung des § 932 II BGB ist vom guten Glauben des Erwerbers auszugehen. Ein gutgläubiger Erwerb über § 932 I BGB wird nur ausgeschlossen, wenn dem Erwerber eine positive Kenntnis von der Nichtberechtigung des Veräußerers bzw. eine diesbezügliche grobfahrlässige Unkenntnis nachzuweisen ist.

Positive Kenntnis von der wahren Eigentumslage hatte A nicht. Grobfahrlässige Unkenntnis bestünde, wenn der Erwerber die Sorgfaltspflichten, die bei Geschäften dieser Art zu beachten sind, in ungewöhnlich grobem Maße verletzt und Hinweise und Anzeichen unbeachtet gelassen hat, die an sich jeden anderen hätten skeptisch werden lassen und zu Nachforschungen veranlasst hätten.[1]

Trödelhändler sind gezwungen, den größten Teil ihrer Ware von Privatpersonen aufzukaufen. Angebote werden ihnen daher von Personen gemacht, die sie zumeist nicht kennen. Obwohl Antiquitäten begehrte Gegenstände von Diebstählen sind, darf ein

1 Insbesondere besteht keine allgemeine Nachforschungspflicht, Palandt/*Bassenge* § 932 Rn. 10; *Vieweg/Werner* SachenR § 5 Rn. 24. Zur Nachforschungspflicht bei Kunstgegenständen und Antikem MüKoBGB/*Oechsler* § 932 Rn. 64 f.

Trödelhändler, sofern keine besonderen Anhaltspunkte dagegen sprechen[2], davon ausgehen, dass Personen, die ihm Antiquitäten verkaufen, dazu berechtigt sind.[3]

Besondere Anhaltspunkte, die A zu einer genaueren Nachprüfung der Eigentümerposition des P hätten veranlassen müssen, liegen nicht vor. Die Unkenntnis des A vom fehlenden Eigentum des P beruhte nicht auf grober Fahrlässigkeit. A war gutgläubig iSd § 932 II BGB.

ee) Trotz Gutgläubigkeit des Erwerbers iSd § 932 BGB findet ein Eigentumserwerb vom Nichtberechtigten nicht statt, wenn die Sache, an der das Eigentum übertragen werden soll, dem Eigentümer **abhandengekommen** ist, § 935 I BGB. Als besondere Form des Abhandenkommens nennt das Gesetz die Fälle, in denen die Sache dem Eigentümer gestohlen oder verlorengegangen ist.

Die dem A angebotenen Antiquitäten stammen aus dem Einbruchdiebstahl bei B, sie sind gestohlen und damit iSd § 935 I BGB abhandengekommen. Damit können sie nicht Gegenstand eines gutgläubigen Eigentumserwerbs nach §§ 929 S. 1, 932 I BGB sein. § 935 BGB verhindert den gutgläubigen Eigentumserwerb an abhandengekommenen Sachen generell, dh nicht lediglich beim Erwerb unmittelbar von dem Dieb, sondern auch bei allen späteren Erwerbsvorgängen. Es ist daher unerheblich, ob P selbst den Einbruch bei B begangen oder die Sachen von dem Einbrecher erhalten hatte.

ff) § 935 I BGB steht einem gutgläubigen Eigentumserwerb des A entgegen. Dieser hat nicht gem. §§ 929 S. 1, 932 I BGB Eigentum an den ihm von P übergebenen Gegenständen erworben. B ist Eigentümer geblieben und damit Anspruchsberechtigter iSd § 985 BGB.

3. Ein dingliches oder obligatorisches **Besitzrecht** gem. § 986 I BGB, das den A berechtigen würde, die Herausgabe der dem B gehörenden Gegenstände zu verweigern, besteht nicht.

4. Ergebnis: B kann von A gem. § 985 BGB Herausgabe der Antiquitäten verlangen, die ihm bei dem Einbruch entwendet worden waren.

II. Ein **Herausgabeanspruch des B nach § 861 BGB** setzt voraus, dass der Besitz an den Antiquitäten B durch verbotene Eigenmacht entzogen worden ist und A ihm gegenüber fehlerhaft besitzt.

1. Besitzentziehung durch **verbotene Eigenmacht** bedeutet nach § 858 I BGB, dass dem unmittelbaren Besitzer ohne seinen Willen der Besitz entzogen oder gestört wurde und diese Entziehung oder Störung nicht gesetzlich gestattet war.

---

2 Wie ungewöhnlicher Ort, Zeit (Bahnhof, nachts/sonntags) bzw. Zeitrahmen (schnelle Abwicklung), der Preis oder auch der Gegenstand des Geschäfts.

3 **Hinweis:** Besonderheiten gelten für Kunstgegenstände bzw. Kulturgüter, deren Herstellungsdatum vor 1945 liegen (Kulturgutschutzgesetz [KGSG] v. 31.7.2016). Neben Regelungen über die Einfuhr von Kulturgut aus dem Ausland (internationaler Kulturgutschutz) und die Ausfuhr von Kulturgütern ins Ausland (nationaler Kulturgutschutz) ist drittes Ziel des Schutzes eine Provenienzforschung. Beim Verkauf von Kulturgut im Inland verpflichten neue gesetzliche Sorgfaltsanforderungen im Rahmen des Zumutbaren zur Prüfung der Provenienz. Damit wird sichergestellt, dass sich der Handel auf Objekte eindeutiger und legaler Herkunft beschränkt.

A hatte als Inhaber der Wohnung an den darin befindlichen Antiquitäten unmittelbaren Besitz. Durch den Einbruchdiebstahl wurde ihm dieser unmittelbare Besitz ohne seinen Willen entzogen. Es liegt eine verbotene Eigenmacht iSd § 858 I BGB vor.

2. Der **Besitz** des A ist gem. § 858 II BGB **fehlerhaft**, wenn er durch verbotene Eigenmacht erworben wurde oder aber der Besitznachfolger die Fehlerhaftigkeit des Vorbesitzers kannte.

Die verbotene Eigenmacht gegenüber B hat nicht A, sondern der Einbrecher begangen. A ist lediglich Nachfolger des fehlerhaft Besitzenden. Sein von P erhaltener Besitz ist daher nur fehlerhaft, wenn P selbst fehlerhaft besaß und A davon wusste. War P der Einbrecher, war sein Besitz gem. § 858 II 1 BGB fehlerhaft, hat er dagegen von dem Einbrecher den Besitz erworben, liegt ein fehlerhafter Besitz des P nur vor, wenn er von dem Einbruch wusste. Darüber schweigt der Sachverhalt. Dies ist jedoch unerheblich, da auch A nur fehlerhaft besitzen würde, wenn er davon Kenntnis hätte, dass P den Besitz von einem Einbrecher erworben hätte. Kenntnis iSd § 858 II 2 BGB bedeutet positive Kenntnis. A war die Herkunft der Sachen aus einem Einbruch bei B unbekannt, er hielt vielmehr P für den Eigentümer. Der Besitz des A ist mangels Kenntnis des fehlerhaften Vorbesitzes des P nicht gem. § 858 II BGB fehlerhaft.

3. B kann von A nicht Herausgabe der ihm gehörenden Antiquitäten gem. § 861 BGB fordern.

III. Einem Herausgabeanspruch des B gegen A aus **§ 1007 I BGB** steht der gute Glaube des A an sein Besitzrecht entgegen. Bösgläubigkeit würde entsprechend § 932 II BGB positive Kenntnis oder grobfahrlässige Unkenntnis des fehlerhaften Besitzrechtes voraussetzen. Ein solcher Vorwurf kann A nicht gemacht werden.

IV. B hat gegen A jedoch einen **Herausgabeanspruch nach § 1007 II BGB**, da die Antiquitäten dem früheren Besitzer B gestohlen worden sind. Insoweit nützt A sein guter Glaube nicht, weil die Gegenstände abhandengekommen sind.

V. Ein **Herausgabeanspruch gem. § 812 I BGB** entfällt. A hat den Besitz nicht von B, sondern von P (durch Leistung) erhalten.

VI. Ein Anspruch des B gegen A aus **§§ 823 I, 249 BGB auf Wiedereinräumung des Besitzes** besteht nicht. Nicht A, sondern der Einbrecher hat das Besitzrecht des B verletzt und damit die zur Haftung verpflichtende unerlaubte Handlung begangen.

B. Ansprüche des B hinsichtlich der von A verkauften Gegenstände

I. Einen Zahlungsanspruch gegen A könnte B als **Schadensersatzanspruch gem. §§ 989, 990, 249 BGB** geltend machen.

1. Zwischen B und A bestand bis zur Veräußerung der dem B gehörenden Antiquitäten eine **Vindikationslage** iSd §§ 985, 986 BGB (Eigentümer-Besitzer-Verhältnis). B hatte – wie bereits festgestellt – gegen A den Anspruch aus § 985 BGB.

2. Durch die Veräußerung der Gegenstände ist der Anspruch des B gegen A aus § 985 BGB nicht mehr realisierbar. A ist nicht mehr Besitzer, also nicht mehr Gegner eines solchen Anspruchs. Als **Ersatz für den Untergang** des Anspruchs aus § 985

BGB geben §§ 989, 990 BGB dem Eigentümer einen Schadensersatzanspruch.[4] Der Schaden des B beruht auf der eingetretenen Unmöglichkeit, die ihm gehörenden Gegenstände von A herauszuverlangen.

3. Nach § 989 BGB haftet A nur für den Schaden, der B nach **Rechtshängigkeit** seines Anspruches aus § 985 BGB gegen A entstanden ist.

a) Rechtshängigkeit tritt gem. §§ 261, 253 ZPO erst durch **Klageerhebung** ein. Eine Klage aus § 985 BGB hatte B aber noch nicht gegen A erhoben.

b) Das fehlende Merkmal der Rechtshängigkeit wird gem. § 990 BGB durch den bösen Glauben des aus § 985 BGB verpflichteten Besitzers hinsichtlich seines fehlenden Besitzrechtes ersetzt. Entsprechend § 932 II BGB bedeutet **Bösgläubigkeit** auch in § 990 BGB positive Kenntnis oder grobfahrlässige Unkenntnis vom Nichtbestehen eines eigenen Besitzrechts, wobei von dem guten Glauben des Besitzers auszugehen ist. Ein solcher Vorwurf kann dem A aber nicht gemacht werden. Er kannte seine Herausgabepflicht aus § 985 BGB nicht, noch hätte er davon wissen können.

4. Mangels Rechtshängigkeit des Anspruches aus § 985 BGB und wegen des guten Glaubens des A an sein Besitzrecht besteht kein Schadensersatzanspruch des B gegen ihn aus §§ 989, 990 BGB.

II. Sein Verlangen auf **Herausgabe** des von A erzielten **Verkaufserlöses** iHv 15.000 EUR könnte B auf **§ 816 I 1 BGB** stützen, wenn A als Nichtberechtigter über einen Gegenstand des B eine wirksame entgeltliche Verfügung getroffen hat.

1. § 816 I BGB ist auch anwendbar, wenn zwischen den Parteien ein Eigentümer-Besitzer-Verhältnis besteht. §§ 987 ff. BGB treffen lediglich eine abschließende Regelung hinsichtlich der Nutzungsherausgabe und des Schadensersatzes, nicht aber für die Herausgabe des Verkaufserlöses.

2. Erste Voraussetzung des § 816 I 1 BGB ist eine **Verfügung** über einen dem B gehörenden Gegenstand.

Verfügung iSd § 816 I BGB ist jedes Rechtsgeschäft, durch das unmittelbar auf ein bestehendes Recht eingewirkt wird, indem es übertragen, belastet, aufgehoben oder inhaltlich geändert wird. A wollte seinen Kunden, denen er die dem B gehörenden Antiquitäten verkauft hatte, Eigentum an diesen übertragen, also eine Verfügung vornehmen.

3. A müsste diese Verfügung als **Nichtberechtigter** getroffen haben. Berechtigt, Verfügungen über Gegenstände vorzunehmen, ist grundsätzlich der Rechtsinhaber; bei einer Verfügung über das Eigentum also der Eigentümer. Eigentümer der Antiquitäten war B, nicht A. Berechtigter war damit allein B, A traf die Verfügung als Nichtberechtigter.

4. Da A als Gegenleistung von seinen Kunden den Kaufpreis erhalten hatte, handelte es sich um eine **entgeltliche Verfügung** iSd § 816 I 1 BGB.

5. Wirksamkeit erlangte die Verfügung des A gegenüber dem berechtigten B, wenn die Kunden des A Eigentum an den Kaufgegenständen erworben haben.

4 Einzelheiten dazu bei *Vieweg/Werner* SachenR § 8 Rn. 9 ff., 21 mit Anspruchsübersicht nach Rn. 2 und nach Rn. 11.

a) Ein Eigentumserwerb der Kunden war, da A als Veräußerer nicht Eigentümer war, nicht gem. § 929 S. 1 BGB möglich. Einem gutgläubigen Erwerb der Kunden gem. §§ 929, 932 BGB stand § 935 I BGB entgegen, da die Sachen dem B abhandengekommen waren. A hat damit den Kunden kein Eigentum an den Antiquitäten verschafft, keine gegenüber B wirksame Verfügung über das Eigentum getroffen.

b) B könnte allerdings durch Genehmigung *die Eigentumsübertragung* gem. § 185 II 1 BGB wirksam werden lassen. Eine solche Genehmigung des B würde lediglich die Eigentumsübertragung wirksam, nicht dagegen den nichtberechtigten A – trotz Rückwirkung der Genehmigung (§ 184 I BGB) – zum Berechtigten machen. Der Berechtigte B kann durch Genehmigung aber die Anwendbarkeit des § 816 I 1 BGB herbeiführen.[5] Diese Genehmigung kann B ausdrücklich erklären. Sie ist aber auch konkludent in einem auf den Erlös gerichteten Herausgabeverlangen zu sehen, weil B damit anzeigt, er begehre allein den Erlös und sei an dem Eigentum mangels Zugriffsmöglichkeit auf die Kunden des A nicht mehr interessiert.

6. Gemäß § 816 I 1 BGB muss A dem B **das durch die Verfügung Erlangte herausgeben.** Gemeint ist damit die dem Nichtberechtigten zugekommene Gegenleistung, das Entgelt aus dem Verfügungsgeschäft über die Antiquitäten. Da die erhaltenen 8.000 EUR dem tatsächlichen Wert der Verfügungsgegenstände entsprechen, erstreckt sich die Herausgabepflicht des A auf diesen Betrag, ohne dass auf die Streitfrage eingegangen zu werden braucht, ob das tatsächlich Erlangte oder der Wert der Gegenstände herauszugeben ist.

7. **Ergebnis:** B kann gem. § 816 I 1 BGB Herausgabe der 8.000 EUR verlangen, die A von seinen Kunden als Kaufpreis für die dem B gehörenden Antiquitäten erhalten hat.

C. Gesamtergebnis

B kann von A gem. §§ 985, 1007 II BGB Herausgabe der noch bei A vorhandenen Diebesbeute verlangen. Ferner muss A dem B die 8.000 EUR herausgeben, die er für den Verkauf des anderen Teils der Beute erhalten hat.

Zur Vertiefung: *Anton*, Rechtshandbuch Kulturgüterschutz und Kulturrestitutionsschutz, Bd. 2 Zivilrecht – Guter Glaube im Internationalen Kunsthandel, 2010; *Diederichsen,* Aus der Rechtsprechung des BGH zur ungerechtfertigten Bereicherung, JURA 1970, 378; *Ehmann,* Zur Causa-Lehre, JZ 2003, 702; *Gies/Omlor*, Der Besitz und sein Schutz im BGB, JuS 2013, 12; *Hager,* Grundfälle zur Systematik des Eigentümer-Besitzer-Verhältnisses und der bereicherungsrechtlichen Kondiktionen, JuS 1987, 877; *Kamionka,* Der Leistungsbegriff im Bereicherungsrecht, JuS 1992, 845; *Lipp,* Besitz und Besitzschutz im Bürgerlichen Recht, JuS-Lernbogen 1997, L 57; *Loewenheim/Winckler,* Grundfälle zum Bereicherungsrecht, JuS 1982, 434; *Lorenz*, Grundwissen – Zivilrecht: Das Eigentümer-Besitzer-Verhältnis, JuS 2013, 495; *v. Lübtow,* Das Geschäft für den es angeht und das sog. »antizipierte Besitzkonstitut«, ZHR 112 (1949), 227; *Mylich*, Die Eigentumsverletzung – Fallgruppen und Ansprüche, JuS 2014, 398; *Neuner*, Der Redlichkeitsschutz bei abhandengekommenen Sachen, JuS 2007, 401; *Röthel/Sparmann*, Besitz und Besitzschutz, JURA 2005, 456; *Schünemann,* »Der ›verunglückte‹ Lotteriegewinn«, JuS-Lernbogen 1990, L 77. Zum Kulturgutschutzgesetz s. die Handreichung der Bundesregierung vom 12.4.2017 https://www.bundesregierung.de/Content/DE/_Anlagen/BKM/2017/2017-04-12-kgsg-handreichung.pdf?__blob=publicationFile&v=4 (letzter Abruf 9.7.2017).

5 *Vieweg/Werner* SachenR § 4 Rn. 59, § 8 Rn. 58 ff.; *Röthel*, Fälle zum SachenR, 3. Aufl. 2014, Fall 14, S. 95 (97); *Werner/Neureither* 22 Probleme BGB AT 22. Problem.

23. Fall: Der Münzkauf

Sachverhalt

Der Münzsammler M erfährt, dass X eine wertvolle Münze zu verkaufen habe. Da er aus Zeitgründen X nicht selbst aufsuchen kann, bittet M seinen Freund F, für ihn die Münze bis zu einem Höchstpreis von 10.000 EUR zu erwerben. F kauft die Münze für 7.000 EUR, wobei er den Kaufpreis aus eigener Tasche vorlegt und seine Beziehungen zu M nicht erwähnt. Als F dem M die Münzen gegen Erstattung des Betrages überbringen will, ist dieser nicht anwesend, sondern nur dessen Ehefrau, der F die Münze nicht übergibt. Er erklärt vielmehr, am nächsten Tag nochmals vorbeizukommen. Zu Hause legt er die Münze in seinen Schreibtisch. Daraus wird sie von seinem Enkel E, der ebenfalls Münzsammler ist, entwendet.

F möchte gegen seinen Enkel nichts unternehmen. Ebenso will M seinen Freund F nicht belangen, sondern allein von E die Münze herausverlangen, nachdem er 7.000 EUR auf das Konto des F überwiesen hat.

Wird er hierbei Erfolg haben?

Lösungsvorschlag

I. M kann von E die **Münze gem. § 985 BGB herausverlangen**, wenn M Eigentümer und E nichtberechtigter Besitzer der Münze ist.

1. E hat die Münze an sich genommen und tatsächliche Gewalt über diese erworben. Er ist **Besitzer** iSd § 854 I BGB.

2. Fraglich ist, ob M **Eigentümer** der Münze ist.

a) Ursprünglich gehörte die Münze dem X.

b) M kann das Eigentum von X gem. § 929 S. 1 BGB erworben haben. Dies setzt eine Einigung über den Rechtsübergang und die Übertragung des Besitzes von X auf M voraus. M hat sich nicht selbst mit X geeinigt und nicht die tatsächliche Herrschaftsmacht über die Münze von ihm erlangt. Die Einigungserklärungen sind vielmehr zwischen F und X erfolgt, die Münze ist dem F übergeben worden.

M kann das Eigentum durch F als Stellvertreter erworben haben, sofern die Einigungserklärung des F für und gegen M wirkte (§ 164 I BGB) und M den Besitz gem. § 855 BGB oder aufgrund eines zwischen ihm und F vorher vereinbarten sog. antizipierten Besitzmittlungsverhältnisses erlangt hat.

aa) Eine Stellvertretung iSd § 164 I 1 BGB liegt vor, falls sich F im Namen des M mit X hinsichtlich des Eigentumsüberganges geeinigt hatte und F insoweit Vertretungsmacht besaß.

F hatte seine Beziehungen zu M nicht offenbart. Gemäß § 164 I 2 BGB braucht die Einigungserklärung iSd § 929 BGB nicht ausdrücklich im Namen des M abgegeben zu werden, es genügt, wenn die Umstände ergeben, dass sie im Namen des M abgegeben werden sollte. Dafür genügt noch nicht der Wille des Erklärenden oder dessen Vereinbarung mit dem Vertretenen. Die Umstände, aus denen sich ein Handeln für einen anderen ergeben sollen, müssen dem Geschäftsgegner, also dem X erkennbar sein. Dieser muss grundsätzlich wissen und erkennen, wer sein Vertragspartner sein soll. Derartige Umstände, aus denen X auf eine Vertreterstellung des F für M schließen konnte, sind nicht ersichtlich. Die Willenserklärung (Einigungserklärung iSd § 929 BGB) des F gilt damit gem. § 164 II BGB als im eigenen Namen abgegeben.

bb) Trotz Auftretens im eigenen Namen können nach heute hM[1] die Erklärungen des Handelnden, hier F, für den Vertretenen, hier für M, wie bei direkter Stellvertretung wirken, wenn die Veräußerung der Münze ein sog. »Geschäft für den, den es angeht«, war. Dabei soll auf das dem Stellvertretungsrecht eigene Offenkundigkeitsprinzip verzichtet werden, da dieses allein im Interesse des Geschäftspartners, dh des Adressaten der im eigenen Namen abgegebenen Erklärung bestehe, hier X. Habe dieser aber kein Interesse an der Kenntnis seines Vertragspartners – und sei damit nicht schutzbedürftig –, könne auf das Offenkundigkeitsprinzip verzichtet werden. Allerdings ist das Institut des »Geschäftes für den, den es angeht« nicht unbestritten.[2] Von den Vertretern einer sog. strengen Theorie wird es grundsätzlich als unzulässige Durchbrechung des der Stellvertretung zentralen Offenkundigkeitsprinzips abge-

1 BGHZ 154, 276 = NJW-RR 2003, 921; MüKoBGB/*Schubert* § 164 Rn. 128; *Jacoby/v. Hinden* § 164 Rn. 11; *Wolf/Neuner* BGB AT § 49 Rn. 50.

2 *Werner/Neureither* 22 Probleme BGB AT 12. Problem.

lehnt. Nach dieser Ansicht bleibt es bei dem bereits zuvor festgestellten Handeln des F im eigenen Namen. Er kann nicht als Vertreter iSd §§ 164 ff. BGB des M angesehen werden. § 164 II BGB bleibt anwendbar.[3]

Die hM geht jedoch davon aus, dass zumindest dann von dem grundsätzlichen Erfordernis der Offenlegung der Stellvertretung abgesehen werden kann, wenn dem Geschäftspartner die Person des Vertragspartners gleichgültig ist, wie bei »Bargeschäften des täglichen Lebens«. Die Regelung in § 164 II BGB wird für diese Fälle der Interesselosigkeit teleologisch reduziert. Dient das Offenkundigkeitsprinzip allein dem Schutz des Geschäftspartners (Interesse an der Person des Vertragspartners, dessen Zahlungsfähigkeit bzw. Kreditwürdigkeit) darf dieser Schutz dem Geschäftspartner bei mangelndem Interesse aber nicht aufgezwungen werden (Ausfluss der Privatautonomie). »Bargeschäfte des täglichen Lebens« sind solche, bei denen Leistung und Gegenleistung sofort bewirkt werden; es mithin auf die Frage der Solvenz des Vertragspartners nicht ankommt. Für die Zurechnung der Willenserklärung des Stellvertreters zum Vertretenen ist das Fehlen der Offenkundigkeit unbeachtlich, der Vertreter muss also mit Vertretungswillen, kann aber im eigenen Namen handeln.

Bei dem Erwerb der Münze handelte es sich zwar um ein Bargeschäft, aber nicht um ein solches des täglichen Lebens. Allein der Umstand, dass X den Kaufpreis von F sofort erhalten hat (Zug-um-Zug-Geschäft), könnte die Vermutung erzeugen, X sei es gleichgültig, ob M oder F sein Vertragspartner ist. Mit dem Institut des »Geschäftes für den, den es angeht«, wird zwar auf die Offenlegung des Vertretungsverhältnisses gegenüber X verzichtet, nicht aber auf den Willen des Handelnden, für den »Vertretenen« handeln zu wollen. Dieser Wille muss, da er letztlich als Anhaltspunkt für die Ausfüllung des Merkmals »im Namen des Vertretenen« herangezogen wird, erkennbar sein, zumindest müssen hierfür Anhaltspunkte bestehen. Ein Wille des F, das Eigentum sofort für M zu erwerben, ist zweifelhaft. F hat den Kaufpreis aus eigener Tasche vorgestreckt. Seinem Interesse entspricht es daher, seine Sicherheit (Eigentum an der Münze) erst dann aufzugeben, wenn ihm der Kaufpreis zurückerstattet worden ist. Anhaltspunkte für einen Willen des F, für M zu handeln, sind damit nicht nachweisbar. Die Voraussetzungen für ein sog. »Geschäft für den, den es angeht«, sind nicht gegeben. Alle Theorien lassen die Wirkungen des § 164 I BGB nicht eintreten. Die Streitfrage um die Zulässigkeit dieses Rechtsinstitutes kann somit dahingestellt bleiben. F hat nicht im Namen des M gehandelt, er ist selbst gem. § 929 BGB Eigentümer der Münze geworden.

c) M könnte das Eigentum jedoch von F erworben haben, § 929 BGB. Eine Übergabe der Münze von F an M und eine Einigung zwischen beiden hinsichtlich des Eigentumsüberganges auf S iSd § 929 BGB hat nach dem Eigentumserwerb des F ausdrücklich nicht stattgefunden.

aa) Möglich ist eine vorweggenommene Einigung und ein antizipiertes Besitzmittlungsverhältnis als Übergabeersatz, §§ 929, 930, 868 BGB. Bei diesen Instituten müsste bereits vor dem Eigentumserwerb des F eine Einigung iSd § 929 BGB zwischen M und F unter der aufschiebenden Bedingung erfolgt sein, dass F selbst Eigentum von dem Veräußerer X erlangen soll. Zur Begründung des weiterhin erforderlichen Besitzmittlungsverhältnisses iSd §§ 930, 868 BGB würde ebenfalls die vorherige Einigung zwischen M und F über ein bestimmtes Besitzkonstitut genügen. Doch we-

3 *Flume* BGB AT II § 44 II 2.

der ist eine vorweggenommene Einigung iSd § 929 BGB zwischen M und F ersichtlich, noch bestand ein dahingehendes Interesse des F. Dieser wollte vielmehr – wie bereits ausgeführt – bis zum Erhalt des Geldes von M eine Sicherheit haben, die ihm im weitesten Umfang das Eigentumsrecht gewährleistet.

bb) Die Einigungserklärungen zwischen F und M iSd § 929 BGB können letztlich noch gem. § 181 BGB durch ein sog. »In-sich-Geschäft« erfolgt sein. Dann müsste F für sich selbst und zugleich als Vertreter des M für diesen die Einigungserklärung über den Eigentumsübergang von sich auf M iSd § 929 BGB abgegeben und gleichzeitig die Einigung hinsichtlich eines Besitzmittlungsverhältnisses gem. § 868 BGB vorgenommen haben, sodass das Eigentum gem. §§ 929, 930 BGB auf M übergehen konnte. Wirksam wäre diese Erklärung des F für sich und M gem. § 181 BGB jedoch nur, wenn dem F dieses Selbstkontrahieren gestattet war oder in Erfüllung einer Verbindlichkeit erfolgt ist.

Die Erklärungen des F, das Eigentum von sich auf M übergehen zu lassen und für diesen aufgrund eines Besitzmittlungsverhältnisses zu besitzen, müssen – da nicht ausdrücklich erfolgt – irgendwie aus seinem Verhalten erkennbar geworden sein (§ 133 BGB). In dem Versuch, dem M die Münze zu übergeben, können solche Erklärungen nicht gesehen werden, denn damit wollte F lediglich seiner Verpflichtung aus § 667 BGB nachkommen. Der Umstand, dass F die Münze nicht der Frau des M übergab, sondern wieder mitnahm und in seinen Schreibtisch legte, spricht vielmehr eindeutig für seinen Willen, seine Sicherheit bis zum Erhalt der 7.000 EUR von M zu behalten. Die Überweisung des Geldes an F war zu diesem Zeitpunkt noch nicht erfolgt. Das Sicherungsinteresse des F bestand im Zeitpunkt des Übergabeversuches noch in vollem Umfang. Allein die Freundschaft zu M ergibt keinen Anhaltspunkt für eine Einigungserklärung des F iSd §§ 929, 930, 868 BGB. Sein Besuch bei M erfolgte nicht nur, um die Münze zu übergeben (dann hätte er sie dort gelassen), sondern primär, um sich sein Geld zu holen. Das Verhalten des F lässt somit nicht auf den Willen schließen, dem M das Eigentum zu übertragen und diesem den Besitz mitteln zu wollen. Fehlt es bereits an diesen Einigungsangeboten des F, braucht auf die Fragen, ob F diese Angebote für M angenommen hat und ob er hierzu berechtigt war, nicht eingegangen zu werden. Auch als sog. »In-sich-Geschäft« hat F das Eigentum nicht auf M übertragen.

3. M hat weder von X noch von F das Eigentum an der Münze erworben und kann aus § 985 BGB keinen Anspruch gegen E herleiten.

II. Da M weder Eigentümer noch mittelbarer Besitzer der Münze geworden ist, können Ansprüche gegen E aus **§§ 861 I, 858, 869 bzw. § 823 I, II BGB** unter dem Gesichtspunkt einer Besitzverletzung nicht geltend gemacht werden.

III. M möchte nicht gegen F vorgehen. Deshalb ist ein Anspruch des M gegen F auf Abtretung der Herausgabeansprüche des F gegen E nicht zu prüfen.

Zur Vertiefung: *Klinck,* Stellvertretung im Besitzerwerb, AcP 205 (2005), 487; *Lüderitz,* Prinzipien des Vertretungsrechts, JuS 1976, 765 f.; *Mock*, Grundfälle zum Stellvertretungsrecht, JuS 2008, 309; *Petersen,* Unmittelbare und mittelbare Stellvertretung, JURA 2003, 744; *Petersen,* Bestand und Umfang der Vertretungsmacht, JURA 2003, 310; *Schreiber*, Vertretungsrecht: Offenkundigkeit und Vertretungsmacht, JURA 1998, 606; *Werner/Neureither* 22 Probleme BGB AT, 12. Problem, 51 ff.; *Wirth,* »Die Vase und das Geld für den, für wen, oder an den, den es angeht?«, JuS-Lernbogen 1996, L 52.

24. Fall: Der Treppensturz

Sachverhalt

Einige Stufen der im Mehrfamilienhaus des Vermieters V befindlichen Holztreppe sind morsch und damit brüchig geworden. Am Wochenende wird V telefonisch von seiner Mieterin T, die im dritten Stock wohnt und im Erdgeschoß des Hauses einen Antiquitätenhandel betreibt, darauf aufmerksam gemacht und zur unverzüglichen Beseitigung dieses Zustandes aufgefordert. V weist sofort den bei ihm angestellten und von ihm sorgfältig ausgewählten Hausmeister H an, die Treppe zunächst notdürftig abzusichern und bis spätestens Mittwoch wieder instand zu setzen. Der ansonsten zuverlässige H unternimmt jedoch trotz seiner Zusage der sofortigen Absicherung und Reparatur der Treppe überhaupt nichts, behauptet aber dem 500 Kilometer entfernt wohnenden V auf dessen wiederholte telefonischen Anfragen hin wahrheitswidrig, er handele den Instruktionen entsprechend, dieser brauche sich keine Sorgen zu machen. Am Donnerstag stürzt die pflegebedürftige Mutter M der T, die diese mit Erlaubnis des V bis zur Bereitstellung eines Pflegeheimplatzes unentgeltlich bei sich aufgenommen hat, infolge einer plötzlich nachgebenden Stufe die Treppe hinunter und bricht sich ein Bein.

1. Hat die privat krankenversicherte M Ansprüche gegen V auf Ersatz der Behandlungskosten?

Enttäuscht von den Versäumnissen des H beauftragt V noch am selben Tag den Schreinermeister S mit der Ausbesserung der Treppe, der bei dieser Gelegenheit außerdem das Klemmen einer Bürotür in den Geschäftsräumen der T beheben soll. Als S am Freitag diese Tür bei T ausbaut, um sie am unteren Ende etwas abschleifen zu können, rutscht sie ihm infolge von Unaufmerksamkeit aus der Hand und fällt gegen eine antike Kommode, die unter Eigentumsvorbehalt des Lieferanten L steht und die T zu deren Schutz extra mehrere Meter von der Tür weggeschoben hatte. Die angesichts der erheblichen Beschädigung der Kommode völlig außer sich geratene T schreit S daraufhin wütend an. Dieser kann die Aufregung der T nicht nachvollziehen und ärgert sich schließlich so sehr über sie, dass er mit einem Schraubenzieher vorsätzlich ihre auf der Kommode liegende Handtasche verkratzt.

2. Da S mittlerweile insolvent geworden ist, möchten T und L wissen, ob sie von V Schadensersatz verlangen können.

Lösungsvorschlag

A. Schadensersatzansprüche der M wegen des gebrochenen Beines

I. M könnte einen Schadensersatzanspruch hinsichtlich der Behandlungskosten gegen V aus § 536a I Var. 3. BGB haben.

Dieser Anspruch setzt zunächst einen wirksamen Mietvertrag gem. §§ 535 BGB zwischen M und V voraus. Ein solcher besteht jedoch nur zwischen T und V, sodass M allein aus § 536a I Var. 3. BGB keine Rechte herleiten kann.

II. Ihr könnte aber ein Schadensersatzanspruch gegen V aus § 536a I Var. 3 BGB in Verbindung mit den Grundsätzen des **Vertrages mit Schutzwirkung zugunsten Dritter** zustehen.

Dieses im Anschluss an *Larenz* so bezeichnete Institut wurde von der Rechtsprechung entwickelt, um eine Einbeziehung schutzbedürftiger Dritter in ein bestehendes (Vor-)Vertragsverhältnis zu ermöglichen, für Fälle einer gesteigerten Fürsorgepflicht eines der Vertragspartner gegenüber einem Dritten. Der Einschluss des Dritten in den Bereich vertraglicher Schutzpflichten soll die Unzulänglichkeit des Deliktsrechts ausgleichen, dessen Schwächen sich – gegenüber vertraglicher Haftung – insbesondere in der erleichterten Exkulpationsmöglichkeit hinsichtlich der Haftung für den Verrichtungsgehilfen nach § 831 BGB und dem Fehlen eines umfassenden Vermögensschutzes zeigen.[1] Die Rechtsgrundlage für einen Vertrag mit Schutzwirkung zugunsten Dritter wird von der stRspr aus einer ergänzenden Auslegung eines insoweit lückenhaften Vertrages gem. §§ 133, 157 BGB hergeleitet.[2] Die Literatur geht überwiegend davon aus, dass es sich um eine auf § 242 BGB beruhende Fortbildung des dispositiven Rechts handle.[3] Nach Einfügung des § 311 BGB finden andere eine Andeutung dieses Rechtsinstituts nun in dem weiten Wortlaut des § 311 III 1 BGB.[4] Wenngleich auch die Rechtsgrundlage des Vertrages mit Schutzwirkung zugunsten Dritter umstritten ist, so besteht doch Einigkeit über den Inhalt eines solchen Vertrages. Anders als der echte Vertrag zugunsten Dritter nach § 328 BGB räumt er dem Dritten keinen eigenen Anspruch auf die vereinbarte Leistung ein, sondern bezieht diesen in die vertraglichen Sorgfalts- und Obhutspflichten in der Weise ein, dass er bei deren Verletzung vertragliche Schadensersatzansprüche geltend machen kann.[5]

1 RGZ 87, 64 (65); 91, 21 (24); 102, 231 (233); BGHZ 49, 350 (353) = NJW 1968, 885; Palandt/*Grüneberg* § 328 Rn. 13; *Fikentscher/Heinemann* SchuldR § 37 VII. Rn. 260; *Medicus/Petersen* BürgerlR Rn. 839 (Abgrenzung zur Drittschadensliquidation); *Gernhuber*, FS Nickisch, 1958, 249; *Larenz* SchuldR AT I § 17 II S. 225; *ders.* NJW 1956, 1193 (1194); 1960, 78.

2 RGZ 127, 218 (222); BGHZ 56, 269 (273) = NJW 1971, 1931; BGH NJW 1977, 2073 (2074); 1984, 355 (356); 1987, 1758 (1759); 2004, 3035 (3036); 2014, 2345; Palandt/*Grüneberg* § 328 Rn. 14.

3 MüKoBGB/*Gottwald* § 328 Rn. 167; *Jacoby/v. Hinden* Vor § 328 Rn. 9; Jauernig/*Stadler* § 328 Rn. 21; Staudinger/*Klumpp*, 2015, § 328 Rn. 92 mwN; *Brox/Walker* SchuldR AT § 33 Rn. 6; *Larenz* SchuldR AT I § 17 II S. 227; *Zenner* NJW 2009, 1030 (1034).

4 *Looschelders* SchuldR AT Rn. 162; *Medicus/Lorenz* SchuldR AT Rn. 867, 874; *Canaris* JZ 2001, 499 (520); *Hübner/Sagan* JA 2013, 741 (743); *Schwab* JuS 2002, 872 (873); *Teichmann* BB 2001, 1485 (1492).

5 BGHZ 49, 350 (353) = NJW 1968, 885; BGH NJW 1959, 1676 (1677); 2012, 3165; Erman/*H. P. Westermann* § 328 Rn. 11; Palandt/*Grüneberg* § 328 Rn. 12; *Larenz* NJW 1956, 1193 (1194); *W. Lorenz* JZ 1960, 108 (109); *Sonnenschein* JA 1979, 225 (226).

Demnach[6] kann M hier den vertraglichen Schadensersatzanspruch des § 536a I Var. 3 BGB geltend machen, wenn sie neben den Voraussetzungen dieser Norm in den Schutzbereich des zwischen T und V bestehenden Mietvertrages einbezogen ist.

1. Es muss sich also bei diesem Mietvertrag um einen Vertrag mit Schutzwirkung zugunsten der M handeln.

a) Erste Voraussetzung ist die **Leistungsnähe,** dh der Dritte muss mit der Leistung des Schuldners bestimmungsgemäß in gleicher Weise in Kontakt kommen wie der Gläubiger und ebenso den Gefahren von Schutzpflichtverletzungen ausgesetzt sein.[7] Die Dritte M gebrauchte die vom Schuldner V an die Gläubigerin T vermietete Wohnung wie diese und war damit in gleicher Weise den Gefahren von Schutzpflichtverletzungen ausgeliefert. Das Merkmal der Leistungsnähe ist gegeben.

b) Ferner muss der Gläubiger (hier die Mieterin T) ein **Interesse an der Einbeziehung des Dritten** (hier der M) haben, wobei umstritten ist, wie dieses auszusehen hat. Insbesondere darf die Grenze zum Deliktsrecht nicht konturlos verschwimmen.

Nach der früheren Rechtsprechung des Bundesgerichtshofes und einem Teil der Literatur ist das Einbeziehungsinteresse auf ein **Fürsorgeverhältnis** zwischen dem Gläubiger und dem Dritten mit personenrechtlichem Einschlag zu beschränken, aufgrund dessen der Gläubiger für das Wohl und Wehe des Dritten mitverantwortlich ist, weil er ihm zu Schutz und Fürsorge verpflichtet ist.[8]

Mittlerweile hat die Rechtsprechung mit Zustimmung des anderen Teils der Literatur in einigen Fällen auch ein rein vertragliches Interesse als ausreichend erachtet, wenn die Leistung nach dem Vertragsinhalt *bestimmungsgemäß* dem Dritten zugutekommen soll oder sich aus den Umständen des Falles sonstige konkrete Anhaltspunkte für einen auf Schutz des Dritten gerichteten Parteiwillen ergeben.[9] So soll zB im Mietrecht jeder Dritte schutzwürdig sein, der am Gebrauch der Mietsache teilhat oder ihn anstelle des Mieters ausübt.[10]

Für die vorliegende Fragestellung erfordert dieser Streit jedoch aufgrund der Tatsache keine Entscheidung, dass zwischen der Gläubigerin T und ihrer Mutter M wegen de-

---

6 **Klausurtipp**: Für die praktische Anwendung ist die dogmatische Herleitung ohne Bedeutung und kann knapp gehalten werden.

7 BGHZ 2, 94 (97) = NJW 1951, 596; BGHZ 49, 350 (354) = NJW 1968, 885; BGHZ 70, 327 (329) = NJW 1978, 883; *Jacoby/v. Hinden* Vor § 328 Rn. 10; Palandt/*Grüneberg* § 328 Rn. 17; *Medicus/Petersen* BürgerlR Rn. 844.

8 BGHZ 51, 91 (96) = NJW 1969, 269; BGHZ 56, 269 (273) = NJW 1971, 1931; BGH NJW 1970, 38 (40); JA 1978, 69 (70); *Berg* NJW 1978, 2018 (2019); *v. Caemmerer,* FS Wieacker, 1978, 319; *Honsell* JZ 1985, 952 (953); *Littbarski* NJW 1984, 1667 (1669); *Medicus/Petersen* BürgerlR Rn. 845 und 842; *Musielak* VersR 1977, 973 (976); *Rebe* JA 1979, 148 (149).

9 BGHZ 69, 82 (86) = NJW 1977, 1916; BGH NJW 1976, 1843 (1844); 1983, 1053 (1054); 1984, 355 (356); 1985, 489 (489); 2012, 3165; BGH WM 1989, 375 (376); Erman/*H. P. Westermann* § 28 Rn. 13 ff.; Jauernig/*Stadler* § 328 Rn. 25; Palandt/*Grüneberg* § 328 Rn. 17a; MüKoBGB/*Gottwald* § 328 Rn. 183 ff. (diff. nach mittelbaren und unmittelbaren Vertragsauswirkungen für den Dritten); Soergel/*Hadding* Anh. § 328 Rn. 15; *Hopt* NJW 1987, 1745 (1746); *Müssig* NJW 1989, 1697 (1699); *Strauch* JuS 1982, 823 (827).

10 BGHZ 49, 350 (354) = NJW 1968, 885; BGHZ 61, 227 (233) = NJW 1973, 2059; BGHZ 71, 175 (178) = NJW 1978, 1426; BGHZ 77, 116 (124) = NJW 1980, 1947; BGH NJW 1956, 1193 (1194); VersR 1983, 441 (442); Erman/*H. P. Werstermann* § 328 Rn. 31; Jauernig/*Stadler* § 328 Rn. 25, 32 (Wohnraummiete), 33 (Gewerbemiete); MüKoBGB/*Gottwald* § 328 Rn. 183, 236; Palandt/*Grüneberg* § 328 Rn. 28; *Larenz* SchuldR AT I § 17 II (S. 227 [228]); *Looschelders* SchuldR AT Rn. 165 – Mitbewohner, nicht Besucher und Gäste.

ren Pflegebedürftigkeit ein von beiden Meinungen für ein Interesse an der Einbeziehung des Dritten als ausreichend erachtetes personenrechtliches Fürsorgeverhältnis besteht.

c) Dritte Voraussetzung für die Annahme eines Vertrages mit Schutzwirkung zugunsten Dritter ist die **Erkennbarkeit einer Einbeziehung** des Dritten für den Schuldner. Letztere muss von seinem Vertragswillen erfasst sein.[11] Hier hat V der T die Erlaubnis zur vorübergehenden Aufnahme ihrer Mutter M erteilt und sich bewusst mit deren Einbeziehung in den Schutzbereich des Mietvertrages zwischen ihm und T einverstanden erklärt.

d) Schließlich besteht das Erfordernis der **Schutzbedürftigkeit des Dritten**, dh dieser darf nicht bereits aus einem anderen Rechtsgrund eigene vertragliche Ansprüche haben.[12] Vertragliche Ansprüche der Dritten M könnten vorliegend allenfalls aus einem Untermietverhältnis resultieren. Nach dem Sachverhalt liegt ein solches aber wegen der Unentgeltlichkeit der Gebrauchsgewährung der Wohnung der T an M gerade nicht vor, sodass mangels eigener vertraglicher Ansprüche der M ihre Schutzbedürftigkeit zu bejahen ist.

e) Demzufolge handelt es sich bei dem Mietvertrag zwischen T und V um einen Vertrag mit Schutzwirkung zugunsten der M.

2. Neben dem hier gegebenen wirksamen Mietvertrag erfordert ein Anspruch aus § 536a I Var. 3 BGB einen **Mangel der Mietsache** iSd § 536 BGB.

Bei der Raummiete umfasst der Begriff der Mietsache außer den gemieteten Räumen die Grundstücks- und Gebäudeteile, die zur gemeinschaftlichen Benutzung durch die Mieter sowie zum Zugang der Mieträume bestimmt sind,[13] sodass auch die hier in Rede stehende Holztreppe erfasst wird.

Fraglich ist jedoch, inwieweit diese Mietsache mit einem Mangel gem. § 536 I BGB behaftet ist. Ein solcher Fehler ist eine für den Mieter nachteilige Abweichung des tatsächlichen Zustandes der Mietsache von der vertraglich geschuldeten, die den Gebrauchswert erheblich mindert.[14] Die Holztreppe im Haus des V ist infolge ihrer Morschheit brüchig geworden und kann damit tatsächlich den vertragsgemäßen Gebrauch nicht mehr gewährleisten, der einen sicheren und begehbaren Zugang zu den von T gemieteten Räumen erfordert.

Demnach liegt ein nicht nur unerheblicher Mangel der Mietsache iSd § 536 I BGB vor.

---

11 BGHZ 49, 350 (354) = NJW 1968, 885; BGHZ 66, 51 (57) = NJW 1976, 712; BGHZ 75, 321 (323) = NJW 1980, 589; BGHZ 133, 168 (173 f., 176) = NJW 1996, 2927 (2929); BGH NJW 1969, 269 (272); 1976, 1843 (1844); 1985, 2411 (2411); 1996, 2927 (2929); WM 1984, 1233 (1234); *Jacoby/v. Hinden* Vor § 328 Rn. 10 (Einbeziehung Dritter muss lediglich erkennbar sein, nicht namentlich bekannt); Palandt/*Grüneberg* § 328 Rn. 18; *Larenz* SchuldR AT I § 17 II S. 227; aA *Strauch* JuS 1982, 823 (827). Krit. zur Rechtsprechung (unbekannte Vielzahl Personen) Erman/*H. P. Westermann* § 328 Rn. 15a f.; *H. P. Westermann* AcP 208 (2008), 154 ff.

12 BGHZ 70, 327 (330) = NJW 1978, 883; BGHZ 129, 169 mwN = NJW 1995, 1735; BGHZ 133, 168 (173 f., 176) = NJW 1996, 2927; BGH WM 2011, 911; NJW 2014, 2577 (2578); Jauernig/*Stadler* § 328 Rn. 27; Palandt/*Grüneberg* § 328 Rn. 18; *Looschelders* SchuldR AT Rn. 169 (Beispiel: Untermieter); aA *Berg* NJW 1978, 2018 (2019).

13 BGH VersR 1965, 364 (365); NJW 1967, 154; Staudinger/*Emmerich*, 2014, § 535 Rn. 7 ff.

14 BGH MDR 1964, 229; Erman/*Jendrek* § 537 Rn. 3; Staudinger/*Emmerich*, 2014, § 536 Rn. 5; *Trenk-Hinterberger* JuS 1975, 501 (503).

3. Mit der Beseitigung dieses Mangels müsste V in Verzug gekommen sein.

a) Ein Schuldnerverzug nach § 286 BGB setzt zunächst den Bestand eines fälligen, durchsetzbaren Anspruchs des Gläubigers voraus. Bei einem Mietvertrag hat der Mieter gem. § 535 I 2 BGB einen Anspruch darauf, dass der Vermieter die Mietsache während der Mietzeit in vertragsmäßigem Zustand erhält. Dieser Anspruch ist nach § 271 I BGB – zumindest bei beschädigten Teilen – sofort fällig. Einreden des Vermieters V gegen einen solchen Anspruch seiner Mieterin T hinsichtlich der beschädigten Treppe sind nicht ersichtlich. Das Erfordernis eines fälligen, durchsetzbaren Anspruchs der T gegen V ist erfüllt.

b) Die weiter notwendige Mahnung des V durch T ist mit der bestimmten und dringenden Leistungsaufforderung zur unverzüglichen Instandsetzung der Treppe erfolgt.

c) Dennoch ist seitens des V die geschuldete Leistung nicht rechtzeitig erbracht worden.

d) Zweifelhaft ist jedoch, inwieweit V dies nach § 286 IV BGB zu vertreten hat.[15]

aa) Gemäß § 276 I BGB hat der Schuldner Vorsatz und Fahrlässigkeit zu vertreten. Vorliegend hat V aber sofort den zuverlässigen H mit der unverzüglichen Reparatur der Treppe beauftragt und ihn im Rahmen seiner Möglichkeiten überwacht. In diesem Verhalten des V kann kein eigenes Verschulden iSd § 276 I BGB gesehen werden.

bb) Es könnte ihm allerdings über § 278 S. 1 BGB ein Verschulden seines Hausmeisters H zugerechnet werden, wenn H **Erfüllungsgehilfe** des V war. Erfüllungsgehilfe ist, wer nach den tatsächlichen Gegebenheiten des Falles mit dem Willen des Schuldners bei der Erfüllung einer diesem obliegenden Verbindlichkeit als seine Hilfsperson tätig wird.[16] Dabei muss die von ihm verrichtete Tätigkeit in Erfüllung einer Verbindlichkeit des Schuldners geschehen, dh im Bereich des vom Schuldner geschuldeten Gesamtverhaltens liegen.[17] Der Hausmeister H sollte hier zwar nach dem Willen des V bei der Erfüllung der diesem obliegenden, aus dem Mietvertrag resultierenden Verbindlichkeit zur Instandsetzung der Treppe als seine Hilfsperson tätig werden, tat dies aber nicht. Die Haftung des Schuldners über § 278 S. 1 BGB greift jedoch auch dann ein, wenn der von ihm eingesetzte Erfüllungsgehilfe untätig bleibt.[18] H ist somit Erfüllungsgehilfe des V, sodass sein Vorsatz im Hinblick auf das Unterlassen der Reparatur der Treppe dem V über § 278 S. 1 BGB zuzurechnen ist.

e) Demnach liegt ein Schuldnerverzug des V nach § 286 BGB mit der Beseitigung dieses Mangels vor.

4. Damit sind die Voraussetzungen eines Anspruchs der M gegen V aus § 536a I Var. 3. BGB erfüllt.

15 Zu dieser Voraussetzung vgl. 13. Fall, dort Fn. 8.

16 BGHZ 13, 111 (113) = NJW 1954, 1193; BGHZ 50, 32 (35) = NJW 1968, 1569; BGHZ 62, 119 (124) = NJW 1974, 692; BGHZ 98, 330 (334) = NJW 1987, 1323; *Jacoby/v. Hinden* § 278 Rn. 6; Palandt/*Grüneberg* § 278 Rn. 7.

17 BGHZ 23, 319 (323) = NJW 1957, 709; Palandt/*Grüneberg* § 278 Rn. 12; Staudinger/*Caspers*, 2014, § 278 Rn. 34; *Fikentscher/Heinemann* SchuldR § 54 I. 7. Rn. 519; *Larenz* SchuldR AT I § 20 VIII S. 302; vgl. zu der in diesem Zusammenhang auftretenden, aber hier nicht relevanten Streitfrage der genauen Begriffsbestimmung unten Ziffer B. I. 3.

18 BGHZ 23, 319 (323) = NJW 1957, 709; BGH VersR 1965, 364 (365); *Kaiser/Rieble* NJW 1990, 218 (219); Palandt/*Grüneberg* § 278 Rn. 12.

5. Ein Ausschluss dieses Anspruchs kommt weder nach § 536b BGB noch nach § 536c II 2 BGB in Betracht.

6. Als Rechtsfolge sieht § 536a I BGB Schadensersatz vor. Ein solcher Anspruch umfasst sowohl den Mangel-, als auch den Mangelfolgeschaden.[19] Dementsprechend kann M Ersatz für ihre infolge des Mangels eingetretenen Körper- und Gesundheitsschäden verlangen.[20] Dabei ist allerdings ein eventuelles Mitverschulden der M nach § 254 BGB anspruchsmindernd zu berücksichtigen.

M hat somit einen Schadensersatzanspruch im Hinblick auf die Behandlungskosten gegen V aus § 536a I Var. 3 BGB in Verbindung mit den Grundsätzen des Vertrages mit Schutzwirkung zugunsten Dritter. Die Verjährung dieses Anspruchs richtet sich nicht nach § 548 BGB (sechs Monate), sondern nach § 195 BGB (drei Jahre).

III. Fraglich ist, ob M auch einen solchen Schadensersatzanspruch gegen V aus § 823 I BGB hat.

Dazu müsste V eines der durch § 823 I BGB geschützten Rechtsgüter der Anspruchstellerin M widerrechtlich und schuldhaft verletzt haben.

1. Mit dem gebrochenen Bein liegt eine **Rechtsgutsverletzung** der M in Form einer Körper- und Gesundheitsverletzung vor.

2. Diese muss durch ein dem Anspruchsgegner V **zuzurechnendes Verhalten** eingetreten sein. Als solches Verhalten kommt hier eine Verletzung der den V als Eigentümer des Hauses treffenden Verkehrssicherungspflicht[21] durch das Unterlassen der Absicherung und rechtzeitigen Instandsetzung der schadhaften Treppe in Betracht. V hat seine diesbezügliche Verkehrssicherungspflicht jedoch spätestens mit der Beauftragung seines Hausmeisters H zur Durchführung der notwendigen Maßnahmen auf diesen übertragen. Durch die Übertragung der Verkehrssicherungspflicht auf einen anderen wird der Übernehmende selbst deliktsrechtlich verantwortlich, wohingegen sich die Verkehrssicherungspflicht des Delegierenden auf eine Kontroll- und Überwachungspflicht verengt.[22] Diese allgemeine Aufsichtspflicht besteht dann in der fortlaufenden Überwachung des Übernehmenden und bestimmt sich in ihrem Umfang nach den Umständen des Einzelfalls.[23] V hat seinen Hausmeister H mehrfach durch telefonische Anfragen kontrolliert. Eine persönliche Überwachung war dem V wegen der großen Entfernung von 500 Kilometern und aufgrund der Tatsache nicht zuzumuten, dass H sich bisher immer als zuverlässig erwiesen hat. Also hat V selbst die ihn treffende Verkehrssicherungspflicht nicht verletzt.

---

19 BGH NJW 1971, 424 (425); NJW-RR 1991, 970; Erman/*Lützenkirchen* § 536a Rn. 13 f.; Palandt/*Weidenkaff* § 536a Rn. 14; *Peters* NJW 1978, 665 (670); Staudinger/*Emmerich*, 2014, § 536a Rn. 19; aA *Todt* BB 1971, 680 (682), der den Ersatz der Mangelfolgeschäden nur nach den Regeln der pFV gewähren will.

20 Vgl. dazu auch BGH NJW 1962, 908 (909) und Erman/*Lützenkirchen* § 536a Rn. 13 f.

21 **Definition:** Wer eine Gefahrenquelle schafft oder unterhält und die Möglichkeit hat, diese zu beherrschen, muss die notwendigen Vorkehrungen zum Schutz Dritter schaffen. Zur Verkehrssicherungspflicht *Jacoby/v. Hinden* § 823 Rn. 22; Palandt/*Sprau* § 823 Rn. 45 ff.

22 BGHZ 11, 151 (155 f.) = BeckRS 1953, 30378129; BGH NJW 1985, 484 (484 f.); 1987, 2671 (2673); NJW-RR 1989, 394 (395); MüKoBGB/*Wagner* § 823 Rn. 380; Palandt/*Sprau* § 823 Rn. 50; Soergel/*Krause* Anh. II § 823 Rn. 57.

23 BGH BB 1957, 15; DB 1987, 1838; BGH NJW-RR 1989, 394; BGH VersR 2014, 78 Rn. 16; Palandt/*Sprau* § 823 Rn. 50, 52.

Damit stellt sich die Frage, inwieweit ihm das Unterlassen der Absicherung und der Reparatur der Treppe durch H zugerechnet werden kann. Über § 278 S. 1 BGB kann zwar entgegen seinem Wortlaut nicht nur ein Verschulden, sondern auch eine Pflichtverletzung eines Erfüllungsgehilfen zugerechnet werden. Diese Zurechnungsnorm ist aber im Rahmen des Rechts der unerlaubten Handlungen nicht anwendbar,[24] sodass dem V die Verkehrssicherungspflichtverletzung des H nicht zugerechnet werden kann. Es fehlt somit an einem dem Anspruchsgegner V zurechenbaren, für die Rechtsgutsverletzung der M ursächlichen Verhalten.

IV. Aus demselben Grund scheidet auch ein solcher Anspruch der M gegen V aus § 823 II BGB in Verbindung mit § 229 StGB aus.

V. M könnte jedoch einen Schadensersatzanspruch im Hinblick auf die Behandlungskosten gegen V aus § 831 I 1 BGB haben.

Voraussetzung ist, dass H als Verrichtungsgehilfe des Geschäftsherrn V der Dritten M in Ausführung der Verrichtung widerrechtlich einen Schaden zugefügt hat.

1. Verrichtungsgehilfe ist, wer mit Wissen und Wollen des Geschäftsherrn in dessen Interesse tätig wird und von dessen Weisungen abhängig ist.[25] Für das Weisungsrecht ist dabei ausreichend und erforderlich, dass der Geschäftsherr die Tätigkeit des Handelnden jederzeit beschränken, untersagen oder nach Zeit und Umfang bestimmen kann.[26] Als bei V angestellter Hausmeister ist H in diesem Sinne weisungsabhängig und sollte mit dessen Wissen und Wollen gerade auch im Hinblick auf die schadhafte Treppe im Interesse des V tätig werden.

2. Weiter muss der Verrichtungsgehilfe H eine **tatbestandsmäßige unerlaubte Handlung** begangen haben. Vorliegend führte das Unterlassen der dem H seitens des diesbezüglichen Garanten V aufgetragenen Absicherung und Instandsetzung der Treppe bis spätestens Mittwoch zu der am Donnerstag eingetretenen Verletzung des Körpers und der Gesundheit der M. Damit ist eine tatbestandsmäßige unerlaubte Handlung des H gegeben.

3. Fraglich ist aber, ob diese in einem Unterlassen bestehende Handlung des H **in Ausführung der Verrichtung** erfolgte. Das ist nur dann der Fall, wenn ein unmittelbarer innerer Zusammenhang zwischen der dem Gehilfen aufgetragenen Verrichtung und der schädigenden Handlung besteht.[27] Dieser Zusammenhang ist auch bei der Nichterfüllung einer allgemeinen Verkehrssicherungspflicht zu bejahen, sodass die Handlung des H demnach in Ausführung der Verrichtung geschah.

4. Sie war mangels des Eingreifens von Rechtfertigungsgründen auch **rechtswidrig.**

5. Schließlich darf der Geschäftsherr nicht den **Entlastungsbeweis (Exkulpation)** nach § 831 I 2 BGB führen können. Der Geschäftsherr V kann sich jedoch für seinen

24 BGHZ 1, 248 (249) = NJW 1951, 477; BGHZ 4, 1 (3 f.) = FHZivR 2 Nr. (E 120 Erg.); Erman/*H. P. Westermann* § 278 Rn. 3; Palandt/*Grüneberg* § 278 Rn. 2; Palandt/*Sprau* § 823 Rn. 55.

25 BGH WM 1989, 1047 (1050); *Jacoby/v. Hinden* § 831 Rn. 2; Palandt/*Sprau* § 831 Rn. 5 (mit Beispielen in Rn. 6); Staudinger/*Belling*, 2012, § 831 Rn. 101 ff.; *Brox/Walker* SchuldR BT § 48 Rn. 3; *Medicus/Petersen* BürgerlR Rn. 811.

26 BGHZ 45, 311 (313) = NJW 1966, 924; BGH NJW 2013, 1002 Rn. 15; Palandt/*Sprau* § 831 Rn. 5; Staudinger/*Belling*, 2012, § 831 Rn. 102.

27 BGH NJW 1971, 31 (32); NJW-RR 1989, 723 (725); Erman/*Schiemann* § 831 Rn. 11; MüKo-BGB/*Wagner* § 831 Rn. 25; Palandt/*Sprau* § 831 Rn. 9; Soergel/*Krause* § 831 Rn. 31; Staudinger/*Belling*, 2012, § 831 Rn. 123 ff.

Verrichtungsgehilfen H insofern exkulpieren, als er die Vermutung seines eigenen Verschuldens dadurch widerlegt, als er den H sorgfältig ausgewählt und überwacht hat.

6. Demzufolge ist ein Schadensersatzanspruch der M gegen V aus § 831 I 1 BGB ausgeschlossen.

VI. M kann einen Ersatz ihrer Behandlungskosten von V also nur aus § 536a I Var. 3 BGB in Verbindung mit den Grundsätzen des Vertrages mit Schutzwirkung zugunsten Dritter verlangen.

B. Schadensersatzansprüche der T wegen der Beschädigung der Handtasche

I. T könnte einen Schadensersatzanspruch gegen V wegen der Beschädigung ihrer Handtasche aus § 280 I BGB haben.

1. Ein Schuldverhältnis zwischen T und V im Zeitpunkt der Verletzungshandlung liegt mit dem Bestehen eines wirksamen Mietvertrages nach § 535 BGB vor.

2. Weiter müsste V eine ihm aus diesem Mietvertrag gegenüber der T obliegende Pflicht verletzt haben. Nach § 535 I 2 BGB ist V seiner Mieterin T gegenüber verpflichtet, die Mietsache während der Mietzeit in vertragsmäßigem Zustand zu erhalten. Aus diesem Grunde hatte V das Klemmen der Bürotür in den von T gemieteten Geschäftsräumen zu beseitigen. Bei der Erfüllung dieser Pflicht musste V nach Treu und Glauben gem. § 241 II BGB alles unterlassen, was zu einer Schädigung der T und ihrer Rechtsgüter führen könnte.[28]

Zwar hat V selbst keine solche Sorgfaltspflichtverletzung begangen, doch stellt sich die Frage, inwieweit ihm das schädigende Verhalten des Schreinermeisters S zugerechnet werden kann. Als Zurechnungsnorm kommt insofern § 278 S. 1 BGB in Betracht.[29] Dazu ist erforderlich, dass S als Erfüllungsgehilfe des V, in Erfüllung einer Verbindlichkeit, schuldhaft tätig wurde. S war mit dem Willen des Schuldners V bei der Erfüllung der diesem aus dem Mietvertrag gegenüber der T obliegenden Verbindlichkeit, der Instandsetzung der Bürotür, tätig und somit Erfüllungsgehilfe des V.

Fraglich ist allerdings, inwieweit sein schädigendes Verhalten, das im vorsätzlichen Verkratzen der Handtasche der T mit einem Schraubenzieher bestand, noch in Erfüllung der Verbindlichkeit des V geschah. Wann die Tätigkeit des Erfüllungsgehilfen noch derart im Bereich des vom Schuldner geschuldeten Gesamtverhaltens liegt, ist im Einzelnen umstritten. Nach der wohl hM fehlt es an dem dafür erforderlichen inneren sachlichen Zusammenhang, wenn der Erfüllungsgehilfe die schuldhafte Handlung nur bei Gelegenheit der Vertragserfüllung beging.[30] Das soll insbesondere dann

28 **Hinweis:** Mit dem Schuldrechtsmodernisierungsgesetz und der Einführung des § 241 II BGB zum 1.1.2002 ist die vormalige Ableitung der Pflicht zur Rücksichtnahme auf die Belange des Gläubigers aus § 242 BGB hinfällig geworden. Eine sachliche Änderung der Rücksichtnahmepflichten ist damit nicht bewirkt worden, MüKoBGB/*Bachmann* § 241 Rn. 46.

29 Zu dessen Voraussetzungen im Einzelnen vgl. oben Ziffer A. II. 3d bb.

30 RGZ 63, 341 (343); BGHZ 23, 319 (323) = NJW 1957, 709; BAG MDR 1961, 355 (356); BGH NJW 1965, 1709 (1710); VersR 1966, 1154 (1155); Jauernig/*Stadler* 278 Rn. 12 (Gelegenheitsdelikte); MüKoBGB/*Grundmann* § 278 Rn. 46; Palandt/*Grüneberg* § 278 Rn. 20; Staudinger/*Caspers*, 2014, § 278 Rn. 51; *Fikentscher/Heinemann* SchuldR § 54 I. 7. Rn. 519; *Larenz* SchuldR AT I § 20 VIII S. 302; *Zunft* AcP 153 (1953), 373 (378).

der Fall sein, wenn der mit einer Reparatur Beauftragte bei Ausführung der Arbeit stiehlt oder den Gläubiger misshandelt.[31] Dementsprechend kann auch im vorliegenden Fall dem V die Beschädigung der Handtasche durch S nicht über § 278 S. 1 BGB zugerechnet werden, weil zwischen der Türreparatur und der Beachtung von Sorgfaltspflichten auf der einen und der Sachbeschädigung als vorsätzlicher unerlaubter Handlung auf der anderen Seite kein innerer sachlicher Zusammenhang mehr besteht. Demgegenüber geht eine vielfach in der Literatur vertretene Meinung davon aus, es genüge, wenn der Gehilfe in den Obligationsbereich eingeschaltet wird und dadurch Gelegenheit erhält, nachteilig auf Interessen und Rechtsgüter des Vertragspartners einzuwirken.[32] Danach wäre dem V das vorsätzliche Verhalten des S über § 278 S. 1 BGB insoweit zuzurechnen, als die Sachbeschädigung sich noch in dem Bereich ereignete, in dem allein aufgrund des Vertrages eine Einwirkungsmöglichkeit des V auf die Rechtsgüter der T bestand.

Infolge dieser unterschiedlichen Ergebnisse für den vorliegenden Fall wird eine Streitentscheidung erforderlich. Gegen die letztgenannte Ansicht spricht zum einen, dass sie bei der heutigen Häufigkeit des Einsatzes von Erfüllungsgehilfen im Geschäftsverkehr zu einer nicht mehr vertretbaren Ausuferung der Haftung des Schuldners führt. Zum anderen ist entscheidend zu berücksichtigen, dass den Schuldner grundsätzlich keine allgemeine Vertragspflicht trifft, eigene vorsätzliche unerlaubte Handlungen gegen den Gläubiger zu unterlassen. Da § 278 S. 1 BGB aber nur soweit ein pflichtwidriges, schuldhaftes Verhalten des Erfüllungsgehilfen zurechnen soll, als den Schuldner für sein eigenes Verhalten eine vertragliche Haftpflicht träfe, muss seine vertragliche Haftung für Delikte des Erfüllungsgehilfen bei Gelegenheit der Erfüllung ausgeschlossen sein. Mit der hM ist daher davon auszugehen, dass eine Zurechnung der vorsätzlichen Beschädigung der Handtasche durch S gegenüber dem V über § 278 S. 1 BGB nicht erfolgen kann.

3. Demzufolge hat T mangels Pflichtverletzung des V keinen Schadensersatzanspruch aus § 280 I BGB gegen ihn wegen der Beschädigung ihrer Handtasche durch S.

II. Für einen Anspruch der T gegen V aus § 823 I BGB liegt zwar eine Eigentumsverletzung vor, doch fehlt es an einem dafür ursächlichen, dem Anspruchsgegner V zuzurechnenden Verhalten.

III. Aus demselben Grunde besteht auch kein Anspruch der T gegen V aus § 823 II BGB iVm § 303 StGB.

IV. Schließlich kommt noch ein Schadensersatzanspruch der T gegen V wegen der Beschädigung ihrer Handtasche aus § 831 I 1 BGB in Betracht.

Dann müsste S **Verrichtungsgehilfe** des V gewesen sein. Wie bereits ausgeführt, ist für den Begriff des Verrichtungsgehilfen das Merkmal der Weisungsabhängigkeit vom Geschäftsherrn kennzeichnend. Als selbstständiger Handwerksmeister kann S aber in eigener Verantwortung über seine Person verfügen sowie Zeit und Umfang seiner

---

31 OLG Hamburg MDR 1977, 752; *Larenz* SchuldR AT I § 20 VIII S. 302; Palandt/*Grüneberg* § 278 Rn. 22; *Westermann* JuS 1961, 382.

32 Erman/*H. P. Westermann* § 278 Rn. 41; Soergel/*Wolf* § 278 Rn. 37–41; *Brox/Walker* SchuldR AT § 20 Rn. 20; *Medicus/Lorenz* SchuldR AT Rn. 382; *Looschelders* SchuldR AT Rn. 506; *Köpcke,* Typen der positiven Vertragsverletzung, 1965, 120 ff.; *Rathjen* JR 1979, 232 (236); *Schmidt* AcP 170 (1970), 502 (513).

Tätigkeit selbst frei bestimmen.[33] Mangels Weisungsabhängigkeit ist er also nicht als Verrichtungsgehilfe des V anzusehen.

Demgemäß hat T auch keinen Anspruch gegen V wegen der Beschädigung ihrer Handtasche aus § 831 I 1 BGB.

V. Somit hat T keinerlei Schadensersatzansprüche gegen V im Hinblick auf ihre beschädigte Handtasche.

C. Schadensersatzansprüche des L und der T wegen der Beschädigung der Kommode

I. Ansprüche des L aus eigenem Recht

1. L könnte einen Schadensersatzanspruch gegen V wegen der Beschädigung seiner Kommode gem. § 280 I BGB in Verbindung mit den Grundsätzen des Vertrages mit Schutzwirkung zugunsten Dritter haben.

a) Fraglich ist, ob zwischen L und V zum Zeitpunkt der Verletzungshandlung ein Schuldverhältnis bestanden hat. Dies ist dann der Fall gewesen, wenn es sich bei dem Mietvertrag zwischen T und V nach § 535 BGB um einen **Vertrag mit Schutzwirkung** zugunsten des L handelt.[34]

aa) Zunächst müsste der Dritte L mit der Leistung des Schuldners V aus dem Mietvertrag bestimmungsgemäß in gleicher Weise in Kontakt kommen wie die Gläubigerin T und ebenso den Gefahren von Schutzpflichtverletzungen ausgesetzt sein (**Leistungsnähe**). Vorliegend war die Kommode des L in gleicher Weise wie die im Eigentum der T stehenden Ware in den von ihr gemieteten Geschäftsräumen ausgestellt und damit auch ebenso den Gefahren von Schutzpflichtverletzungen seitens des Vermieters V ausgeliefert.

bb) Erforderlich ist weiterhin ein Interesse der Gläubigerin T an der **Einbeziehung des Dritten** L in den Schutzbereich des mit V geschlossenen Mietvertrages.

Nach der Auffassung,[35] die hierfür ein personenrechtliches Fürsorgeverhältnis zwischen dem Gläubiger und dem Dritten verlangt, fehlt es an der entsprechenden Mitverantwortlichkeit der T für das Wohl und Wehe ihres Geschäftspartners L. Damit würde ein Schadensersatzanspruch des L gegen V aus § 280 I BGB in Verbindung mit den Grundsätzen des Vertrages mit Schutzwirkung zugunsten Dritter ausscheiden. L könnte allenfalls über die Drittschadensliquidation[36] einen Ersatz für die Beschädigung seiner Kommode erhalten.

Der Gegenmeinung zufolge kann nach dem Vertragsinhalt oder den Umständen des Falles auch ein rein vertragliches Interesse des Gläubigers an der Einbeziehung des Dritten ausreichen. Dies sei auf dem Gebiet des Mietrechts insbesondere dann gegeben, wenn den Gläubiger und Mieter eine Obhutspflicht für die ihm von Dritten

33 Vgl. dazu RGZ 86, 424 (432); BGHZ 26, 152 (159) = NJW 1958, 220; BGH VersR 1964, 46 (47); Erman/*Schiemann* § 831 Rn. 7; Soergel/*Krause* § 831 Rn. 19 ff.; Staudinger/*Belling*, 2012, § 831 Rn. 102.

34 Zum Begriff und zu den einzelnen Voraussetzungen des Vertrages mit Schutzwirkung zugunsten Dritter s. oben Ziffer A. II.

35 Zum diesbezüglichen Meinungsstand vgl. oben Ziffer A. II. 1b.

36 Zum Begriff der Drittschadensliquidation und zu deren Voraussetzungen s. unten Ziffer C. II. 2.

überlassenen Sachen in den gemieteten Räumen trifft, die er dementsprechend gesichert wissen will.[37] Danach bestünde also das zur Bejahung eines Vertrages mit Schutzwirkung zugunsten des L erforderliche Interesse der T an dessen Einbeziehung in den Schutzbereich des Mietvertrages mit V.

Angesichts dieser unterschiedlichen Ergebnisse stellt sich die Frage, welcher der beiden Auffassungen der Vorzug zu geben ist. Selbst wenn man der ersten Meinung zugeben muss, dass das »Wohl und Wehe«-Kriterium im Gegensatz zum rein vertraglichen Interesse klarer umrissen und damit eindeutiger zu handhaben ist, darf doch nicht übersehen werden, dass es sich bei dem Vertrag mit Schutzwirkung zugunsten Dritter um ein aus den jeweiligen Vertragsinhalten sowie aus Billigkeitsgesichtspunkten heraus entwickeltes Institut handelt. Dieses folgt in seiner Entwicklung den Bedürfnissen des Rechtsverkehrs und soll eventuelle Lücken dort schließen, wo sie auftauchen, und nicht dort, wo ein einmal gefundenes Kriterium der Definition nach passt. Vor allem muss mitberücksichtigt werden, dass die von der ersten Meinung angebotene Lösung allein über die Figur der Drittschadensliquidation längst nicht in allen Fällen zum Erfolg führt. Demzufolge ist mit der zweiten Auffassung auch ein rein vertragliches Interesse des Gläubigers an der Einbeziehung des Dritten als ausreichend zu erachten, sodass ein solches Interesse der T an der Einbeziehung des L vorliegt.

cc) Ein Vertrag mit Schutzwirkung zugunsten Dritter setzt weiter voraus, dass die Einbeziehung des Dritten für den Schuldner **erkennbar** und **von seinem Vertragswillen umfasst** sein muss. Anders als bei privat gemieteten Räumen muss der Vermieter von gewerblich genutzten Räumen in Anbetracht des Ausmaßes, in dem im Geschäftsverkehr Sicherungsübereignung und Eigentumsvorbehalt verwandt werden, damit rechnen, dass die von seinem Mieter eingebrachten Sachen nicht diesem, sondern einem Dritten gehören.[38] Dementsprechend ist auch hier diese Voraussetzung als erfüllt anzusehen.

dd) Schließlich muss der Dritte **schutzbedürftig** sein. Daran könnte es vorliegend fehlen, falls L eigene vertragliche Ansprüche gegen T hat. Als rechtmäßige Besitzerin der Kommode, die keinerlei Verschulden an deren Beschädigung trifft, ist T jedoch dem L gegenüber nicht zum Schadensersatz verpflichtet. Mangels eigener vertraglicher Ansprüche des L ist seine Schutzbedürftigkeit daher zu bejahen.

ee) Demzufolge handelt es sich bei dem Mietvertrag zwischen T und V um einen Vertrag mit Schutzwirkung zugunsten des L, sodass zwischen L und V im Zeitpunkt der Verletzungshandlung ein Schuldverhältnis bestanden hat.

b) Damit erhebt sich die Frage, ob V die ihm bei der Erfüllung mietvertraglicher Sorgfaltspflichten zur Erhaltung der Mietsache, nach § 241 II BGB, dem L gegenüber schuldhaft verletzt hat. Im Hinblick auf die Beschädigung der Kommode hat V selbst keine Pflichtverletzung begangen, doch ist wieder an eine Zurechnung des Verhaltens des S über § 278 S. 1 BGB zu denken.

aa) Wie bereits oben festgestellt, war der Schreinermeister S Erfüllungsgehilfe des V.

---

37 BGHZ 49, 350 (355) = NJW 1968, 885; BGH JZ 1968, 304; 1970, 375; Erman/*H. P. Westermann* § 328 Rn. 13b ff.; MüKoBGB/*Gottwald* § 328 Rn. 183, 236; Palandt/*Grüneberg* § 328 Rn. 28 f.

38 BGHZ 49, 350 (354 f.) = NJW 1968, 885; BGH JZ 1968, 304; NJW 1985, 489; MüKoBGB/*Gottwald* § 328 Rn. 236; Jauernig/*Stadler* § 328 Rn. 33; Palandt/*Grüneberg* § 328 Rn. 29.

bb) Zweifelhaft ist aber, ob das zur Beschädigung der Kommode des L führende Abrutschen der Tür noch in Erfüllung der Verbindlichkeit des V geschah. Nach der Auffassung,[39] die dafür allein das Einschalten des Erfüllungsgehilfen und seine damit verbundene Einwirkungsmöglichkeit ausreichen lässt, ist dies eindeutig der Fall. Aber auch nach der hM, die einen qualifizierten inneren sachlichen Zusammenhang zwischen der Erfüllung der Verbindlichkeit und der schädigenden Handlung verlangt, wird die Anwendbarkeit des § 278 S. 1 BGB bejaht, wenn der mit einer Reparatur beauftragte Erfüllungsgehilfe im Zusammenhang mit der Reparatur eine andere Sache beschädigt.[40] Beiden Auffassungen zufolge ist die Beschädigung der Kommode durch S also in Erfüllung der Verbindlichkeit des V eingetreten.

cc) Schließlich muss S als Erfüllungsgehilfe schuldhaft gehandelt haben. S verhielt sich beim Ausbau der Tür insofern fahrlässig iSd § 276 II BGB, als er die im Verkehr erforderliche Sorgfalt derart außer Acht ließ, dass ihm die Tür aus Unaufmerksamkeit abrutschte und dadurch die Kommode beschädigte.

dd) Mit dem Vorliegen der Erfordernisse des § 278 S. 1 BGB wird dem V die schuldhafte Pflichtverletzung des S zugerechnet.

d) Damit sind die Voraussetzungen des § 280 I BGB erfüllt mit der Rechtsfolge, dass V dem L den ihm durch die Pflichtverletzung adäquat kausal und zurechenbar verursachten Schaden an der Kommode zu ersetzen hat. Während die Ersatzpflicht beim Vertrag mit Schutzwirkung zugunsten Dritter früher auf den reinen Personenschaden beschränkt wurde,[41] besteht heute Einigkeit darüber, dass der geschädigte Dritte auch Sach- und reine Vermögensschäden ersetzt verlangen kann.[42]

e) L hat somit einen Schadensersatzanspruch gegen V wegen der Beschädigung seiner Kommode aus § 280 I BGB in Verbindung mit den Grundsätzen des Vertrages mit Schutzwirkung zugunsten Dritter.

2. Für derartige Ansprüche des L gegen V aus § 823 I BGB sowie aus § 823 II BGB iVm § 303 StGB liegt zwar eine Sachbeschädigung vor, doch mangelt es an einem dem V zurechenbaren, dafür ursächlichen Verhalten.

3. Wie oben bereits erörtert, handelt es sich bei S nicht um einen Verrichtungsgehilfen des V, sodass ein Anspruch des L gegen V aus § 831 I 1 BGB ebenfalls ausscheidet.

II. Ansprüche der T

1. Ebenso wie L könnte auch T einen Schadensersatzanspruch gegen V wegen der Beschädigung der Kommode des L aus § 280 I BGB haben.

a) Das erforderliche Schuldverhältnis zwischen T und V im Zeitpunkt der Verletzungshandlung ist der wirksame Mietvertrag gem. §§ 535 BGB.

---

39 Zum Meinungsstand vgl. oben B. I. 3.

40 RGZ 63, 341 (343 f.); Palandt/*Grüneberg* § 278 Rn. 20; Staudinger/*Caspers*, 2014, § 278 Rn. 51; *Fikentscher/Heinemann* SchuldR § 54 I. 7. Rn. 519; *Larenz* SchuldR AT I § 20 VIII S. 302.

41 Dazu *Gernhuber* JZ 1962, 553 (556).

42 BGHZ 49, 350 (355) = NJW 1968, 885; BGH NJW 1970, 38 (40); 1977, 2073 (2074); Erman/*H. P. Westermann* § 328 Rn. 16; MüKoBGB/*Gottwald* § 328 Rn. 190; Jauernig/*Stadler* § 328 Rn. 29; Palandt/*Grüneberg* § 328 Rn. 19; *Berg* NJW 1968, 1325 (1326); *Hübner* VersR 1991, 497 (498); *Sonnenschein* JA 1979, 225 (230).

b) Schon unter Ziffer C. I. 1c wurde eine schuldhafte Sorgfaltspflichtverletzung des V im Hinblick auf die Beschädigung der Kommode des L bejaht.

c) Die Voraussetzungen des § 280 I BGB liegen damit vor. V hat der T den ihr durch diese Pflichtverletzung adäquat kausal und zurechenbar von ihm verursachten Schaden zu ersetzen.

Damit stellt sich jedoch die Frage, inwiefern T überhaupt einen Schaden erlitten hat, da die Kommode schließlich im Eigentum des L steht. Ein Schaden der T kann also nur dann bestehen, wenn sie dem L ihrerseits zum Ersatz des an seiner Kommode eingetretenen Schadens verpflichtet ist. Dafür existieren aber deswegen keinerlei Anhaltspunkte, weil T rechtmäßige Besitzerin der Kommode ist und sie kein Verschulden an deren Beschädigung trifft.

d) Mangels eines bei T eingetretenen Schadens hat diese keinen Schadensersatzanspruch gegen V wegen der Beschädigung der Kommode des L allein aus § 280 I BGB.

2. T könnte aber ein solcher Schadensersatzanspruch gegen V aus § 280 I BGB in Verbindung mit den Grundsätzen der **Drittschadensliquidation** zustehen.

Die gewohnheitsrechtlich von Rechtsprechung und Literatur seit langem überwiegend anerkannte Figur der Drittschadensliquidation[43] ist anders als der Vertrag mit Schutzwirkung zugunsten Dritter nicht vom Prinzip der Schadenshäufung, sondern vom Prinzip der Schadensverlagerung geprägt.

Während der Vertrag mit Schutzwirkung für Dritte neben dem Schaden des Gläubigers auch noch den Schaden des Dritten erfasst, tritt bei der Drittschadensliquidation der Schaden aufgrund besonderer Umstände statt beim Anspruchsberechtigten bei einem Dritten ein.[44] Um zu verhindern, dass dem Anspruchsverpflichteten hieraus ein Vorteil erwächst, ermöglicht die Drittschadensliquidation den Ausgleich einer solchen zufälligen Verlagerung des Schadens auf einen Dritten, indem sie den Schaden zum Anspruch zieht und den Anspruchsinhaber verpflichtet, seinen Ersatzanspruch entsprechend § 285 BGB an den geschädigten Dritten abzutreten.[45]

a) Angesichts der Tatsache, dass L bereits einen Anspruch wegen der Beschädigung seiner Kommode gegen V aus § 280 I BGB in Verbindung mit den Grundsätzen des Vertrages mit Schutzwirkung zugunsten Dritter hat, erhebt sich zunächst die Frage, ob daneben überhaupt noch die Figur der Drittschadensliquidation zur Anwendung

43 BGHZ 40, 91 (100) = NJW 1963, 2071; BGHZ 51, 91 (93) = NJW 1969, 269; OLG Düsseldorf WM 1986, 396 (397); Erman/*Ebert* § 249 Rn. 118; *Jacoby/v. Hinden* Vor § 249 Rn. 22, § 328 Rn. 10; Palandt/*Grüneberg* Vorbem v. § 249 Rn. 105; *Larenz* SchuldR AT I § 27 IV S. 462; *Reinhardt,* Der Ersatz des Drittschadens, 1933; Staudinger/*Schiemann*, 2017, § 249 Rn. 62; *Tägert,* Die Geltendmachung des Drittschadens, 1938; *Hagen,* Die Drittschadensliquidation im Wandel der Rechtsdogmatik, 1971, 199 und *Peters* AcP 180 (1980), 329 (371), die die Zulässigkeit der Drittschadensliquidation zwar verneinen, aber auf Umwegen zu praktisch übereinstimmenden Ergebnissen gelangen.

44 **Hinweis:** Bei der Drittschadensliquidation wird der Schaden zum Anspruch gezogen, beim Vertrag mit Schutzwirkung zugunsten Dritter wird die Anspruchsgrundlage zum Schaden gezogen. Fallgruppen etwa bei *Looschelders* SchuldR AT Rn. 1026 ff. Zur Abgrenzung des Vertrages mit Schutzwirkung zugunsten Dritter von der Drittschadensliquidation: BGH NJW 1970, 38 (40 f.); *Medicus/Petersen* BürgerlR Rn. 839 ff.; *Berg* NJW 1978, 2018 f.; *Rebe* JA 1979, 148; *Söllner* JuS 1970, 159 (163 ff.); *Strauch* JuS 1982, 823 (824 ff.).

45 Palandt/*Grüneberg* Vorbem v. § 249 Rn. 107; Soergel/*Mertens* Vor. § 249 Rn. 259.

kommen kann. Dies ist im Hinblick auf die hier gegebene Fallgruppe der Obhut für fremde Sachen äußerst umstritten. Während eine Meinung bei einem solchen Aufeinandertreffen des Vertrages mit Schutzwirkung zugunsten Dritter und der Drittschadensliquidation für den Vorrang der Drittschadensliquidation plädiert,[46] gibt eine andere dem Vertrag mit Schutzwirkung zugunsten Dritter den Vorrang.[47] Eine dritte Auffassung nimmt schließlich eine unter § 428 BGB fallende Anspruchskonkurrenz der beiden Institute an,[48] sodass an dieser Stelle eine Streitentscheidung erforderlich wird.[49]

Die Meinung, die in den Fällen der Obhut für fremde Sachen nur die Drittschadensliquidation für anwendbar hält, findet ihre Begründung wohl allein aus der Zeit, als über den Vertrag mit Schutzwirkung zugunsten Dritter ausschließlich die Personen- und über die Drittschadensliquidation nur die Sachschäden abgewickelt wurden. Gegen sie spricht entscheidend, dass die Rechtsstellung des Dritten bei der Drittschadensliquidation von der des Gläubigers abhängig gemacht wird, er diesen uU sogar erst zur Abtretung zwingen muss. Die Rechtsposition des Dritten ist dabei also erheblich schwächer als beim Vertrag mit Schutzwirkung zugunsten Dritter, der ihm eine gewisse Unabhängigkeit verschafft. Demzufolge ist die Anwendbarkeit des Vertrages mit Schutzwirkung zugunsten Dritter auf die Fallgruppe der Obhut für fremde Sachen zu bejahen.

Zweifelhaft bleibt jedoch, ob daneben die Konstruktion der Drittschadensliquidation zuzulassen ist. Dafür spricht, dass zum einen die Schadensabwicklung über den Obhutspflichtigen meist am sachgerechtesten erscheint und zum anderen gerade die Fallgruppe der Obhut für fremde Sachen eine typische, gewohnheitsrechtlich anerkannte Ausgangslage der Drittschadensliquidation bildet. Nur weil sich das durch eine solche Rechtsgestaltung intendierte Ergebnis nunmehr auch auf dem anderen Wege des Vertrages mit Schutzwirkung zugunsten Dritter erreichen lässt, kann aber dieses bestehende Gewohnheitsrecht nicht obsolet werden. Aus diesen Gründen schließt der eigene Schadensersatzanspruch des L aus dem Vertrag mit Schutzwirkung zugunsten Dritter die Drittschadensliquidation durch die obhutspflichtige T nicht aus.

b) Für einen solchen Anspruch der T gegen V ist weiter ein **Auseinanderfallen von Schaden und Anspruch** erforderlich. Wie bereits unter Ziffer C. II. 1. festgestellt, liegen bei einem Anspruch der T gegen V aus § 280 I BGB alle Anspruchsvoraussetzungen bis auf den Schaden vor, der mit der Beschädigung der in seinem Eigentum stehenden Kommode bei L eingetreten ist. Somit liegt das notwendige Auseinanderfallen von Schaden und Anspruch vor.

c) Schließlich bleibt als letzte Voraussetzung der Drittschadensliquidation die **zufällige Schadensverlagerung** aus der Sicht des Schuldners zu prüfen. V musste als Vermieter damit rechnen, für alle in den Geschäftsräumen seiner Mieterin T aufbewahr-

46 BGH NJW 1985, 2411; 1997, 1983; MüKoBGB/*Gottwald* § 328 Rn. 188; Palandt/*Grüneberg* Vorbem v. § 249 Rn. 107; Soergel/*Hadding* Anh. § 328 Rn. 12; Staudinger/*Schiemann*, 2017, Vorbem. zu §§ 249 ff. Rn. 64 f.; *Medicus/Petersen* BürgerlR Rn. 840 f.; *Berg* NJW 1978, 2018 (2019).

47 MüKoBGB/*Oetker* § 249 Rn. 305; BeckOK BGB/*Schubert*, 38. Ed. 2016, § 249 Rn. 161; *Medicus/Lorenz* SchuldR AT Rn. 699; *Musielak* VersR 1977, 973 (978); *Puhle*, Vertrag mit Schutzwirkung zugunsten Dritter und Drittschadensliquidation, 1982, 125; *Strauch* JuS 1982, 823 (825).

48 Soergel/*Mertens* Vor. § 249 Rn. 249 und 255; *Söllner* JuS 1970, 159 (164).

49 **Klausurtipp**: Wegen dieser Meinungsverschiedenheit ist der Vertrag mit Schutzwirkung, da er einen eigenen Anspruch des Geschädigten gewährt, vor einer Drittschadensliquidation zu prüfen.

ten Waren zu haften. Demnach war die Tatsache, dass die Kommode im Eigentum des L steht, für V rechtlich zufällig.[50]

d) Die Voraussetzungen der Drittschadensliquidation sind also erfüllt. Als Rechtsfolge wird der Schaden des L zur Anspruchsberechtigung der T gezogen.

e) T erhält demzufolge zunächst den vollen Schadensersatzanspruch gegen V wegen der Beschädigung der Kommode des L aus § 280 I BGB in Verbindung mit den Grundsätzen der Drittschadensliquidation.

3. Weitere Schadensersatzansprüche der T gegen V wegen der Beschädigung der Kommode aus § 823 I BGB, § 823 II BGB iVm § 303 StGB und § 831 I 1 BGB scheiden bereits aus den unter den Ziffern C. I. 2. und 3. genannten Gründen entsprechend aus.

III. Ansprüche des L aus abgetretenem Recht

Die Gläubigerin T muss ihren Schadensersatzanspruch gegen V wegen der Beschädigung der Kommode des L gem. § 285 BGB an letzteren abtreten. Nach der Abtretung durch T ist L Inhaber des Anspruchs gegen V aus § 280 I BGB in Verbindung mit den Grundsätzen der Drittschadensliquidation.

IV. Im Hinblick auf die Beschädigung der Kommode besteht also ein Schadensersatzanspruch des L gegen V aus § 280 I BGB in Verbindung mit den Grundsätzen des Vertrages mit Schutzwirkung zugunsten Dritter. Daneben existiert noch ein gleichgerichteter Anspruch der T gegen V aus § 280 I BGB in Verbindung mit den Grundsätzen der Drittschadensliquidation, den diese nach § 285 BGB an L abtreten muss.

Zur Vertiefung: *Assmann,* Grundfälle zum Vertrag mit Schutzwirkung für Dritte, JuS 1986, 885; *Behme/Pinger,* Der Vertrag mit Schutzwirkung für Dritte als Rechtsgrundlage der Gutachterhaftung gegenüber Dritten, JuS 2008,675; *Berg,* Drittschadensliquidation und Vertrag mit Schutzwirkung für Dritte, MDR 1969, 613; *Bredemeyer,* Das Prinzip Drittschadensliquidation, JA 2012, 102; *von Caemmerer,* Verträge zugunsten Dritter, FS Wieacker, 1978, 311 ff.; *Canaris,* Ansprüche wegen »positiver Vertragsverletzung« und »Schutzwirkung für Dritte« bei nichtigen Verträgen, JZ 1965, 475; *Gernhuber,* Drittwirkungen im Schuldverhältnis kraft Leistungsnähe, FS Nickisch, 1958, 249 ff.; *Hohloch,* Ersatz von Vermögensschäden Dritter aus Vertrag, FamRZ 1977, 530; *Hornberger,* Grundfälle zum Vertrag zugunsten Dritter, JA 2015, 7 (93); *Hübner/Sagan,* Die Abgrenzung von Vertrag mit Schutzwirkung zugunsten Dritter und Drittschadensliquidation, JA 2013, 471; *W. Lorenz,* Die Einbeziehung Dritter in vertragliche Schuldverhältnisse – Grenzen zwischen vertraglicher und deliktischer Haftung, JZ 1960, 108; *Peters,* Zum Problem der Drittschadensliquidation, AcP 180 (1980), 329; *Puhle,* Vertrag mit Schutzwirkung zugunsten Dritter und Drittschadensliquidation, 1982; *Ries,* Grundprobleme der Drittschadensliquidation und des Vertrages mit Schutzwirkung für Dritte, JA 1982, 453; *Schwab,* Grundfälle zur culpa in contrahendo, Sachwalterhaftung und Vertrag mit Schutzwirkung zugunsten Dritter, JuS 2002, 773; *Sonnenschein,* Der Vertrag mit Schutzwirkung für Dritte – und immer neue Fragen, JA 1979, 225; *Steding,* Die Drittschadensliquidation, JuS 1983, 29; *Strauch,* Verträge mit Drittschutzwirkung, JuS 1982, 823; *Verweyen,* Gegenläufige Entwicklungstendenzen bei der Drittschadensliquidation, JURA 2006, 571; *Zenner,* Der Vertrag mit Schutzwirkung zugunsten Dritter – Ein Institut im Lichte seiner Rechtsgrundlage, NJW 2009, 1030.

50 Vgl. dazu auch RGZ 170, 246 (249); BGHZ 15, 224 (228 f.) = NJW 1955, 257; *Medicus/Petersen* BürgerlR Rn. 842; *Söllner* JuS 1970, 159 (164).

25. Fall: Die Überraschungstorte

Sachverhalt

Der Jurastudent J wollte seiner Freundin F zum bestandenen Examen eine ganz besondere Überraschung bereiten. Er suchte deshalb in der Konditorei des K eine mehrstöckige Sahnetorte zu 50 EUR aus. Er zahlte und bat, diese am nächsten Tag pünktlich um 15 Uhr in der Wohnung der F abzuliefern, deren Feier schon zu diesem Zeitpunkt beginnen sollte.

Ein Angestellter (A) des K stand anderentags pünktlich vor der Tür, klingelte aber vergebens. F hatte die Feier wegen des schönen Wetters in den Garten hinter dem Haus verlegt. Da schon alle Gäste anwesend waren, war die Feier bereits in vollem Gange. A gab daraufhin die Torte bei der Nachbarin (N) der F ab und bat diese, die Torte sobald wie möglich der F hinüber zu bringen. Seinem Chef sagte er davon nichts. N stellte die Torte unachtsam auf den Küchentisch, der der starken Nachmittagssonne ausgesetzt war. Die Torte verlor zusehends an Ansehnlichkeit und zerfiel. N übergab der F dann am späten Abend die Reste der Torte.

J fragt, ob er den Kaufpreis zurückverlangen kann.

Abwandlung: Wie wäre der Fall zu beurteilen, wenn sich J die Torte nicht im Laden ausgesucht, sondern telefonisch bestellt hätte?

Lösungsvorschlag

A. Grundfall

I. Ein Rückzahlungsanspruch des J auf den Kaufpreis von 50 EUR könnte aufgrund eines gewährleistungsrechtlichen Rücktritts gem. **§§ 346, 323, 437 Nr. 2, 434, 433 BGB** bestehen.

1. J und K haben einen Kaufvertrag iSd § 433 BGB über eine mehrstöckige Sahnetorte zu 50 EUR abgeschlossen.

2. Voraussetzung für das Eingreifen der Gewährleistungsrechte des § 437 BGB ist, dass die Kaufsache bei Gefahrübergang mit einem Sachmangel iSd § 434 BGB behaftet ist. Unabhängig davon, ob es hier zu einem Gefahrübergang gekommen ist, kann eine Sache nur dann als mangelhaft bezeichnet werden, wenn sie als solche noch vorhanden ist. Kaufsache ist die Sahnetorte, vorhanden ist nur noch ein Rest.

Ein Rückzahlungsanspruch aus §§ 346, 323, 437 Nr. 2, 434, 433 BGB besteht daher nicht.

II. Ein Rückgewähranspruch könnte sich aber aufgrund eines erfolgten **Rücktritts gem. §§ 346, 326 V BGB** ergeben.

1. Die **Erklärung des Rücktritts** liegt in dem Rückverlangen des Kaufpreises, §§ 349, 133 BGB.

2. Das Rücktrittsrecht ist abhängig von dem Vorliegen eines **Rücktrittsgrundes.** Ein solcher kann sich gem. § 346 I BGB aus Vertrag oder Gesetz ergeben. Eine vertragliche Vereinbarung ist nicht ersichtlich.

Ein gesetzlicher Rücktrittsgrund könnte sich aber aus § 326 V BGB ergeben.

a) Der zwischen J und K bestehende Kaufvertrag ist ein gegenseitiger Vertrag, § 326 V BGB ist folglich anwendbar.

b) Weiterhin ist erforderlich, dass K nach § 275 I–III BGB nicht zu leisten braucht.

J hat sich die Torte bei K selbst ausgesucht, es handelt sich um einen Spezieskauf. Die Verpflichtung des K gem. § 433 I 1 BGB bezog sich nur auf die gelieferte Torte. Diese wiederum ist zerstört worden, sodass dem K die Verpflichtung gem. § 275 I BGB unmöglich geworden sein könnte.

Eine Verpflichtung kann aber nur dann unmöglich werden, wenn sie überhaupt noch bestand und nicht durch Erfüllung gem. § 362 BGB untergegangen ist.

J hat den Kaufvertrag mit der Maßgabe abgeschlossen, dass die Leistung an F erfolgen sollte. Er wollte ihr mit der Torte ein besonderes Geschenk machen. Zweck des Vertrages war es somit nicht, der S einen Anspruch gegen K zu verschaffen. Es handelt sich daher lediglich um einen unechten oder ermächtigenden Vertrag zugunsten Dritter iSd § 328 II BGB.[1] Durch Empfangnahme der Torte wird der Übereignungs-

1 RGZ 127, 222; BGH LM Nr. 6 zu § 328; MüKoBGB/*Gottwald* § 328 Rn. 9; Staudinger/*Klumpp*, 2015, § 328 Rn. 3; *Medicus/Lorenz* SchuldR AT Rn. 856 f. – nur der Versprechensempfänger kann verlangen, dass an den Dritten geleistet wird.

anspruch des J getilgt (§§ 929, 185 I, 362 II BGB).[2] Zur Empfangnahme durch F ist es jedoch nicht gekommen. Die Entgegennahme erfolgte durch die Nachbarin. Diese ist weder zur Vertretung berechtigt (§ 164 I BGB), noch kann sie als Empfangsbotin angesehen werden, da es an einer entsprechenden Verkehrsauffassung fehlt.[3] Folglich hat K mit der Übergabe der Torte an N nicht die Verpflichtung gegenüber J erfüllt. Vielmehr ist ihm die Erfüllung dadurch unmöglich geworden iSd § 275 I BGB.

c) Gemäß § 326 V Hs. 2 BGB findet auf das Rücktrittsrecht § 323 BGB Anwendung und somit auch § 323 VI BGB.

aa) Der Rücktritt ist gem. § 323 VI Alt. 1 BGB ausgeschlossen, wenn J für die Unmöglichkeit der Leistungspflicht allein oder weit überwiegend verantwortlich ist. Verantwortlichkeit ist im Sinne eines Verschuldens gegen sich selbst zu verstehen.[4] Eine solche Verantwortlichkeit des J ist nicht ersichtlich. Er konnte nicht damit rechnen, dass die Torte bei der N abgegeben und dort zerstört wird. Ein Ausschluss des Rücktritts nach § 323 VI Alt. 1 BGB kommt nicht in Betracht.

bb) Es könnte aber der Ausschlussgrund des § 323 VI Alt. 2 BGB vorliegen, wenn die Unmöglichkeit von K nicht zu vertreten ist und sie zu einer Zeit eintrat, in der sich J in Annahmeverzug befand.

(1) K hat als Schuldner gem. § 276 I 1 BGB Vorsatz und Fahrlässigkeit zu vertreten. Für ein Verschulden seines Angestellten hat er in gleicher Weise wie eigenes einzustehen, § 278 S. 1 BGB. Den A trifft mindestens der Vorwurf leichter Fahrlässigkeit. Er hätte die N darauf hinweisen müssen, dass die Torte, um ansehnlich und genießbar zu bleiben, einen kühlen Aufbewahrungsort benötigt.

(2) K muss daher grundsätzlich für das Verschulden des A gem. § 278 S. 1 BGB einstehen. Er muss allerdings nur für Vorsatz und grobe Fahrlässigkeit einstehen, wenn sich J in Annahmeverzug befand, § 300 I BGB.

Der Gläubiger kommt in Annahmeverzug, wenn er die ihm angebotene Leistung nicht annimmt, § 293 BGB. Nach § 294 BGB muss die Leistung dem Gläubiger so, wie sie zu bewirken ist, tatsächlich angeboten werden. Die Leistung war in der Weise zu bewirken, dass K oder dessen Angestellter die Torte in der Wohnung der F abgibt. A hat zum vereinbarten Zeitpunkt an der Tür der F geklingelt, wo ihm die Torte aber nicht abgenommen wurde. Hierdurch geriet J in Annahmeverzug. Auf ein Verschulden seinerseits kommt es nicht an.

Allerdings gerät der Gläubiger bei nur vorübergehender Annahmeverhinderung nicht in Verzug, § 299 BGB. Dies gilt aber nicht, wenn eine feste Leistungszeit bestimmt ist. Als Leistungszeit war 15 Uhr bestimmt. J befand sich ab diesem Zeitpunkt im Annahmeverzug.

A hat die erforderliche Sorgfalt nicht in besonders erheblichem Maße verletzt. Man kann ihm nicht vorwerfen, er habe einfachste, naheliegende Überlegungen nicht an-

---

2 MüKoBGB/*Gottwald* § 328 Rn. 14.

3 *Wolf/Neuner* BGB AT § 33 Rn. 45, ohne rechtsgeschäftliche Erteilung kann sich eine Ermächtigung auch aus einer Verkehrsauffassung ergeben. Dies trifft auf in der Wohnung lebende Ehegatten, Partner, sonstige Verwandte oder einen im Geschäft arbeitende Angestellten zu. Für (zufällig angetroffene) Nachbarn besteht eine solche Verkehrsauffassung nicht.

4 Vgl. 12. Fall 2. Fallvariante A. III.

gestellt.[5] Der nicht geäußerte Hinweis, die Torte kühl zu stellen, erfolgte allenfalls leicht fahrlässig. A kam gar nicht auf die Idee, dass N so unachtsam sein könnte und die Torte in die Sonne stellen würde. Grobe Fahrlässigkeit scheidet somit aus. Der K hat somit wegen § 300 I BGB die Unmöglichkeit nicht zu vertreten.

(3) Der Umstand, der die Unmöglichkeit begründet, trat auch zu einer Zeit ein, als sich J in Annahmeverzug befand. Die Voraussetzungen des § 323 VI Alt. 2 BGB sind erfüllt, der Rücktritt ist somit ausgeschlossen.

3. Ergebnis: Ein Rückgewähranspruch des J gegen K bezüglich der 50 EUR gem. §§ 346, 326 V BGB besteht nicht.

III. Ein Anspruch auf Zahlung der 50 EUR kann sich jedoch noch aus §§ 346, 326 IV, 326 I BGB ergeben. Braucht in einem gegenseitigen Vertrag die eine Seite gem. § 275 I–III BGB nicht mehr zu leisten, so erlischt automatisch der Anspruch auf die Gegenleistung gem. § 326 I 1 BGB. Wurde diese schon geleistet, so kann sie gem. § 326 IV BGB nach den §§ 346–348 BGB zurückgefordert werden. K braucht gem. § 275 I BGB die Torte nicht mehr zu leisten, sodass grundsätzlich sein Anspruch auf die 50 EUR erloschen ist gem. § 326 I 1 BGB. Der Anspruch auf die Gegenleistung bleibt aber gem. § 326 II 1 Alt. 2 BGB erhalten, wenn die Unmöglichkeit vom Schuldner nicht zu vertreten ist und zu einer Zeit eintritt, in der sich der Gläubiger im Annahmeverzug befindet. Diese Vorschrift korrespondiert mit § 323 VI BGB. Die Voraussetzungen von § 326 II 1 Alt. 2 BGB liegen, wie schon dargestellt, vor. Der Anspruch des K auf die 50 EUR ist nicht gem. § 326 I 1 BGB erloschen, J kann daher nicht den Betrag gem. §§ 346, 326 IV, 326 I 1 BGB zurückverlangen.

IV. Ergebnis Grundfall

J kann von K nicht den Kaufpreis zurückverlangen.

B. Abwandlung

Auch in der Abwandlung ändert sich am oben gefundenen Ergebnis nichts.

Da J sich die Torte nicht im Laden aussucht, sondern per Telefon bestellt, handelt es sich nicht um einen Spezieskauf, sondern um einen Gattungskauf. Die Leistungspflicht des K beschränkt sich nicht auf ein Einzelstück. Er ist vielmehr zur Beschaffung des Leistungsgegenstandes verpflichtet. Unmöglichkeit gem. § 275 I BGB tritt erst ein, wenn die gesamte Gattung erschöpft ist. Davon kann nicht ausgegangen werden, sodass eine Leistungsbefreiung des K gem. § 275 I BGB zu verneinen sein könnte.

Eine Gattungsschuld wird jedoch zur Speziesschuld, wenn eine Konkretisierung gem. § 243 II BGB stattgefunden hat. Der K müsste somit alles seinerseits Erforderliche zur Leistung getan haben. K und J hatten vereinbart, dass der K die Torte zu der Wohnung der F bringen soll, um seine Verpflichtung zu erfüllen. Es handelt sich folglich um eine Bringschuld. Die Konkretisierung tritt hier ein, wenn der Schuldner dem Gläubiger die Sache in einer den Annahmeverzug begründenden Art und Weise anbietet.[6] Konkretisierung und Annahmeverzug treten im selben Zeitpunkt ein. Als A

5 Jauernig/*Stadler* § 276 Rn. 33.
6 Palandt/*Grüneberg* § 243 Rn. 5.

zum vereinbarten Zeitpunkt bei der Wohnung der F war, kam es nicht nur zum Annahmeverzug, die Leistungspflicht des K bezog sich gem. § 243 II BGB auch nur noch auf die gelieferte Torte. Es lag folglich zu diesem Zeitpunkt keine Gattungsschuld, sondern eine Speziesschuld vor. Diese ist dann durch das Versehen der N unmöglich geworden gem. § 275 I BGB.

Aufgrund der Konkretisierung ist im Rahmen der Haftungsbeschränkung auch § 300 I BGB einschlägig. § 300 II BGB gilt nur für Gattungsschulden. Eine solche lag ab dem Zeitpunkt des tatsächlichen Angebots nicht mehr vor.

Im Übrigen ergeben sich zur oben dargestellten Lösung keine Besonderheiten.

Zur Vertiefung: *Jud,* Das Recht zur Zurückweisung im Kaufrecht, JuS 2004; 841; *Hartmann,* Der Gegenleistungsanspruch des Werkunternehmers bei unterlassener Mitwirkung des Bestellers, BB 1997, 326; *Kreuzer/Stehle,* Grundprobleme des Gläubigerverzugs, JA 1984, 69; *Schünemann/Schacke,* Der Annahmeverzug – Eine Einführung, JuS-Lernbogen 1992, L 1 ff.; *Schwendter,* Rechtsprobleme des Annahme-(Gläubiger-)verzugs, JURA 1988, 419; *Waas,* Rechtsfragen des Annahmeverzugs durch den Arbeitgeber, NZA 1994, 151; *Wertheimer,* Der Gläubigerverzug im System der Leistungsstörungen, JuS 1993, 646.

26. Fall: Die Begehrlichkeiten im Internet

Sachverhalt

Die zwölfjährige E und der fünfzehnjährige A erfahren – jeweils auf dem Schulhof – von im Internet gehandelten Einhorn-Artikeln und gestalteten T-Shirts mit Statements. In den üblichen Warenhäusern der Stadt finden sie keine vergleichbaren Angebote. Anlässlich der aufwändigen Erstellung einer PowerPoint-Präsentation für den Englischunterricht der E, bei der A helfen will, benutzen sie einige Tage den Computer ihrer Mutter M. Zugleich nutzen sie die Möglichkeit, für die E Einhorn-Artikel und für den A ein T-Shirt zu ersteigern, das diese mit ihrem letzten Geburtstagsgeld finanzieren wollen. Sie meinen, M daher nicht fragen zu müssen, auch wollen sie ihr keine Umstände machen. Die Nutzerkennung der M ist beiden bekannt, das Passwort finden sie im Ordner »laufende Verträge« der ordentlichen M, auch das Höchstgebotsprinzip der Internetplattform X ist ihnen bekannt.

Tatsächlich löst die Privatanbieterin P auf der Internetplattform X gerade ihre Einhorn-Sammlung auf, der Privatanbieter Q hat einen Sonderposten Football-T-Shirts im Angebot.

Nach langem Beobachten und mehrfachem Bieten erwirbt der A freudestrahlend als der Höchstbietende mit 45 EUR ein passendes T-Shirt, die E zu einem Preis von 40 EUR zehn Einhorn-Artikel.

Ihrer Mutter M zeigen E und A jeden Tag die Fortschritte ihres Vortrags, ihre Computerzeit ist auf eine Stunde täglich beschränkt.

Nachdem die M Bestätigungsemails von P und Q erhält, befragt sie verwundert A und E. Nun klärt sich der Vorgang auf.

M möchte weder die Einhorn-Artikel noch das T-Shirt bezahlen. Zum einen hält sie die Ausgaben für Einhorn-Artikel unverhältnismäßig hoch und das T-Shirt für unangemessen. Jedenfalls hätte sie A und E nie die Erlaubnis für die Benutzung ihres Accounts gegeben. Sie möchte ein solches Verhalten der beiden nicht noch belohnen.

P und Q bestehen jedoch auf Abnahme und Bezahlung der Kaufsachen.

Können P und Q von M bzw. A und E Abnahme der Kaufsache und Zahlung des Kaufpreises verlangen?

Lösungsvorschlag

A. Anspruch der P gegen M auf Zahlung von 40 EUR gem. § 433 II BGB

Der von P geltend gemachte Anspruch aus § 433 II BGB setzt einen wirksamen Kaufvertrag zwischen P und M voraus, worin sich M verpflichtet haben müsste, die Einhorn-Artikel für 40 EUR zu erwerben.

I. Für den **Vertragsschluss** in der **Form** einer **privatrechtlichen Versteigerung** sieht § 156 BGB das Gebot und den Zuschlag vor. § 156 BGB ist jedoch nur auf Live-Versteigerungen unter Betätigung eines Auktionators anwendbar, und nicht auch auf Internetauktionen, da es bei diesen einen Zuschlag typischerweise nicht gibt.[1]

Der Kaufvertrag zwischen P und M kommt daher nach den allgemeinen Grundsätzen der §§ 145 ff. BGB zustande, er erfordert zwei sich entsprechende (korrespondierende) Willenserklärungen in Form von Angebot und Annahme.[2]

II. Ein **Angebot** zum Abschluss eines Kaufvertrages muss die an eine andere Person gerichtete Erklärung enthalten, eine bestimmte Sache zu einem bestimmten Preis von dem Adressaten zu kaufen oder an diesen zu verkaufen. Weiterhin muss sich aus der Erklärung der Wille des Anbietenden ergeben, dass mit der Annahme durch den Adressaten der endgültige, ihn bindende Vertrag zustande kommen soll (Bindungswille).

1. Ein solches **Angebot der P** könnte in dem Präsentieren der Einhorn-Artikel auf der Internetplattform X durch Freischaltung ihres Angebots liegen. Ihre Willenserklärung liegt in einem tatsächlichen Verhalten, das einen entsprechenden Verkaufswillen erkennen lässt (sog. konkludentes Verhalten). Da Kaufgegenstand und Kaufpreis als notwendige Bestandteile des Kaufvertragsangebotes (essentialia negotii) jedoch bestimmt sein müssen, ist bei einem Einstellen von Gegenständen auf einer Internetplattform nicht nur der Rechtsbindungswille fraglich (»invitatio ad offerendum«), offen sind zudem der Kaufpreis und der Vertragspartner. Bezüglich des Rechtsbindungswillens kann die Einstellung des Angebots mit der Aufforderung zur Abgabe eines Gebotes jedoch so verstanden werden, dass sich der Verkäufer bereits mit der Freischaltung des Angebots einverstanden erklärt, das zum Ablauf der Auktionsfrist höchste Angebot mit dem dieses abgebenden Teilnehmer anzunehmen, den Vertrag nur mit diesem abschließen zu wollen (Rechtsbindungswille).

2. Unter Geltung des Höchstgebotsprinzips der Internetplattform X ist damit auch das Angebot hinreichend bestimmt: Für die essentialia negotii ist es ausreichend, dass sich diese durch Auslegung ermitteln lassen (§§ 133, 157 BGB). Bei einem Internetauktionsangebot handelt es sich um einen Antrag ad incertas personas. Sowohl der Vertragspartner als auch der Kaufpreis werden sodann durch das Höchstgebot festgelegt, der Kaufvertrag kommt zum Preis des höchsten Gebots und mit der dieses abgebenden Person zustande. Eine ausreichende Bestimmtheit liegt damit vor. Der Vertrag entsteht mit Ablauf der vom Anbieter, hier der P, eigens festgelegten Frist, § 148 BGB. Mit der Einstellung und Freischaltung der Einhorn-Artikel auf der Internetplattform X hat P das Angebot zum Verkauf der Artikel zu dem höchsten Preis im

---

1 BGH NJW 2002, 363 (364); Erman/*Armbrüster* § 156 Rn. 1.

2 BGH NJW 2002, 363 (364); 2004, 1329; 2005, 53 (54).

Ablaufzeitpunkt mit dem betreffenden Teilnehmer abgegeben.[3] P hat ein bestimmbares und damit wirksames Angebot abgegeben.

3. Dieses Angebot müsste auch der M gegenüber abgegeben worden sein. Das Angebot ist eine empfangsbedürftige Willenserklärung, die – wenn sie wie hier unter Abwesenden abgegeben wird – dem Empfänger gem. § 130 I 1 BGB dann zugeht, wenn sie so in dessen Machtbereich gelangt, dass unter gewöhnlichen Umständen mit der Kenntnisnahme zu rechnen ist. Die P hat das Angebot nicht unmittelbar gegenüber M abgegeben, sondern auf der Internetplattform X eingestellt. Indem X aber den äußeren Rahmen für den Vertragsschluss bei Onlineauktionen vorgibt, handelt sie als Empfangsvertreterin der beteiligten Parteien gem. § 164 III BGB.[4] Mit der Einstellung des Angebots durch P hat X dieses allen Nutzern der Plattform zugänglich gemacht und ist damit auch M gegenüber zugegangen.

4. M müsste das Angebot der P angenommen haben, § 147 BGB.

a) Die **Annahme** des Angebots der P liegt im Höchstgebot der E im Rahmen der Auktionsfrist (Annahmefrist iSd § 148 BGB) über 40 EUR. E erklärte dieses Gebot, dh die Annahme des Verkaufsangebots der P, in Kenntnis der Funktionsweise der Auktion, folglich mit Rechtsbindungswillen. Auch diese Erklärung müsste P gem. § 130 I 1 BGB zugegangen sein. Abgegeben hat E ihre Erklärung unmittelbar gegenüber X. Im Verhältnis zu P ist X wiederum als deren Empfangsvertreterin anzusehen, § 164 III BGB.

b) Fraglich ist aber, ob mit der Erklärung der E hier die M verpflichtet werden konnte. Das Angebot der P galt dem höchstbietenden Nutzer unter dessen persönlicher Nutzerkennung.

aa) Eine Zurechnung der von E getätigten Erklärungen zugunsten und zulasten der M ist möglich, wenn E eine Erklärung der M als **Botin** überbracht oder als deren **Stellvertreterin** gem. § 164 BGB gehandelt hat. E hat durch eigenes Beobachten und Bieten jeweils eine eigene Willenserklärung abgegeben, die letztlich im Angebot der Höchstbietenden wirksam wurde. Als Botin – der unwissenden M – ist E daher nicht tätig geworden. E hat als **Stellvertreterin** gehandelt, wenn sie innerhalb einer ihr zustehenden **Vertretungsmacht** gehandelt hat. Die beschränkte Geschäftsfähigkeit der E steht einer Vertretung nicht entgegen, § 165 BGB.

bb) Voraussetzung für eine wirksame Stellvertretung ist ein Handeln der E im Namen der M, § 164 I 2 BGB. Ein ausdrücklicher Hinweis auf die Vertretung ist dabei nicht erforderlich, es genügt, dass diese Tatsache dem Erklärungsempfänger aus den Umständen erkennbar ist. Mit der bewussten Nutzung des Accounts der M hat E gegenüber jedenfalls ausdrücklich keine Erklärung im eigenen Namen abgegeben. Zu prüfen bleibt aber, ob E eine Erklärung *in fremdem* Namen oder lediglich *unter*

---

3 Der Vertrag kommt durch das Angebot des Höchstbietenden zum Ablaufzeitpunkt zustande, BGH NJW 2005, 53 (54), 2011, 2421 (2422 Rn. 16); Erman/*Armbrüster* § 156 Rn. 1; Staudinger/*Bork*, 2015, § 156 Rn.10a; *Wolf/Neuner* BGB AT § 37 Rn. 7. **Hinweis**: Die »Spielregeln« des Vertragsschlussmechanismus' ergeben sich aus den AGB der Plattformbetreiber. So ist es auch möglich, die Gebote rechtlich als Angebote zu qualifizieren, die Annahmeerklärung gibt der Verkäufer beim Einstellen der Ware als eine antizipierte (= vorweggenommene) Erklärung ab; *Sutschet* NJW 2014, 1041 f. dort auch zu weiteren Konstellationen.

4 BGH NJW 2002, 363 (364); Palandt/*Ellenberger* § 156 Rn. 3.

fremdem Namen abgegeben hat, hier im oder unter dem Namen der Account-Inhaberin M.[5]

cc) E nutzte den Account der M und gab unter Verwendung deren Nutzerkennung die auf Abschluss des Kaufvertrages gerichtete Erklärung ab. Bei Nutzung eines fremden Accounts liegt kein Handeln in fremdem Namen, sondern ein **Handeln unter fremdem Namen** vor. Während die Handlung in fremdem Namen die Vertretung – für eine andere Person – offenlegt, erweckt der Handelnde unter fremdem Namen gerade den Eindruck, diese andere Person selbst zu sein.[6]

(1) Im Interesse des Geschäftsverkehrs – und damit aus Perspektive des Geschäftsgegners als Erklärungsempfänger[7] – ist in Fällen des Handelns unter fremdem Namen zu differenzieren, ob sich diese in einer *Namenstäuschung* erschöpft oder darin vielmehr eine *Identitätstäuschung* liegt. Sind für den Geschäftsgegner Name und Identität unbeachtlich, kommt es dem Geschäftsgegner also allein darauf an, mit der ihm gegenüberstehenden Person bzw. dem tatsächlich Handelnden zu kontrahieren, liegt in der Namenstäuschung kein Identitätsirrtum. Bei einem solchen Handeln unter fremdem Namen liegt ein Eigengeschäft des Handelnden vor. Der wahre Namensträger kann das Geschäft nicht gem. § 177 BGB genehmigen und an sich ziehen.

(2) Ist dem Geschäftsgegner jedoch daran gelegen (schützenswertes Interesse), den Vertrag mit dem *wahren Namensträger* einzugehen, weil etwa dessen spezifische Eigenschaften für den Vertrag von Bedeutung sind, muss der Handelnde das Geschäft für den wahren Namensträger gelten lassen. *In der Folge ist der Handelnde unter fremdem Namen wie ein Stellvertreter anzusehen.* Das von ihm getätigte Geschäft wird daher für den Namensträger wirksam, wenn dieser dem Erklärenden Vollmacht erteilt hat oder das Geschäft analog § 177 BGB genehmigt und damit an sich zieht.[8] Anderenfalls trifft den Handelnden die Haftung analog § 179 BGB.

(3) Auch wenn die Erklärung im Rahmen einer Onlineauktion selbst keinen Hinweis auf die Identität des Erklärenden enthält, liegt dieser eine individualisierte Legitimationskennzeichnung unter Nutzung eines Passworts zugrunde, die ein Dritter verwendet. Der Geschäftsgegner geht regelmäßig davon aus, dass die Erklärung nur von der Person stammt, die diese persönlichen Daten selbst auf der Plattform hinterlegt hat und sorgfältig gegen Drittzugriff aufbewahrt. Geschäfte im Internet sind unpersönlich und abstrakt gehalten. Ein Eindruck von ihren Geschäftspartnern ist den Parteien regelmäßig verwehrt. Sollen Online-Geschäfte dennoch sicher und schnell abgewickelt werden, haben die Teilnehmer von Internetauktionen ein gesteigertes Interesse an der Identität der registrierten Teilnehmer und potenziellen Vertragspartner. Nur diesen gegenüber können, indem sie identifizierbar sind, Ansprüche auch gerichtlich durchgesetzt werden. Bei der Erklärung über Nutzerkonten im Internet ist damit die Identität des Kontoinhabers entscheidend.[9] Damit ist der Identitätsirrtum der P beachtlich, es liegt kein eigenes Handeln der E vor.

5 *Wolf/Neuner* BGB AT § 50 Rn. 107.
6 MüKoBGB/*Schubert* § 164 Rn. 36 ff.
7 *Wolf/Neuner* BGB AT § 49 Rn. 52.
8 *Wolf/Neuner* BGB AT § 49 Rn. 55.
9 BGH NJW 2011, 2421 Rn. 10; *Wolf/Neuner* BGB AT § 49 Rn. 56; *Borges* NJW 2011, 2400; *Herresthal* JZ 2011, 1171 ff. (1172).

Das Handeln der E unter dem Namen der M wird wie ein Handeln im Namen der M behandelt. Die Regeln der Stellvertretung der §§ 164 f. BGB finden analoge Anwendung. Sofern die E bevollmächtigt wurde, kommt es zu einem Vertragsschluss kraft rechtsgeschäftlich erteilter Vollmacht; dann scheiden Ansprüche der P gegen E aus.

dd) Weitere Voraussetzung ist damit gem. § 164 I 1 BGB analog, dass E innerhalb einer ihr zustehenden **Vertretungsmacht** gehandelt hat (§ 166 II 1 BGB analog), dh berechtigt gewesen ist, ein Gebot für M abzugeben, das als Höchstgebot zum Kaufvertrag führte. Gemäß § 167 BGB analog erfolgt die Vollmachtserteilung durch Erklärung des Vertretenen gegenüber dem zu Bevollmächtigenden (Innenvollmacht) oder gegenüber dem Dritten, demgegenüber sich der Vertretene vertreten lassen will (Außenvollmacht). M hat E weder im Vorfeld zur Abgabe entsprechender Erklärungen bevollmächtigt noch deren Verhalten nachträglich genehmigt. Eine Vertretungsmacht kann hier damit allein auf einem Rechtsscheintatbestand beruhen, angesprochen sind vor allem Duldungs- oder Anscheinsvollmacht.[10]

(1) Ob eine **Rechtsscheinvollmacht** auf Fälle des Handelns unter fremdem Namen überhaupt anwendbar ist, wird uneinheitlich beantwortet. Typischerweise erfassen die Fälle der Rechtsscheinvollmacht Drei-Personen-Verhältnisse, indem diese das Vertrauen in eine nicht vorhandene Bevollmächtigung schützen. Das Handeln unter fremdem Namen betrifft jedoch ein Zwei-Personen-Verhältnis, das des Geschäftsgegners und des (in Unkenntnis dessen) Vertretenen, hier M. Mangels Kenntnis des Vertretungsgeschäfts fehlt der für einen Vertrauenstatbestand typische Anknüpfungspunkt. Mit dieser Argumentation lehnen Teile der Literatur die Rechtsscheinvollmacht bei Handeln unter fremdem Namen ab.[11]

Die Rechtsprechung und andere Teile der Literatur stellen, zu Recht, darauf ab, dass Rechtsscheingrundsätze den Rechtsverkehr schützen sollen, wenn dieser auf einen – zurechenbar gesetzten – Rechtsschein vertrauen darf. Dies gilt unabhängig davon, ob dieser durch eine Stellvertretung oder des Handelns unter fremdem Namen gesetzt worden ist.[12]

(2) Eine **Duldungsvollmacht** liegt vor, wenn der Vertretene (positiv) weiß, dass jemand als sein Vertreter auftritt und dies duldet, wobei der Geschäftsgegner nach Treu und Glauben und unter Rücksicht auf die Verkehrssitte auf eine Bevollmächtigung schließen darf. M hatte die Zugangsdaten für ihr Mitgliedskonto nicht offen gelegt. Sie wusste nicht, dass E und A auf dem Internetportal X mitbieten. Vielmehr haben diese das von M eingerichtete Mitgliedskonto ohne deren Wissen und Einverständnis unter Verwendung der ihnen zufällig bekannt gewordenen Zugangsdaten genutzt. Damit scheidet eine Duldungsvollmacht aus.

(3) Eine **Anscheinsvollmacht** soll bestehen, wenn jemand, ohne bevollmächtigt zu sein, als Vertreter eines anderen auftritt, der das Verhalten des angeblichen Vertreters zwar nicht kennt, aber bei pflichtgemäßer Sorgfalt hätte kennen und verhindern können. Die Rechtsgrundsätze der Anscheinsvollmacht greifen in der Regel zudem nur dann ein, wenn das Verhalten des einen Teils, aus dem der Geschäftsgegner auf die Bevollmächtigung des Dritten glaubt schließen zu können, von einer gewissen Dauer

---

10 Dazu Fall 8.

11 *Faust* JuS 2011, 1027 (1028); *Herresthal* JZ 2011, 1171 (1172); *Linardatos* JURA 2012, 53.

12 BGH NJW 2011, 2421 (2422).

und Häufigkeit ist. Bei einem mit einer Identitätstäuschung verbundenen Handeln unter fremdem Namen ist bei Anwendung dieser Grundsätze auf das Verhalten des Namensträgers, hier M, abzustellen.[13]

M hat A und E ihren Computer zur Erledigung von Schularbeiten zur Verfügung gestellt und regelmäßig den Fortschritt der Präsentation abgefragt. Sie hatte keine Vorstellung davon, dass E und A auf die Idee kommen könnten, ungefragt Waren im Internet zu bestellen. M hat mit einer unbefugten Nutzung ihres Mitgliedskontos durch ihre Kinder nicht rechnen müssen. Zudem haben A und E den Zugang zum Mitgliedskonto zum ersten Mal genutzt. Es fehlt daher an einem von M geschaffenen Vertrauenstatbestand, auf den sich P hätte stützen können. Auch eine Anscheinsvollmacht muss hier ausscheiden.

(4) M könnte jedoch den zurechenbaren **Rechtsschein** gesetzt haben, nur sie selbst als **Inhaberin des Accounts** habe auf der Plattform des X rechtsgeschäftlich handeln können. Ein solcher Rechtsschein wird gegenüber dem Rechtsverkehr erweckt, wenn der Zugang zur Auktionsplattform mit besonderen Sicherheitsstandards und Sicherheitsvorkehrungen gesichert ist. Der Rechtsschein besteht im Hinblick darauf, dass die Nutzung eines passwortgeschützten oder mit einer elektronischen Signatur gesicherten Accounts nur vom Inhaber selbst genutzt wird. Wird sodann unter dessen Namen eine Erklärung abgegeben, wird der Rechtsschein gesetzt, dass der Inhaber die Erklärung selbst entäußert habe. Ein solcher Rechtsschein kann ebenso Grundlage einer Rechtsscheinhaftung sein.[14] Je sicherer die Legitimationskennung sei, desto wahrscheinlicher sei es, dass der tatsächlich Berechtigte gehandelt habe. Bei einem Zugang lediglich über einen Nutzernamen und ein Passwort wird die Erfüllung dieser Voraussetzung überwiegend bezweifelt.[15] Die Frage notwendiger technischer Sicherung kann hier offenbleiben, denn es fehlt – wie zuvor ausgeführt – jedenfalls an der Zurechenbarkeit zu M. M hatte auch bei Anwendung pflichtgemäßer Sorgfalt mit einer Nutzung ihres Accounts nicht gerechnet. Sie hat die Daten nicht bewusst offengelegt. Zudem fehlt es bei der erstmaligen Datenverwendung an einem gegenüber dem Rechtsverkehr durch M geschaffenen Vertrauenstatbestand.

(5) Auch eine Haftung der M unter dem Gesichtspunkt des Akzeptierens von AGB muss ausscheiden. Eine von der Internetplattform X gestellte und von jedem registrierten Nutzer akzeptierte Formularklausel, wonach Mitglieder grundsätzlich für sämtliche Aktivitäten haften, die unter Verwendung ihres Mitgliedskontos vorgenommen werden, begründet keine Haftung des Kontoinhabers gegenüber Auktionsteilnehmern. Eine solche unbegrenzte Haftungsverpflichtung – unabhängig von der Verwirklichung eines Zurechnungstatbestandes – hielte einer Inhaltskontrolle des § 307 I 1 BGB nicht stand.[16]

(6) Wegen fehlender Vertretungsmacht der E, die Annahme des Kaufangebots mit Wirkung für und gegen M zu erklären, sind die Voraussetzungen des § 164 I 1 BGB analog nicht gegeben. Die Willenserklärung der E wirkt nicht für und gegen M.

13 BGH NJW 2011, 2421 (2422 Rn. 16).

14 *Faust* JuS 2011, 1027 (1028).

15 So BGH NJW 2011, 2421 (2422 Rn. 18); OLG Hamm NJW 2007, 611; *Klein* MMR 2011, 447 (451); aA *Faust* JuS 2011, 1027 (1028); offen *Wolf/Neuner* BGB AT § 50 Rn. 108 – bei hinreichender Sicherheitsgewähr kann Vertrauenstatbestand bei einmaliger Fremdnutzung des Accounts begründet werden.

16 BGH NJW 2011, 2421 (2423 Rn. 21).

ee) E hatte die Erklärung im Namen der M ohne Vertretungsmacht abgegeben. Das Angebot ist gem. § 177 I BGB **schwebend unwirksam** und kann nur durch Genehmigung der M Wirksamkeit erlangen, §§ 184 I, 182 I BGB. M hat mit der Zahlungsverweigerung die Genehmigung abgelehnt. Die Annahmeerklärung ist damit endgültig unwirksam.

II. Ergebnis

Ein Kaufvertrag zwischen P und M ist nicht geschlossen worden. Ein Anspruch der P auf Zahlung von 40 EUR gem. § 433 II BGB ist gegen M nicht entstanden.

B. Anspruch des Q gegen M auf Zahlung von 45 EUR gem. § 433 II BGB

Ein Anspruch des Q gegen M scheitert an den unter A. I. 4. ausgeführten Gründen.

C. Anspruch der P gegen E auf Zahlung von 40 EUR gem. § 433 II BGB

Aus unter A. I. 4. b. cc. (3) ergibt sich, dass ein eigener Anspruch der P gegen E gem. § 433 II BGB ausscheidet.

Als Minderjährige haftet sie nicht aus § 179 III 2 BGB.[17]

D. Anspruch des Q gegen E auf Zahlung von 45 EUR gem. § 433 II BGB

Auch ein Anspruch des Q gegen A gem. § 433 II BGB scheidet entsprechend der Prüfung unter A. I. 4. b. cc. (3) aus.

Als Minderjähriger haftet er nicht aus § 179 III 2 BGB.

Zur Vertiefung: *Alexander/Eichholz*, (Original-)Referendarexamensklausur – Zivilrecht: »Online-Ersteigerung« eines mangelhaften Plasma-Fernsehers, JuS 2008, 523; *Borges*, Rechtsscheinhaftung im Internet, NJW 2011, 2400; *Herresthal*, Haftung bei Account-Überlassung und Account-Missbrauch im Bürgerlichen Recht, K & R 2008, 705; *Linardatos*, Handeln unter fremdem Namen und Rechtsscheinhaftung bei Nutzung eines fremden eBay-Accounts, JURA 2012, 53; *Mock*, Grundfälle zum Stellvertretungsrecht, JuS 2008, 309 ff., 391 ff. und 486 ff.; *Oechsler*, Die Bedeutung des § 172 I BGB beim Handeln unter fremdem Namen im Internet, AcP 208 (2008), 565; *Oechsler*, Der vorzeitige Abbruch einer Internetauktion und die Ersteigerung unterhalb des Marktwertes der Sache, NJW 2015, 665; *Schmidt/Brunschier*, Fortgeschrittenenklausur – Zivilrecht: Abbruch einer ebay-Auktion, JuS 2017, 137.

17 *Medicus/Petersen* BürgerlR Rn. 82.

Sachverzeichnis